構造と感性
構造デザインの原理と手法

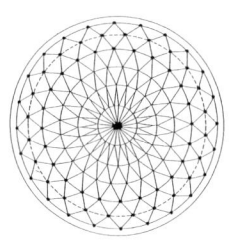

日本万国博覧会 お祭り広場大屋根（p.22, p.69）
鋳鋼メカニカルジョイントと透明空気膜屋根は、それぞれ、その後の世界の構造デザインに影響を与えた。
スペースフレームは現地に部分保存、公開されている。

日本万国博覧会 富士グループ館（p.75）
独創的な造形原理と実証的な構造デザインは、今なお世界の空気膜構造の優れた実例として引用される。
この作品で、当時不明であった空気膨張構造の力学的特性を明らかにした。

リフトアップ中のなら100年会館 (p.129)
3段のヒンジをすべてPC壁の高さ内に設置したパンタドームで、リフトアップ中に極めてダイナミックな形態変化を見せる。
ヒンジは完成後もそのまま建築に表現されている。

姶良総合運動公園体育館（p.155）
厚さ 200mm の集成材シェルが上弦面を、鉄骨チェーン構造が下弦材を構成している。
集成材シェルは構造材としてのほかに、断熱、遮音、吸音、触感などの機能も果たしている。

日向市駅（p.159）
駅舎の透明感と利用者にとっての親近感から、柱を鉄骨、梁を木の構造としている。
強風時の曲げに対応する木梁の形状を、建物のスケールを考えて柔らかな曲線で演出している。

イナコスの橋 (p.173)
良質の花崗岩を用いた歩道橋。仕上げは施さず、利用者は石を直(じか)に踏んで渡る。
厚さ250mm幅400mmのブロックは、プレストレスにより「一枚岩」(monolith)となる。

ジャンボ鯉のぼり (p.221)
「次元解析」の格好の演習問題。ジャンボ鯉のぼりは家庭用の鯉のぼりと同じ風速で泳ぐ。
遊泳は加須市の春の年中行事として定着し、例年5月3日に利根川原で披露されている。

構造と感性

構造デザインの原理と手法

川口 衞
MAMORU KAWAGUCHI

鹿島出版会

まえがき

　本書は私がこれまでに携わってきた構造設計を、やや系統的に整理し、各設計例について、よりどころとしての構造原理、作業のエンジンとなる設計思想、手だてとしての設計手法などの視点から、解説を試みたものである。

　本書を書くきっかけとなったのは、2007年から2012年にかけて、法政大学建築学科同窓会が刊行したセミナー記録冊子『構造と感性』Ⅰ～Ⅴ巻であるが、本書では、これらの冊子の分類に入らなかった構造や、その後の設計例など、かなりの数の設計例を追補し、かつ、全体の思想をより体系的に著述した内容になっている。

　設計例中、第1章の国立屋内総合競技場と、第2章の戸塚カントリークラブは、私が東京大学研究員として坪井善勝研究室に在籍中に担当したものであり、他は私が直接、携わった構造設計である。

　第1章では大空間を実現するために有効であるケーブル構造と、スペースフレームについて述べる。前者はよく知られているように、長大スパンの橋梁の分野で吊り橋や、斜張橋として、近代以降開発された手法であり、後者は骨組みの立体効果と生産性を考慮して20世紀に建築分野で開発された構造システムである。ケーブル構造の設計例としては吊り橋型のメインケーブルを持つ国立屋内総合競技場第一体育館と、斜張型の西日本総合展示場について説明する。スペースフレームとしては、巨大架構である日本万国博お祭り広場大屋根をはじめ、パンタドーム構法以外の立体骨組み構造について述べる。パンタドーム構法を用いたスペースフレームについては、第4章でまとめて述べている。

　第2章では大空間にも小空間にも対応可能な、鉄筋コンクリート・シェル構造の可能性について述べる。冒頭の原爆の子の塔は私の構造設計の処女作であるが、規模の小さな、しかしサステナビリティの高い、RCシェル構造を試みた例である。

　第3章では、膜構造を取り上げる。膜の緊張の手段として空気を用いるものは、空気膜構造である。膜構造は、軽さを求めて発展してきた構造設計の歴史の中で、極値ともいうべき軽量を可能にした構造システムであり、また、視覚上、使用上は、その柔らかさも大きな魅力である。これらの構造は、学校で教わった知識だけでは十分な理解や判断ができないかもしれな

い。そこで、この章では冒頭に空気膜構造の基礎知識について述べている。この章では、私がこれまで行った構造設計の中から、空気支持構造、空気膨張構造、そして、空気を用いない膜構造について例示している。

　第4章では、特に大空間構造を設計する際に大きな問題となる、「つくり方」について、私が開発したパンタドーム構法を中心に説明している。大空間構造を作る際は、平面の大きさだけでなく、空間の高さも大きな問題になる。空間が高いと、仮設足場のボリュームも大きく、高所作業の量も膨大で、一般の構造物に比べて、作業安全性、工事費、工期、構造品質などに、特別の配慮が必要になるからである。このような観点から、第1章で述べるお祭り広場大屋根やポートアイランド・スポーツセンターでは、リフトアップ工法が画期的な役割を果たしているが、これらの経験から生じた、「ドームもリフトアップできないか？」という素朴な願望が、この発想の出発点であった。得られた解答は「コントロールされた不安定機構」の概念で、私は、これを「パンタドーム構法」と名付けた。この章ではパンタドーム構法の特長を活かした「非鉛直リフトアップ」や、仮設支柱を必要としない「自昇式パンタドーム」などについても述べる。

　第5章では、木を用いた構造設計について述べる。木材は、よく知られているように、自分の重さに比して強度が高い（高比強度）ほか、視覚、触感の優しさ、断熱、吸音の良さなど、建築材料として優れた特性を数多くもっている。ここでは木を単体で用いた例のほか、スティールとのハイブリッド・システムのバリエーションとそれらの特性について、実例を用いて説明する。

　第6章においては、通常の建築構造の設計業務ではあまり遭遇しないが、われわれの眼前に常に広がっている大きな構造デザインの世界について、私の経験のいくつかを紹介し、その魅力について述べる。

　このような世界に属するものとしては、たとえば橋やタワーなどがある。これらは、通常、土木構造物や工作物に分類されるが、構造原理やデザインの手法が建築構造と異なっているものではないので、その例をいくつか示したい。

　また、個々の構造物のデザインの経験を踏まえて、今までにない新しい構造システムを考案、開発、提案するような活動も、

この世界に含まれる。

　私が試みたこのような例として、ここではまず、吊り屋根構造の特長を活かしながらバックステイを必要としない、ハイブリッド吊り屋根構造システムの開発と実用例について述べ、ついで、私が国の内外で提案してきた「サスペンドーム」と称する新しい構造システムの概念と開発、実施例、特に近年の中国における顕著な普及の状況について述べる。

　この章ではまた、単純・明快な振子原理の構造デザインへの応用について考え、並進振子、転がり振子などの原理を応用した免震システムの提案や実施例、および物理振子を用いた遊具のデザインなどについて解説する。

　最後に、スケール原理の応用例として、長さ100メートルのジャンボ鯉のぼりの遊泳を可能にした工学原理の応用と、その展開のプロセスを説明している。

　本書の内容は、おおむね以上のようである。

　私は、構造デザインとは単なる知識や技術の機械的な適用ではなく、五体、五官を総動員して行う、全人格的な作業であると考えている。

　本書の書名は『構造と感性』としたが、ここでいう「感性」も、造形感覚のような視覚的、触覚的感性だけでなく、自分が設計している構造が、本当に期待通りの機能を発揮してくれるだろうか、という「懸念」を含めた、ものづくりとしての全感覚を意味しているつもりである。

　本書が構造デザインに関心のある読者にとって、何らかの参考になることを、心から願っている。

2015年5月
川口　衞

目 次

まえがき　3

第1章　大空間を覆う　ケーブル構造、スペースフレーム ── 9
はじめに……………………………………………………10
国立屋内総合競技場第一体育館 (1964)……………………11
西日本総合展示場 (1977)……………………………………19
日本万国博覧会 お祭り広場大屋根 (1970)…………………22
ポートアイランド・スポーツセンター (1981)……………29
ヨネッティー王禅寺 (1990)…………………………………32
刈羽村生涯学習センター「ラピカ」(1999)………………33
宮本武蔵顕彰「武蔵武道館」(2000)………………………35
深圳文化中心 (2004)…………………………………………36
天津博物館 (2004)……………………………………………39
旭川駅舎 (2010)………………………………………………42
グルジア国会議事堂 (2012)…………………………………45
九州大学椎木講堂 (2014)……………………………………48

第2章　大小の空間をつくる　RCシェル構造の可能性 ── 51
はじめに……………………………………………………52
原爆の子の塔 (1958)…………………………………………53
大分医師会館 (1960)…………………………………………55
戸塚カントリークラブ (1961)………………………………56
松本の家 (1966)………………………………………………58
ゆかり文化幼稚園 (1967)……………………………………59
北九州国際会議場 (1990)……………………………………61

第3章　軽量・ソフトな構造　空気膜構造、膜構造 ── 63
はじめに……………………………………………………64
空気膜構造の基礎知識………………………………………66
空気支持構造
お祭り広場大屋根のフィルム屋根 (1970)…………………69
青函博覧会テーマ館 (1988)…………………………………73
空気膨張構造
日本万国博覧会 富士グループ館 (1970)……………………75
日本万国博覧会 電力館水上劇場 (1970)……………………82

立体裁断なしの空気膜構造
- メッシュ＋メンブレン構造の原理 ……… 84
- ポートピア'81芙蓉グループ館 (1981) ……… 85
- 世界蘭会議パビリオン (1987) ……… 86
- 温室、農業、遊戯施設 ……… 89

金属でつくる空気膜構造
- 偏平金属膜の例 ……… 90
- しわなし最偏平空気膜曲面 ……… 92
- 金属膜空気構造 (1979) ……… 95

骨組み膜・ケーブル膜構造
- つくば科学博覧会外国展示館 (1985)／弁天町パラディッソ (1990)
  ……… 98

第4章 つくり方をデザインする ——————— 101
- はじめに ……… 102
- パンタドームの発想 ……… 104
- ワールド記念ホール (1985) ……… 109
- シンガポール・インドア・スタジアム (1989) ……… 112
- サンジョルディ・スポーツ・パレス (1992) ……… 116
- サンドーム福井 (1995) ……… 122
- なみはやドーム (1997) ……… 125
- なら100年会館 (1998) ……… 129
- 下松石炭中継基地 (2001) ……… 132
- バレンシアの闘牛場 (2007) ……… 135
- パンタドーム構法の着想と可能性 ……… 139

第5章 木の構造デザイン ——————— 141
- はじめに ……… 142
- 木構造5作品（東京キリスト教学園チャペル (1989)／由布院駅舎 (1990)／
  ハラ ミュージアム アーク (1988)／立山博物館の遥望館 (1991)／
  武蔵丘陵カントリークラブ (1987)） ……… 144
- T-Sハイブリッド構造 ……… 149
- 鬼石多目的ホール (2005) ……… 152
- 姶良総合運動公園体育館 (2005) ……… 155
- 日向市駅 (2008) ……… 159
- 高知駅 (2008) ……… 165
- 木の構造デザインについて ……… 169

第6章 眼前にひろがる構造デザインの世界 ―――― 171

はじめに ―――― 172

橋
- イナコスの橋（1994）―――― 173
- 天津市永楽橋（2008）―――― 181
- リゾートビラ富津の陸橋（2008）―――― 187

タワー
- グローバルタワー（1995）―――― 189
- ゲノム・タワー（2002）―――― 192
- 天津モニュメント「四海同心」（2005）―――― 195
- 天津タワー（2012）―――― 197

新しい構造システム
- ハイブリッド吊り屋根構造（大阪屋配送センター（1983）／すさみ町大型共同作業場（1985）／幕張総合高等学校メインアリーナ（1996））―――― 199
- サスペンドーム ―――― 203

振動・免震
- 並進振子免震 ―――― 211
- パドル型免震 ―――― 216
- 揺るぎ石（1985）―――― 218

スケール原理とその応用
- ジャンボ鯉のぼりを泳がせる（1988）―――― 221

あとがき　230

参考文献　232

第 1 章
大空間を覆う
ケーブル構造、スペースフレーム

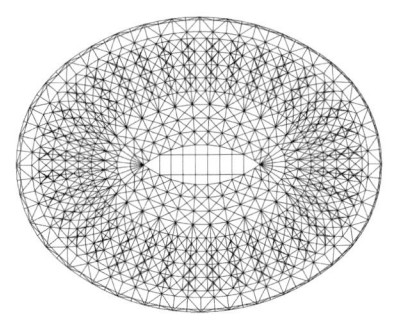

はじめに

　私がこれまでに設計を行った構造物の中には、いわゆる大空間を覆うものが少なくない。これらは構造システムで分類すれば、ケーブル構造と、鉄骨スペースフレームに含まれる例が多いので、この章ではこれらの代表例について述べることにする。しかし、大空間構造の中でも、つくり方に特別な手法を考案したものについては第4章（つくり方をデザインする）で、また、構造システム自体について新しい提案を行ったものは第6章（眼前に広がる構造デザインの世界）の中で例示することにしたい。

　ケーブル構造は、引っ張り力のみを生じるので、座屈の懸念がなく、高張力鋼の強度をフルに活用できるため、大空間を覆う軽量構造に最適の構造システムであるが、荷重分布に応じて形が変わり、フレキシブルである点に注意して設計する必要がある。

　ケーブル構造は、建築の分野でも橋梁と同様に、吊り橋タイプと斜張タイプが考えられる。国立代々木競技場第一体育館の中央構造には、吊り橋の原理を用いた構造システムが、また西日本総合展示場の屋根構造には斜張タイプのシステムが用いられている。

　スペースフレームは、平面板や曲面板を直線部材を用いて立体トラス状に構成した骨組みである。平面板やシェル構造の断面に生じる垂直応力やせん断応力を、鉄骨やアルミ合金によるフランジ材やラチス材で処理することにより、高い剛性と強さを保ちながら、著しく軽量な構造が得られる。また、スペースフレームは、架構の力学的立体効果に加えて、その構成要素である単材とジョイントの製作に、高度に発達した工場生産を利用することにより、合理的な製作・施工を可能にする構造システムである。

吊り屋根原理をテーマとする大小2つの体育館

国立屋内総合競技場第一体育館 (1964)

図1 国立屋内総合競技場

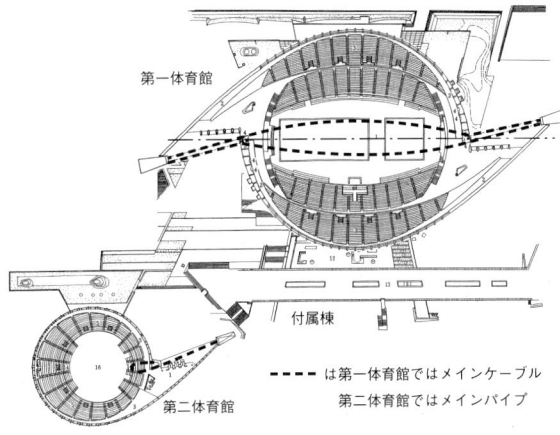

図2 競技場 平面図

　ケーブル構造の最初の例として、丹下健三先生設計による、東京・代々木の国立屋内総合競技場を取り上げたい。この施設は1964年の東京オリンピック用に造られたものである。現在の正式名称は国立代々木競技場で、図1の写真手前が第一体育館、奥が第二体育館、両者の間に事務室、練習用プール等を含む付属棟があり、付属棟の屋上は、渋谷から原宿に通じるプロムナードになっている。

　この建物の設計は、丹下先生のグループでは神谷宏治さんが中心になって、デザインをまとめておられた。一方、構造の坪井研究室では、第一体育館を私が担当し、第二体育館は、現在東北工業大学名誉教授の川股重也さんが担当した。全体はもちろん坪井善勝先生が統括され、坪井研究室の全員が協力するという作業体制で、構造設計がスタートした。

図3 第一体育館外観

建物の特徴

　第一体育館は、直径約120mの円形プランの両側に、エントランス用のサイドスペースがついた、「二つ巴」状の平面を持っており、円の直径両端に位置する2本の主柱に支えられた一対のメインケーブルが、中核構造として、中央スパンと両サイドスパンの屋根のほぼ全荷重を支持している(図2、4)。中核構造を形成している一対のメインケーブルは、吊り橋に類似した構造を用いているが(図3、4)、バックステイはプラン上、構造の軸線に平行ではなく(図2)、また、中央スパンではトップライトおよび人工照明用の空間のために、2本のメインケーブルが

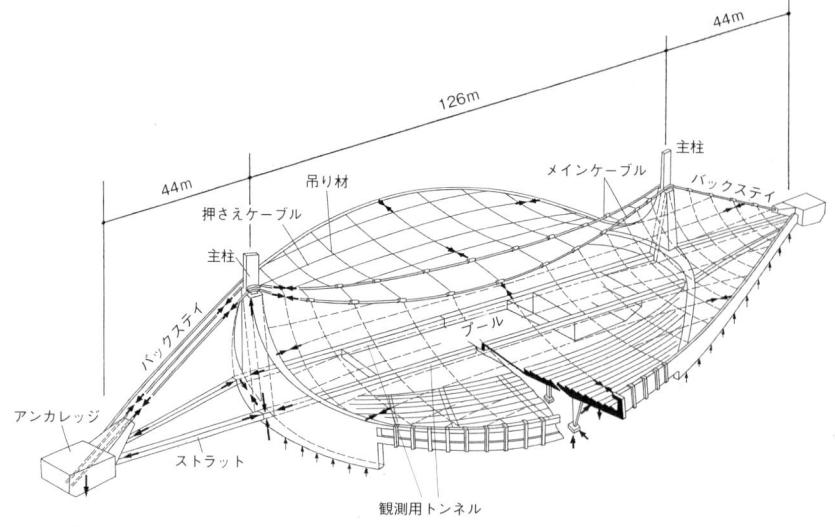

図4 第一体育館構造システム

図5 第一体育館内観

大きく開いているなど、吊り橋には見られない3次元的な構造構成になっている。メインケーブルの張力は、バックステイを経て両端のアンカレッジまで到達し、そこで、上向きの力はアンカレッジの重量で、内側に引き込もうとする力はストラットの圧縮力で、安定した釣り合いを与えられている(図4)。この建物は屋内水泳場として造られたため、競泳、跳び込み用のプールが設けられており、プールの両サイドには、観測用のトンネルが要求されていたので、建物内部では、これらのトンネルが構造のストラット(圧縮材)を兼ねるように計画した。

屋根面は、メインケーブルから競技場スタンドの外周にかけて走る多数のセミリジッド吊り材(曲げ剛性のあるテンション材—後述)で形成され、さらに屋根面に均質な剛性を与えるため、吊り材を縫って一群の押さえケーブルを配し、これらを緊張することによって、屋根構造全体にプレストレスを与えている。

鉄筋コンクリート造のスタンドは、10mの張り出しを持つ片持ち構造で、スタンド荷重による外倒れの傾向と、屋根の吊り材からの張力による内倒れの傾向が相殺して、スタンド構造内の応力を相互に緩和している(図4, 5)。

第二体育館は直径約65mの円形プランにエントランス用のスペースが1個ついた、「一つ巴」の平面を持っている(図2)。この建物も構造原理は第一体育館と同じであるが、中核構造を形成しているのは、一本の主柱の頂部からアンカレッジをめがけてらせん状に走っている、メインパイプ(鋼管)である(図6, 7)。このメインパイプの作っている空間曲線は、これにとりつく吊り鉄骨の材端での力に関して描いた、立体的連力図の1つが定める曲線に近いものであるが、建築上の要求から、ある程

度この曲線からはずれている。この2つの曲線のずれと、荷重変動による吊り材張力の変化を、安定した形で処理するために、RC主柱とメインパイプとの間に、一群のつなぎ材が設けられており、これがメインパイプと一体となって、1つの立体骨組みを構成している。この骨組みはスカイライト用のサッシュの支持構としても機能し、同時に優れた造形効果を発揮して、第二体育館の形態を、内外ともに特徴付けている（図6、8）。

図6　第二体育館外観

第二体育館のメインパイプは、第一体育館のメインケーブルとは異なり、バックステイを有しない。このため、RC造の主柱と、地下のストラットには、常時大きな曲げモーメントが生じるが、この曲げに対しては、両者にポストテンション方式によるプレストレスを与え、ひび割れが発生しないように設計されている。屋根面の構造は、メインパイプからスタンド周辺にかけて走る、十分なせいを持つ鉄骨吊りトラスで造られており、さらにトラス間につなぎ材を設けて、屋根面全体としての立体効果を期待し、押さえケーブルを用いない設計になっている点が第一体育館と異なっている（図7）。

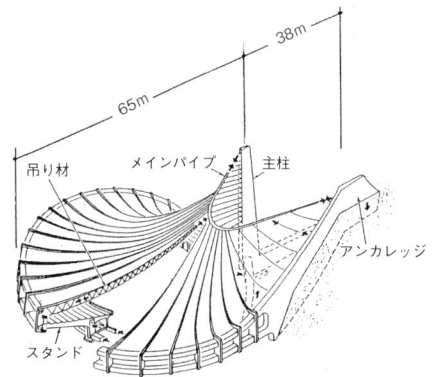

図7　第二体育館構造システム

屋根面の形状は、第一、第二体育館ともにガウス曲率が負の「鞍形」をしており（図5、8）、建物内部の音響条件が優れているので、両体育館ともに、スポーツだけでなく、コンサートを含む各種のイベントに利用されている。

以下、私が担当した第一体育館の構造設計上の特徴について、少し詳しく説明しよう。

第一体育館の屋根曲面の構成

第一体育館の吊り屋根曲面は、メインケーブルとRCスタンド外周という、相互にまったく性格の異なる形の境界の間に、これらの形状になじむように、作られなければならない（図4）。当初はわれわれも、当時世界で一般的に行われていた手法で、この問題にアプローチした。すなわち、与えられた境界構造の中に、ケーブルネットによる張力曲面を作り、その曲面に沿って、風によるフラッターを防ぐための鉄骨のスティフナー（補剛材）を取り付けようという方法である。しかし、実験と解析を繰り返して検証した結果、ケーブルネットの力の配分を、どうやりくりしても、これらの境界の中に「自然な」屋根曲面を作り出すことは無理だということがわかった。ここで「自然な」曲面というのは、吊り材と押さえケーブルとの間の緊張関係が、できるだけ連続的に変化する滑らかな曲面ということである。このような曲面は、デザイン模型を用いて曲面を加工・調整したり、図上で、等高線の形を平準化するなどの方法で求めることができる。しかし、一連の解析と実験で、このような曲面を

図8　第二体育館主柱回り内観

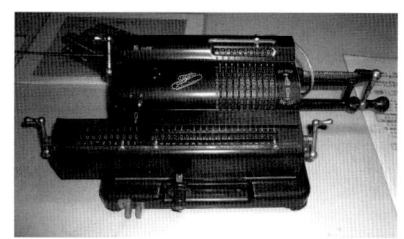

図9　手回し加算器

ケーブルネットで作り出すことは無理だということが、わかったのである（図12）。

　しかし、では、どうするかという答えが出てこない。何週間も悩んだ挙句に気がついたのは、当初の計画では後で添わせることになっていた鉄骨のスティフナーを、直接、吊り材として使ったらどうか、ということである。鉄骨断面が持っている曲げ剛性によって曲面の形を調整できれば、「自然な」屋根曲面が得られるのではないか。ある朝、そのようなことに、ふと気がついた。そこで、予備解析をやってみると、それまでどうしようもないと思っていた問題が、一挙に解決する。文字通りのブレークスルーであった。

　この問題は坪井先生も大変心配しておられたので、早速報告したところ、それは素晴らしい、それで行こう、ということになった。こうして、吊り方向は鉄骨で、押さえ方向は当初の計画どおりケーブルでという、「セミリジッド」の構造システムが出現することになったのである。

　この種の問題は、コロンブスの卵のようなもので、結果が出てしまうと、そんなの初めからそう考えればよかったではないか、ということになるかもしれないが、世界中で誰もやっていないことというのは発想しにくいもので、構造デザインの歴史の中でも、コロンブスの卵のような出来事は、決して珍しくない。

屋根構造の解析と実験

　このようにして決まったセミリジッド吊り屋根曲面を、どのようにして解析するかが、次の課題であった。当時は、現在一般に使われているような曲面構造用の解析ソフトも、演算を実行するコンピュータも、存在しない。当時のオーソドックスな手法は、曲面の微小要素について、釣り合いおよび変形条件を満たす「基本微分方程式」を作り、それを周囲の境界条件に適合するように解く、という方法であった。シェルや、ネットワークについては、この種の基本式がすでに得られていたが、セミリジッド曲面については、そういう曲面自体をまだ誰も考えていなかったので、当然基本式も存在しない。そこで、一方向の曲げ剛性だけを評価する張力曲面の基本式を作り出すことから作業を始めた。

　基本式ができると、これに具体的な数値を適用して解かねばならないが、当時、使うことのできた計算器具は、計算尺、そろばんと、手回しの加算器（図9）だけであった。計算尺は精密計算には有効桁数が足りず、そろばんは熟練度を要するので、結局、手動の加算器を最も多用することになった。何週間もの間、明けても暮れても計算器のハンドルを回し続けるのは、文

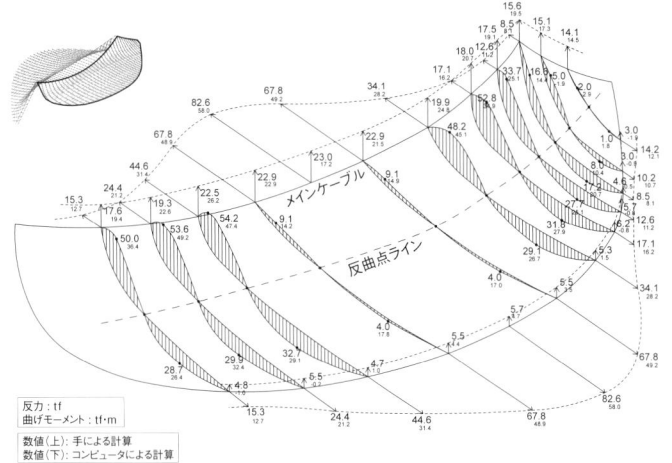

図10 第一体育館吊り屋根応力図

図11 100分の1実験模型

図12 30分の1実験模型（ケーブルネット）

図13 30分の1実験模型（セミリジッド）

図14 メインケーブルの成形

字通りの肉体労働であり、また、万一、途中で運算を間違えると、振り出しに戻らなければならないので、注意力と精神力を要する作業であったが、結果は確実に得ることができた。

計算結果の一例（固定荷重＋プレストレス）を、図10に示す。図には吊り材両端での張力と、吊り材の曲げモーメント分布が示されている。曲げモーメント図の反曲点が、屋根曲面上に、なめらかに連続して分布しているのがわかる（図10中の破線）。これは、基本式が正確に解けていることを示すと同時に、採用した屋根形状が「自然な」曲面であったことの証左でもある。これら一連の計算結果は、2010年にコンピュータを用いて追計算をした結果、設計上十分な精度で得られていたことが、確認された。

計算と併行して、模型実験を行った。コンセプチュアルな設計段階では、実験室で100分の1モデルを用い（図11）、後半の段階では、建築現場に作成した30分の1モデル（図12、13）を用いて、屋根の力学性状の把握と、解析結果の検証を行った。

円錐面回転サドルの設計

2本のメインケーブルが柱頭を越える部分では、吊り橋と同じく「サドル（鞍）」と呼ばれる金物で支持される。しかし、第一体育館の場合には、施工中のメインケーブルの動きが複雑なため、吊り橋の場合には考える必要がないような問題に直面することが予見された。メインケーブルは、それぞれ37本のスパイラル・ワイヤロープを束ねて構成されるが、ワイヤロープの配設・長さ調整、メインケーブルの断面形成は、吊り橋と同じように、ロープを鉛直面内に自然垂下させた状態で行われる（図14）。

こうして形成された2本のメインケーブルは、次に、スパン

図15 メインケーブルの横開き

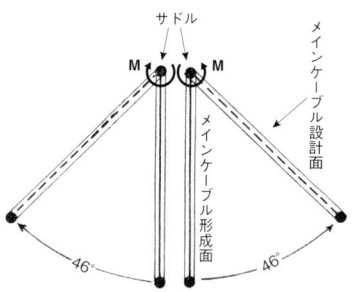

図16 メインケーブルの横開き（中央断面）

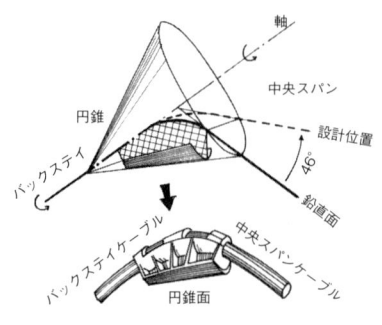

図17 円錐面サドルの原理

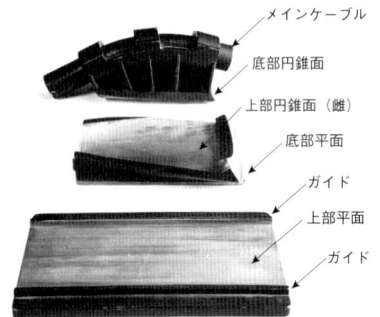

図18 サドルの構成（模型）

図19 サドル（現場据え付け）

中央に向かって大きな開口をつくるため、両側から引張り力を与えて、「横開き」を行う（図15）。この時、中央スパンでは、メインケーブルを含む平面は、当初の鉛直面から両側に46度回転しなければならない（図16）。しかし、バックステイ部分ではこのような変形はないから、サドルを固定した場合は、そこに大きなモーメントが生じてしまう。したがって、ここではサドルに特殊な機能が要求される。すなわち、中央スパンでは上述の大きな回転を自由に許しながら、バックステイには悪影響を与えないように、変形を調整する役割である。

　この問題は、吊り橋ではおそらく経験がないと思われる難問であり、参考例もない状況でずいぶん悩んだが、ある時ふと考え付いたのが、円錐面の利用であった。すなわち、バックステイの延長線を軸とし、水平な母線を含むような円錐面を考え、この面に沿って回転滑りを生じさせるようなサドルが、上記の機能を満たすのではないか、と考えたのである（図17）。さっそく模型を作って動かしてみると、希望通りにうまく動いてくれた。このようにして、サドルは3個の鋳鋼部材で構成し、上部2材の境界では、円錐面すべりによってメインケーブルの自由な横開きを可能にし、下部2材の境界では、吊り橋と同じく、スパン中央に向かってのサドルの水平移動を無理なく行わせるという機能を与えることができた（図18, 19）。各すべり面には二硫化モリブデンの粉末を、減摩剤として使用することとした。

メインケーブルの大変形とディテール設計

　テンション構造は変形が大きいのが一つの特徴であるが、吊り橋型の構造では、特に施工中の変形が、際立って大きく、これが構造に悪影響を与えないよう、施工プロセスに関して十分な予見を持ったディテール設計が、必要と考えられた。

　以下に具体的な二つの例を示す。

「届かない」吊り材を届かせる

　上記の「横開き」プロセスを終えたメインケーブルに屋根荷

図20 メインケーブルへの部材取り付け作業

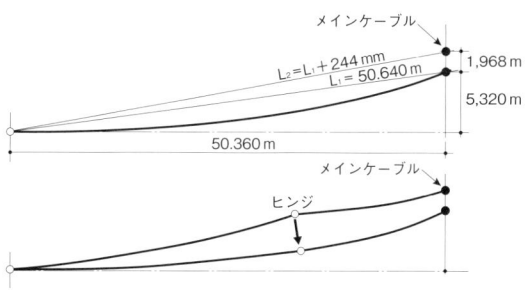

図21 鉄骨吊り材の「届き」の問題

重がかかると、メインケーブルは徐々に変形を生じ、設計荷重状態では、中央部で約2m垂下する。逆に言えば、吊り材は、設計状態よりも2m高い位置にあるメインケーブルに、取り付けられねばならない(図20)。これは吊り材の長さ方向で見ると、最大で約24センチ長さが足りないため、メインケーブルに「届かない」ことになる(図21上図)。逆に、この状態で「届く」長さに吊り材を作ってメインケーブルに取り付けると、メインケーブルが設計状態まで下がった時には、吊り材はテンション材どころか、巨大な圧縮ひずみを強制されて、間違いなく、座屈してしまうであろう。

この難問を解決してくれたのは、前述の応力図(図10)で、曲面上にきれいに並んだ反曲点である。反曲点位置にヒンジを設けても、部材の性質が変わらないことは、よく知られている。一方、これらの位置にヒンジを設けることによって、今までメインケーブルに届かなかった吊り材は、容易に届くようになる(図21下図)から、吊り材端部を確実にメインケーブルに取り付けることが可能になった。

「土星の輪」ジョイント

施工中におけるメインケーブルの大変形に適応するための、今ひとつのディテール上の考案は、吊り材とメインケーブルとの接合部ジョイントである。メインケーブルの大きな変形は変位量の問題だけでなく、吊り材との接合部に3次元的な角度変化をもたらすから、両者の接合には角度の自由度が必要である。つまり、一種のユニバーサル・ジョイントである。この条件を満たすために「土星の輪」と称するジョイントを、鋳鋼で設計した(図22, 23)。まず、メインケーブルをしっかりと締めつけて把握する二つ割りのボール・ジョイントを考え、その周りに自由に回転できる、やはり二つ割りのリング・ジョイントを取り付けて、このリング・ジョイントに吊り材その他の鉄骨部材を接合する、という仕組みである(図24)。この接合法により、各部材はメインケーブルと位置的には剛に接合されるが、角度

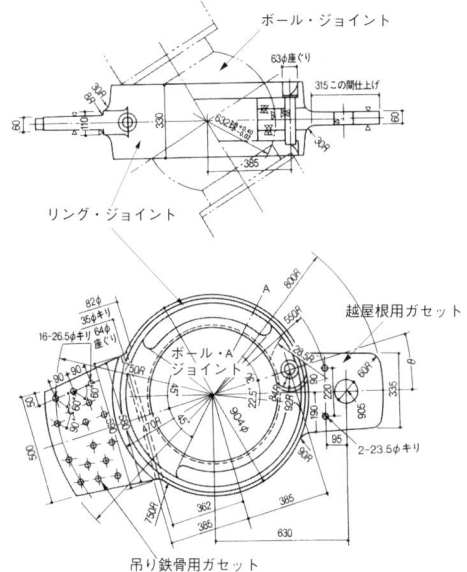

図22 「土星の輪」ジョイント図

図23 「土星の輪」ジョイント

図24 メインケーブルと鉄骨部材の接合状況

図25 エントランスではジョイントが間近に見える

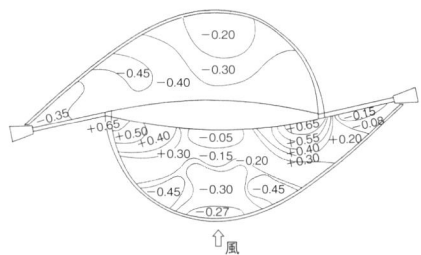

図26 風圧係数分布図

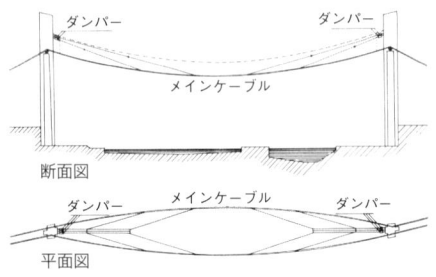

図27 メインケーブル制振システム

図28 柱頭で表現されているオイル・ダンパー

は自由に変化できるから、施工中、完成後を通じて、メインケーブルの変形に無理なく追随できる。このジョイントの今ひとつの利点は、一種類のジョイントを製作すれば、どの接合位置にも使えるので、ひとつの型で全てのジョイントを製作することができ、鋳造効率が非常に良いという特長である。

「土星の輪」ジョイントは、屋内外を通じてそのまま表現されているが、エントランスに近いバックステイ部分では、その姿を最も間近に観察することができる（図25）。

メインケーブルの制振

この競技場の屋根は吊り構造であり、したがって軽量である。このため、風に対する安全性が非常に大切だと考えられた。静的な風荷重については、風洞実験の結果、特に気になる値は得られなかったが（図26）、新しい吊り形式の構造であるので、動的な問題は未知な面が多いと思われた。また、この建物は、国立の施設であるので、災害時の避難、防災拠点としての機能も確保すべきであると考えた。そこで、屋根構造の中核をなすメインケーブルが、何らかの原因で、過度の振動を生じる傾向が出た場合は、これを自動的にコントロールする仕組みとして、オイル・ダンパーによる制振システムを組み込むことにした（図27）。これは、構造物の制振システムとして、世界初の実施例となった。

この制振システムの設計に際して、丹下先生に説明をしたところ、その仕組みはこの屋根構造の安全にとって重要な機能であるから、建築表現上も、外部から容易に認識できるようにしよう、ということになり、柱頭に取り付けた片側6個（3列2段）のオイル・ダンパーは朱色に塗られて、地上からも認識できるデザインになった（図28）。このオイル・ダンパーのメンテナンスについては、私も初めての経験で、経年変化に対する懸念があったので、管理仕様書の中に、20年ごとのオーバーホールとオイル交換を規定してもらった。この管理規定に従ってこれまでに行われた2回のオーバーホールには、私自身も、施設の管理者と一緒に立ち会ったが、いずれもオイルはサラサラで、劣化はまったく見られず、機能の健全性が確認できた。

斜張型のケーブル構造

西日本総合展示場 (1977)

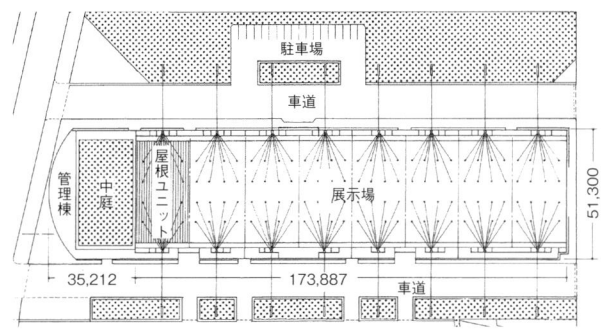

図1 平面図

図2 建物概観

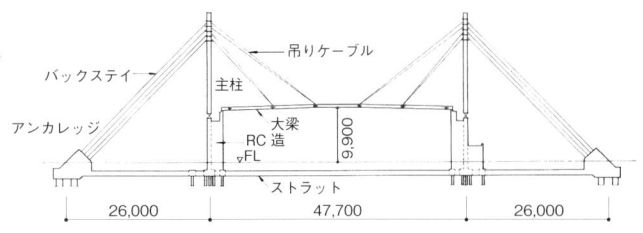

図3 構造断面図

　この展示場は斜張型のケーブル構造の例である。建築設計は、磯崎新さんである。
　構造の特徴は、以下の通りである。
1. 屋根の重量が斜め方向の直線ケーブルによって吊り上げられ、バックステイを経てアンカレッジに伝達される力の全容が建物外観から容易に見て取ることができ、斜張形式の力の流れを実感することができる。
2. 柱の横（桁ゆき）安定について、特別なステイを設けず、常時荷重支持に必要な構造システムが、横安定の機能を兼ねている。
3. 柱脚のディテールに、プレート・ヒンジを提案している。

構造の概要

　この建物の主要構造部は、概略50×170mの長方形プランを持つもので、下部構造は3層のRC構造、上部は斜張ケーブル形式の吊り屋根構造である（図1〜4）。
　屋根は建物の長手方向を8等分したものを1ユニットとし（ユニット幅21.6m）、基本的には同じユニットが8回繰り返された格好になっている（図1）。屋根構造には各ユニットごとに、下部構造には2ユニットごとに、建物長手方向変形に対するエキスパンション・ジョイントを設けてある。
　屋根面は地上約10mの高さにあり、このレベ

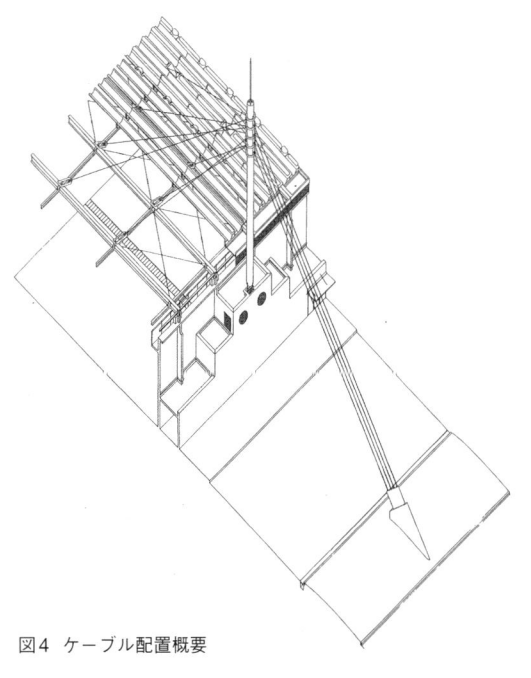

図4 ケーブル配置概要

図5 柱概観

ルでスパン方向に走る4本の大梁と、これに架かる6本の小梁が、1ユニットを構成している。大梁のスパンは42.7m、大梁せいは約600mm（スパンの約1/70）である（図3）。大梁は、スパン方向の温度変形を考慮して、1端ピン、他端ローラーの支持形式をとっている。間隔約8mで並ぶ小梁の間には、V字形のプレファブPC屋根板（厚さ50mm）が単純梁状に架けられている。防水、設備器具等を含む屋根総重量は、ユニット当たり約200t（225kg/m²）である。

大梁と小梁で構成された格子状の骨組ユニットは、間隔47.7mで立つ一対の鋼管柱の頂部から出る各8本の吊りケーブルによって支持されている（図4, 5）。骨組の支持点は大梁、小梁の交点で、1ユニットにつき16点、吊りケーブル張力は常時荷重に対して1本当たり14〜18tfである。鋼管柱は直径700mmで、柱脚はスパン方向にヒンジになっている（後述）。

柱頭におけるケーブルの定着位置は、上下4段（間隔900mm）に分散してある。これは、柱頭の1ヵ所にケーブルが集中することによるディテールの繁雑さを避けるとともに、屋根フレームに対するケーブルの有効剛性をできるだけ揃えることをねらったもので、柱から屋根吊り点への水平距離が遠いケーブルほど上段に定着する方針がとられている（図3, 4）。

柱頭から建物の外側に向って走るバックステイ・ケーブルは4本（張力は1本当たり25〜37tf）で、柱からの水平距離26mにあるアンカレッジ位置に向って平行に走っている（ハープ型）。

アンカー位置でのバックステイ・ケーブル張力の鉛直成分（引揚げ力）の合計は、アンカレッジ1ヵ所当たり常時89tf、積雪時108tfであるが、造形上、経済上の配慮から、いわゆるアンカレッジブロックの重量は74tにとどめ、これを支持する場所打ちコンクリート杭（4本×1000φ×11.450m）の重量約90tを加えて、積雪時総引揚げ力に対し約1.5の安全係数を確保している。バックステイ・ケーブル張力の水平成分は、相対する2個のアンカレッジを地中でつなぐ2本のコンクリート水平ストラットで処理している。このストラットは、建物内ではトレンチ床として利用されている（図3）。

屋根面の水平力は、スパン方向については各大梁ごとにピン接点側のRC構造に伝達され、桁行き方向については、屋根フレームの必要箇所に設けた水平ブレースを含む構面によって、ユニットごとに両側のRC構造に伝えられる。建物の妻面に作用する風圧力に対しては、端部屋根ユニットの上記水平構面が風受梁としての機能を果たしている。

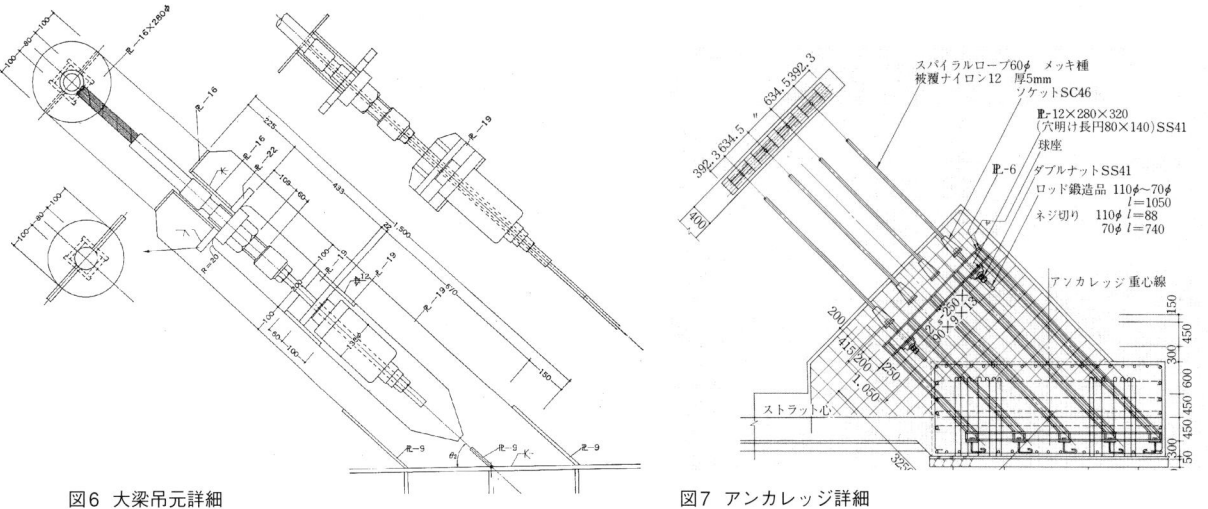

図6 大梁吊元詳細　　　　　図7 アンカレッジ詳細

ディテール

ワイヤロープは吊りケーブル（PCストランド38mm径）、バックステイ・ケーブル（スパイラルロープ60mm径）ともにメッキ種を使用したが、防錆効果を確保するためさらに耐候性のナイロン系コーティング（5mm厚）による被覆を行っている。ワイヤロープの端末は、吊りケーブルについては端末金具（S10～15C）の塑性圧縮留めとした（図6, 8上）が、バックステイ・ケーブルについては太さの関係から、在来の鋳鋼ソケット（SC46）による銅亜鉛合金留めを採用した（図7, 8）。

ケーブルの長さ調整、および緊張力の導入は、各ケーブルの下端で行うこととし、このため、上記端末金具の定着方式は柱頭側をピン（図8）、屋根およびアンカレッジ側をネジ形式にしてある。また、定着側のディテールとしては、屋根で20tf、アンカレッジで50tfのセンターホールジャッキの仮設・作動と、ケーブルの固定が行えるようになっている（図6, 7）。

前述のように、この斜張構造の柱脚は、スパン方向にヒンジを前提としている。本格的なヒンジの構造ディテールとしては、いわゆるピン方式かロッキング方式のものが多く用いられている。しかし、これらのディテールは一般に高価であり、また、使用対象によっては考え方が観念的に過ぎる場合も少なくない。本構造の場合は、軸力が大きく、せん断力が小さいという支柱の特性に適合するものとして、板の弾性曲げを利用した新しいピン構造（「プレート・ヒンジ」）を提案している（図5, 8, 9）。このピンは、軸力180tfに対し、弾性範囲で±100mm以上の柱頭変位を許容できる。

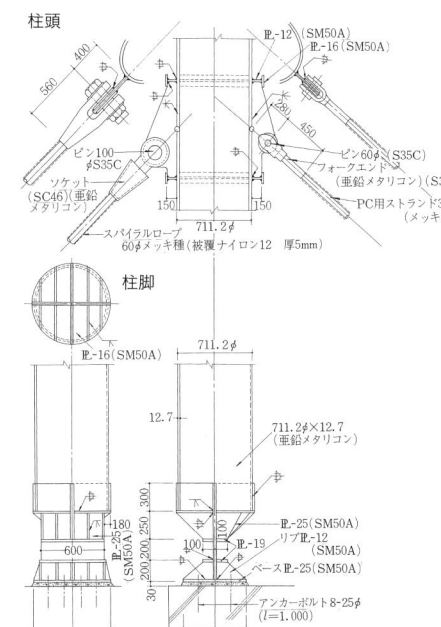

図8 柱頭、柱脚詳細

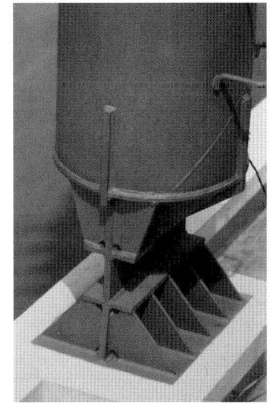

図9 プレート・ヒンジ

西日本総合展示場 | 21

複合的機能をもった大規模スペースフレーム
日本万国博覧会 お祭り広場大屋根 (1970)

図1 お祭り広場大屋根 (後方尖塔はソ連館)

　丹下健三先生との協働作品例の2番目は、1970年に大阪・千里丘陵で開催された日本万国博覧会のシンボルゾーンの中核をなす、お祭り広場の大屋根である。私は1964年に自分の事務所を持ったので、本プロジェクトに関しては、独立した事務所として、坪井善勝研究室と協働で構造設計に当たることになった。

構造の特徴

　「お祭り広場大屋根」はお祭り広場、交通広場などの地上空間を自然環境から保護するシェルター、お祭り広場の演出用クレーンの支持構造、空中テーマ館をはじめとする空中建築物の収容体、などの複合的役割を兼ね備える構造体として設計された。建築的には、できるだけ単純で、無方向性、かつ増殖の可能性の豊富さ、などを示唆する構造システムが求められた。また、設計・建設時に、この建築の後利用の計画が確定しておらず、したがって、永久に使おうと思えばいつまでも使用でき、壊したくなったら手軽に解体できる構造物という、構造設計者にとっては大変に難しい要求が、大前提になっていた。このような条件下で設計されたお祭り広場大屋根構造は、次のような特徴を持っており、来るべき時代の技術の可能性を予見するものとして、いくつかの点で世界的に先鞭をつける提案となった。

1. プラン100m×300mの巨大な平面型ダブル・レイヤーのスペースフレームが6本の柱で支持されている仕組みがそのまま表現され、構造内の力の流れを容易にイメージする

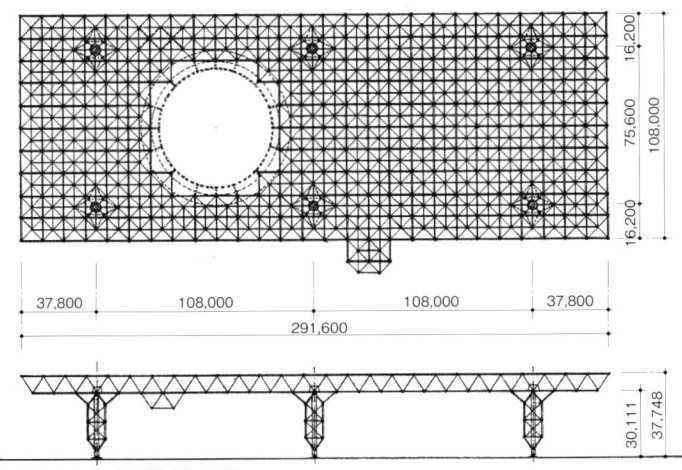

図2 お祭り広場構造概要図

ことができる（図2）。

2. この屋根構造は単なる屋根ではなく、屋根ふところが2階建ての博覧会展示スペースになっている。このため、架構のスケールが巨大なだけでなく、荷重も通常の屋根に比べて格段に大きい。

3. これに伴う巨大な力の流れを無理なく処理するために、スペースフレームの接合部には独自に開発した鋳鋼ジョイント（図3, 4）を全面的に使用した。これは、私たちにとっては本格的鋳鋼ジョイントの設計という意味で、代々木競技場に続く2番目の試みであった。しかし外国にはまだ前例がなかったため、鋳鋼部材の建築表現という点で、ポンピドゥー・センターなど、その後の世界の構造デザインに影響を与えることになった（P. Rice, *An Engineer Imagines,* 邦訳 ピーター・ライス著『あるエンジニアの夢見たこと』訳：岡部憲明 ほか）。

4. この鋳鋼ジョイントは、寸法、角度の両面において十分な誤差吸収機能を持つ、完全なメカニカル・ファスナーである。

5. このプロジェクトのひとつの大きな特徴は、設計段階で施設の後利用計画が定まっておらず、永久利用にも耐え、かつ、数年後の解体にも無理なく対応できる構造設計が要求されたことである。

6. したがって、「つくる」プロセスを逆に辿れば、容易に「解体」できるような接合方法、建設方法を追求することにした。メカニカル・ファスナーはこの目的に最適な接合手段として開発されたものである。

7. 構造骨組みを全て地上で組み立て、それを6本の支柱に沿ってリフトアップする工法を設計段階で提案し、これに

伴うディテール設計を、解体時のロワリング(降下工事)を視野に入れて完成させた。
8. この大屋根の上面は、10m×10mの透明な空気膜パネル約270個でカバーされている。ポリエステル・フィルムによるこの空気膜構造は、世界で最初の大規模透明膜屋根となった。この構造については、第3章(p.69)で述べる。

図3 鋳鋼ジョイント

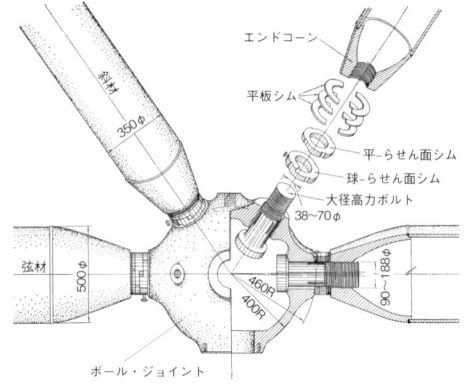

図4 鋳鋼ジョイント(メカニズム)

構造の概要

　お祭り広場の大屋根は幅108m、長さ291.6m、せい7.637mのスペースフレームで、上下弦面が10.8mの正方形グリッドをなし、その間を長さ10.8mの斜材によって角錐状に結んだ、複層グリッド構造である。この屋根は地上30mの高さ(下弦面位置)に、6本の柱によって支持されている(図1, 2)。

　屋根架構は上下弦材が外径500mm、斜材が350mmを標準寸法とするパイプ部材と外径800mmの鋳鋼製中空球形ジョイントによって構成され、直線部材と球形ジョイントは、ジョイント内に仕込まれた高強度の大径ボルトによってねじ接合される(図3, 4)。これは完全なメカニカル接合で、緊結作業は全てジョイント外部で行うことができ、また、解体時には接合の逆作業を行えば、弛緩、離脱させることができる。

　柱は外径1,800mmの主柱(心柱)と4本の側柱(外径600mm)およびこれらをつなぐ斜材、横材およびブレースによって立体トラス状に組まれている。柱架構は、大屋根とは方杖により剛接、柱脚はピンになっている。骨組みの節点数639個、部材数2,272本、躯体重量は4,240t、仕上げ、積載荷重を含む総重量は9,300tである。

　大屋根骨組みは全て地上で組み立てられ、その後、6本の主柱に沿ってリフトアップされる。リフトアップ後、側柱を組み立て、主柱に接合する。側柱は柱頭部で方杖状に広がり、屋根を支持する。

　大屋根の上面は、特別に開発したパネル状の透明な空気膜屋根でカバーされている。透明膜に用いた材料は、2軸延伸された飽和ポリエステルフィルムである(この空気膜屋根については、第3章で詳述する)。

構造解析の手法

　前述の代々木競技場とこのプロジェクトの間には6年間の時間経過があるが、この間にコンピュータは目覚しい発展を遂げている。もちろん、パーソナルコンピュータなどは、まだ影も形もないが、いわゆる大型計算機を備えた「計算センター業」が出現し、スペースフレームの場合ならば、節点座標、支持条

件、節点荷重を与えれば、有料で解いてくれるというサービスが得られるようになっていた。しかし、このサービスはかなり高価だったので、繰り返し利用するわけにはいかない。当時の一般的な設計手法は、コンセプチュアルな設計段階では、骨組み全体を連続体とみなして手計算を行い、最終段階で計算センターを利用して詳細な応力検討を行う、というものであった。

この方法は、見方によっては非効率的であったかもしれないが、設計者が自分の設計する構造物の特性を、構造計画段階で総合的に把握するという点で、優れていたと思う。本プロジェクトの場合、上下弦面が四辺形グリッドであるから、骨組み全体としての性質は「ねじり剛性を持たない平面板」として、十分な精度で連続体に置き換えて、計算することができた。

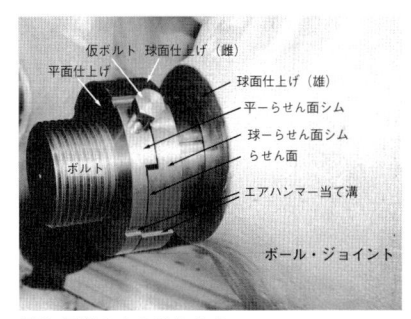

図5　回転シムのはたらき

ジョイントのメカニズムと応力・変形・安定性

大規模スペースフレームを設計する場合、最も重要で、かつ困難な予測は、建て方時の誤差の累積である。スペースフレームが組み上がっていくにつれて各段階の最先端の節点座標が定まるタイプの在来工法では、誤差の累積が最も甚だしい。本構造の場合、地上組み立ての利点を活かして、各節点の座標を独立に与え、ジョイントには隣接節点間の誤差を吸収する機能を与えることにより、施工時に誤差が累積しないような設計を行った。節点の座標には座標測定誤差、ジョイントの据付け誤差を含めて±10mmの公差を与えている。誤差の吸収は、角度については球形ジョイントとボルトとの間の球面回転により、また長さについては球形ジョイントと各部材端の間の調整シム厚によって行っている(図4)。この場合、数百トン(数千kN)オーダーの引張、圧縮力を伝達するジョイントにおいて、最終誤差であるガタの吸収と、ゆるみ止めの締めつけを確実に行うためには、在来規模のスペースフレームで用いられている、接合ボルトをスパナで締めるような手法は不適当で、力のスケールに見合ったディテールが必要である。

ここでは、ガタの吸収とジョイントの緊結を兼ねた「回転シム」と称する組み込み治具を新しく考案し、使用した(図4, 5)。

回転シムは一対のリング状のシムで、「球－らせん面シム」と「平－らせん面シム」とからなる(図5)。前者はボール・ジョイント側に位置し、ボール・ジョイントとなじむように、片面は球面仕上げ(雌)になっており、後者は部材側にあって、平板シムと全面接触するように、平面仕上げになっている。

そして、両シム相互の接触面は、らせん面仕上げになっている。したがって、この一対のシムを合わせて、互いに回転させると、全体の厚みを連続的に変化させることができる。これに

日本万国博覧会　お祭り広場大屋根 | 25

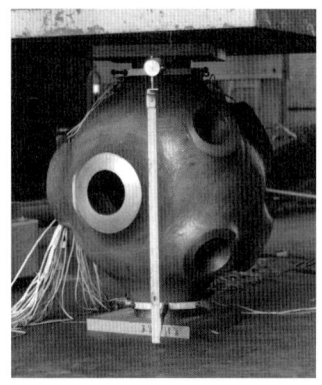

図6 ジョイント実大実験
（上／引張、下／圧縮）

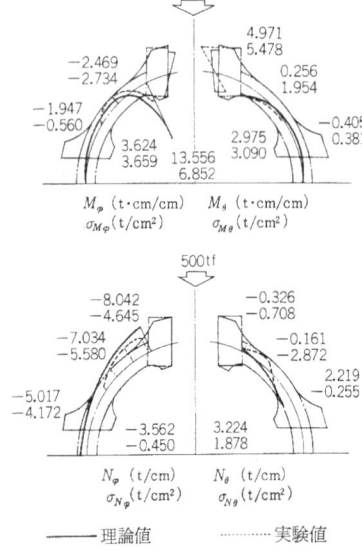

図7 実大実験結果
（上／曲げ応力、下／面内応力）

よって、平板シムの調整可能最小量（2mm）以下のガタを吸収し、その後の締めつけを確実に行うことができる。大きな締めつけ力を発揮できるように、回転シムの周囲には4ヵ所に溝が切ってあり、エアハンマーの当たりとして使われる。

これら一連の実大実験から、球ジョイントの応力、変形については、開口部をリングで補強した薄肉球形シェルとして解析した。これらの解析結果の妥当性の検証と弾塑性的挙動の把握、終局耐力の確認は、東大実験室の2,000tf試験機を用いた実大破壊実験（引張、圧縮）により行った（図6）。

これら一連の実大実験から球形ジョイントが厚肉であるにもかかわらず、弾性応力は実用上薄肉シェルの解で設計できること、開口周りの応力撹乱は急速に減衰することなど（図7）が確認され、破断耐力は引っ張り試験で設計荷重の3.3倍が得られた。圧縮試験は降伏現象が現れないので、設計荷重の3倍（1,500tf）まで加力し、安全を確認したところで、試験装置保護のため試験を中止した。

球形ジョイントを含む部材の座屈安定性についても検討を行った。スペースフレームでは、1個のジョイントに接合される部材の数が多いため、ジョイント近傍で部材を絞って、比較的小さな面でジョイントに接合することになる。このような場合、ジョイントの接合部位置での回転剛性が小さいと、圧縮部材の不安定現象をもたらす可能性があるので、この点を検討した。その結果、本構造ではこのような不安定現象は起こらず、接合部の応力検討のみで十分なことが判明した。

リフトアップ

地上で組み立てられた大屋根架構は、6本の主柱に設置されたジャッキによって地上30mの高さまでリフトアップされた。リフトアップの手順は次のように考え、実行した（図8、9）。

0. 地上での組み立て
1. 主柱に沿ってリフトアップ
2. 側柱組み上げ（柱脚補剛）
3. リフトアップ完了後、屋根荷重を主柱に転荷、方杖形成
4. 柱完成、柱脚ヒンジ化

使用ジャッキは、当時、世界最大の揚重能力を持っていた、米国製の高圧エア・ジャッキ（揚重力450tf/基、空気圧25kgf/cm²）で、これを各柱に2個ずつ、タンデム（上下直列）に配置した。揚重の仕組みは、環状の仮設部材リング・ガーダーを、上ジャッキが引き揚げると同時に下ジャッキが押し上げ、リング・ガーダーがスペースフレームの柱頭ジョイントを吊り上げるというものである。この時、何らかの理由でジャッキがイレギュラー

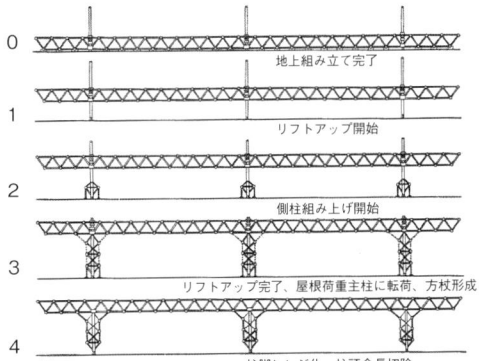

図8 リフトアップ手順（上から下へ）

図9 リフトアップ中の大屋根

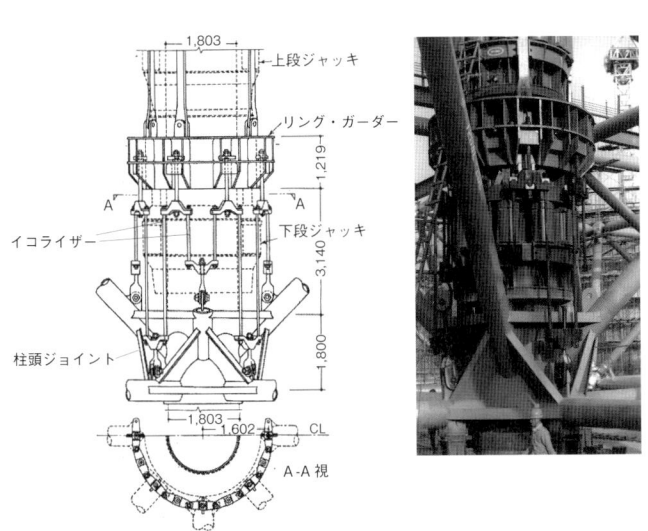

図10 柱頭ジョイント、エア・ジャッキ、イコライザー、リング・ガーダー

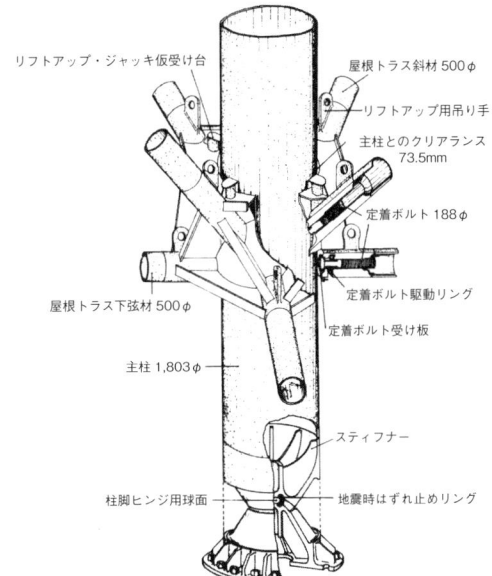

図11 柱頭柱脚ディテール（リフトアップ中）

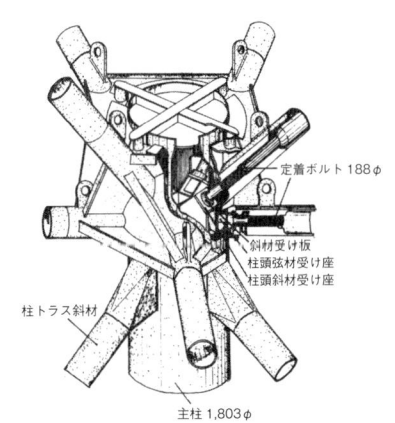

図12 柱頭ディテール（リフトアップ終了後）

な動きをしても、揚重力が正しくスペースフレームに伝達するように、メカニカルなイコライザー（天秤原理による荷重均等伝達システム）を考案してリング・ガーダーと柱頭ジョイントの間に組み込んだ（図10）。

柱頭ジョイントは、リフトアップ中は心柱（径1.8m）の周囲に十分なクリアランスを保持し、リフトアップ終了後は迅速に柱頭を固定する機能も与えられている（図11、12）。

リフトアップが終了すると、柱頭ジョイント内に格納されていた斜め方向定着ボルト位置に相当する箇所の主柱表面に主柱内部から400×800mmの孔4個がガス切断によって開けられ、斜材内に格納されていた斜材定着ボルト（188φ—4本/柱）を引き出し、主柱内の斜材受け座に密着させてから、ジャッキの圧力を下げ、屋根荷重を斜材定着ボルトに移す。次いで弦材内に格納されていた水平定着ボルトを回転させて主柱表面の定着ボルト受け板に固定する（図12）。

この荷重盛り替え、柱頭固定作業は6本の柱について行われ

図13 完成した柱脚

図14 リフトアップ終了後

図15 原位置に部分保存されている大屋根フレーム
（大阪千里の万博記念公園内）

たが、1ヵ所当たり6人の作業者によって4時間で終了した。次いで、残りの補強トラスおよび方杖の組み込み作業が行われた。これらの全作業が終了してから主柱の脚部の固定プレートが切断されて柱脚部がピンの状態になり（図11, 13）、リフトアップ工事が完了した（図14）。

解体

お祭り広場大屋根は、日本万国博の後、中国博等のイベントに使用されたが、1977年、万博跡地利用計画の変更に伴い解体された。前述のように、この大屋根構造は、解体にも対応できるように設計してあり、特にジョイントの接合は完全なメカニカル方式を適用してあったので、建て方作業を逆に行うことによって、安全、迅速、経済的に解体を行うことができた。

部分保存

お祭り広場の解体が決まった時、本構造で用いた知識、技術の伝承のために、構造物の一部を保存するように、万国博記念協会に申し入れた。

幸い協会の賛同を得て、北西の柱を中心に、3×3グリッド（上弦面）のスペースフレームを地上に近いレベルで部分保存することができた。現在、敷地は万博記念公園になっており、この公園を訪れれば、スペースフレームのユニット、ボール・ジョイント、柱頭ジョイントなどのディテールを間近に見ることができる（図15）。

ピン支持の手法
ポートアイランド・スポーツセンター（1981）

図1 建物概観

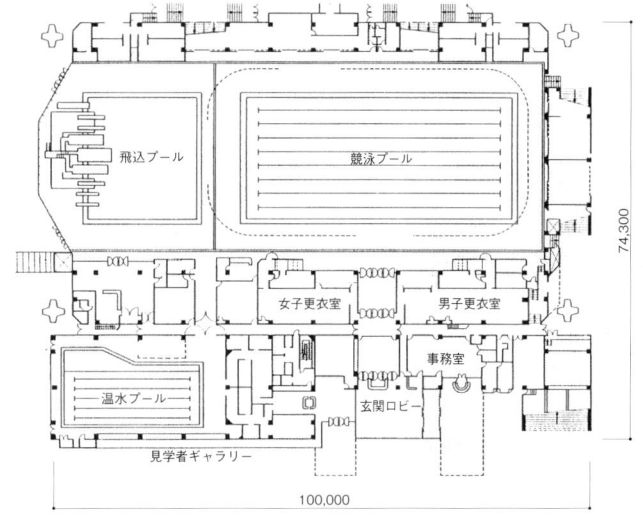

図2 平面図

　このスポーツセンターは、神戸市ポートアイランドに造られた施設で、夏は水泳プール、冬はアイススケート用に利用されている（図1, 2, 3）。建築設計は昭和設計である。構造は、下部は鉄筋コンクリート、屋根は鋼管を主材とする鉄骨スペースフレーム構造である。

構造の特徴

1. この建物の位置するポートアイランドは、大規模埋め立ての結果得られた人工島である。このため、大屋根構造を含めて、建物は不同沈下による悪影響を受けにくい構造システムにした。
2. 大屋根は基本的にはピラミッド型の迫り持ち構造とするが、造形的、機能的に閉鎖的な屋根面にならないよう、頂点をずらし、サイドライトが取り入れられるような形を案出した。
3. 大屋根全体を地上レベルで造り、リフトアップした。揚程は11m程度であるが、ガラス面、天井面を含む、ほとんどの仕上げ作業を完成させた上でのリフトアップは、在来の建て方と比べて、工期、工費の両面で優れていることが確認されたので、実行した。

図3 内観

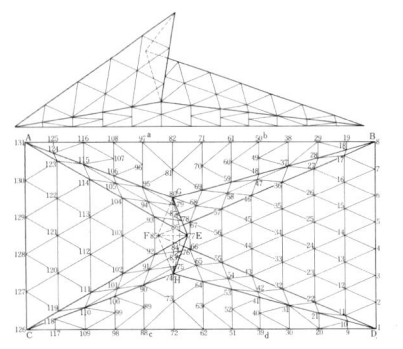

図4 大屋根フレーム構成図

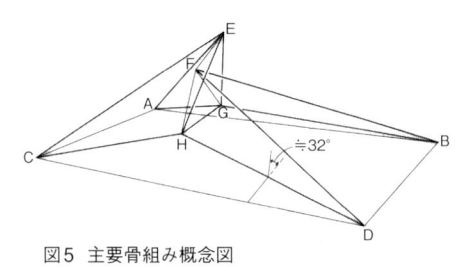

図5 主要骨組み概念図

構造の概要

　このスポーツセンターが建つポートアイランドは、1966年から1980年にかけて、神戸市が行った大規模埋め立てによる、人工の島である。したがって、地盤条件は一般の場合と比べて、極めて悪い。具体的には、10m余の人工盛土層、その下の旧海底を構成する沖積粘土層の沈下のほかに、さらにその下にある洪積層が、埋め立て荷重による圧密沈下を起こしている可能性が指摘されていた。

　スポーツセンターの大屋根は、約50m×100mの長方形平面をカバーする役割を持つが、この大屋根が受ける不同沈下の影響をできるだけ少なくするために、2つのことを考えた。まず、相互にできるだけ離れた、数少ない位置で支持するよう、大屋根の支柱は隅の4点に限定して配置する。つぎに、これら4点の間に生じる不同沈下に対しては、大屋根の構造システムを、ねじり剛性の低い性格のもので構成し、無意味な抵抗を生じることなく、沈下に追随できるような構造システムを考えた。後者については、ピラミッド形式およびそれから派生する形態の屋根が適合する。さらに、変形に伴う曲げの影響を絶つために、4個の大屋根支持点はヒンジにすることにした。

　屋根の主要構造システムは、上述のピラミッド構造をベースとする鋼管スペースフレームとするが、いわゆる寄棟形では形がスタティック過ぎるということと、機能的にも屋根だけという感じを免れないので、構造的にはピラミッド効果を保ちながら、形態に変化を持たせ、サイドライトも取り込むことができるように、頂点の位置をずらした構成を考えた(図4, 5)。

　主要骨組みで区画された8枚の三角形平面は、H形鋼を用いた三方向グリッドで構成されている(図4)。こうして形成される平面グリッドは、主要フレームの鋼管を稜線とする折板構造を構成し、平面板として面外荷重を支持するとともに、面内剛性も持っており、主要フレームの鋼管の座屈を防ぐ役割を果たしている。

　主要フレームの中、四周をめぐる裾梁は一辺2mのボックスガーダーで構成されている。

　四隅の柱は直径700mmの遠心力鋼管を心柱とする鉄骨コンクリート構造で、柱頭で大屋根をピン支持している。これら主柱の基礎は、それぞれ10m角の独立基礎で、下部600ϕ、上部500ϕ、長さ43mの2段鋼管を用いた杭支持である。上杭は、地盤の圧密沈下に伴うネガティブ・フリクションを減じるために、アスファルト塗布を行っている。

図6 地上作業

図7 リフトアップ

リフトアップ工法および柱頭ディテール

大屋根は地上レベルで組み立てられ、リフトアップされる。地上では、前述のように、ガラス工事、天井工事を含め、できる限り多くの作業を完了させる。大屋根外周を形成しているボックスガーダーは、四隅の大柱位置で内径912mmの孔が設けられており、各孔の中心に前述の心柱が柱脚固定の状態で立つ。各心柱の頂部は、完成時のボックスガーダー上端より2m程高い位置にあり、ここに仮設構台を設けて、4基のオイルジャッキをセットし、ステップロッドを介してボックスガーダーを吊り上げる、という方法でリフトアップを行った（図6、7、8）。

直径700mmの心柱上部には鋳鋼製のピン・ジョイントが、鋼管内にあらかじめ内蔵されており（図8中、[柱頭ピン詳細図] 参照）、リフトアップ完了後、ボックスガーダーと心柱鋼管を溶接し（図8中「柱頭コーン」）、次いで図中点線部分の鋼管を切断すると、上記ピン・ジョイントが現れる仕組みになっている（図9）。ピンは鋳鋼2部材に機械加工を施した、球面すべり支承であるが、烈震時に万一現れるかもしれない負の鉛直加速度に備えて、直径50mmの高張力ボルトで、上下のジョイント部材を接合している。

その上で、心柱周囲にリブを付け、下部にコンクリートを打設すると、図10に示すように大柱が完成する。

耐震性

この構造は、典型的な耐震型の構造で、免震、制振のシステムは用いていない。竣工から14年後の1995年に、兵庫県南部大地震に遭遇した。このスポーツセンターは、震源からわずか18キロの位置にあり、周辺の地盤は広範囲にわたり液状化現象が見られたが、本建物は、窓ガラスが2、3枚破損したものの、構造の被害は皆無であった。

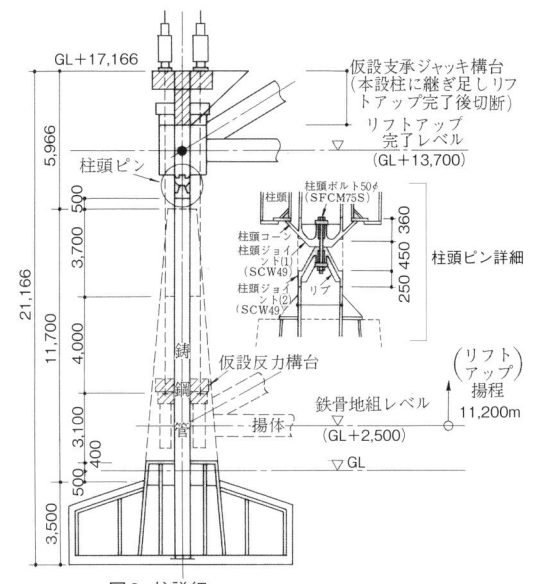

図8 柱詳細

図9 柱頭切断とピン出現

図10 完成後柱頭

サスペンアーチで自然光を採り入れる

ヨネッティー王禅寺（1990）

この建物は川崎市北西部の丘陵地に建つ総合レクリエーション施設で（図1）、市の清掃場の余熱を利用し、市民に憩いの場を提供する目的で建設された。建築設計は神谷・荘司計画設計事務所。

扇形の平面をカバーする屋根の構造としては、三角形断面を持つ12本の大梁を放射状に架けることとし、スパン約45mに見合う構造システムとして、サスペンアーチ構造を採用した。屋根伏図を図2に、建物断面図を図3に示す。三角形断面の頂点に位置するフランジ材は、いずれもH形鋼で、三角形断面の側面および底面には、やはりH形鋼を約1.9mごとに配置し、フランジ材と剛接させて、フィーレンデール型の梁を形成している（図4, 5）。これによって、プール空間に対する十分な自然採光が可能になっている（図6）。

図1 建物概観（俯瞰）

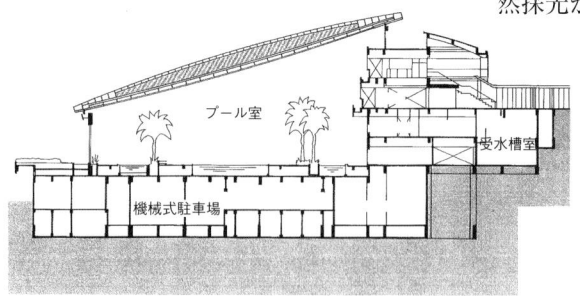

図3 断面図

図5 サスペンアーチの一部

図6 プール室

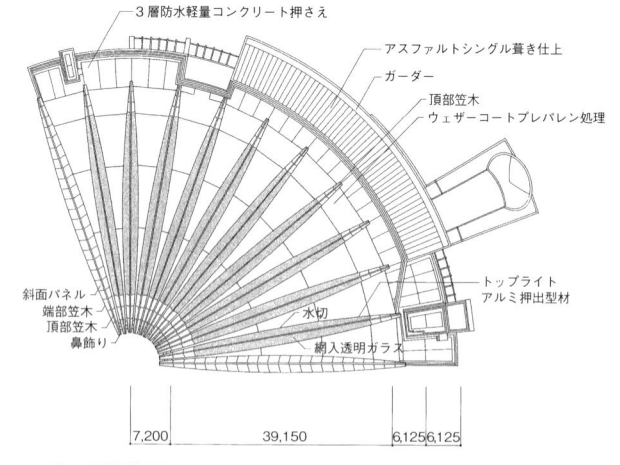

図2 屋根伏図

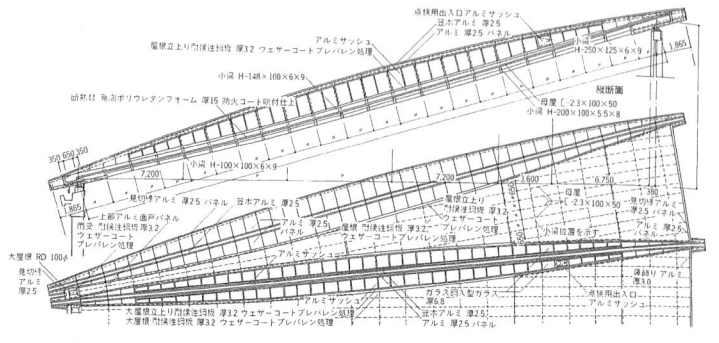

図4 大梁断面図、伏図

32 | 第1章 大空間を覆う

周辺を補剛した楕円形単層スペースフレーム
刈羽村生涯学習センター「ラピカ」(1999)

図1 施設全景（俯瞰）　　図2 アリーナ内観

　この学習センターは新潟県柏崎市に隣接する水田地帯、刈羽村に建設された村民施設で、建築設計は石原・山口計画研究所である。施設はコの字形に配置されて図書館、文化ホール、水の広場などを収容する文化施設棟と、屋内スポーツおよび各種イベントのための、楕円形平面を有するアリーナ棟で構成されている（図1）。ここでは主としてアリーナ棟の構造デザインについて述べる。

構造概要と特徴

　この施設の地盤条件は、あまり良くない。
　支持層はGL－30～50m以下にある泥岩層であるが、表層からGL－20m程度まではN値5以下の軟弱層で、圧密未了のシルト層で構成されている。したがって、建物重量は場所打ち杭によって泥岩層に支持させ、地盤上層部分は圧密沈下の進行と地震時の液状化を防ぐために、工事に先立って、プレロード・ペーパードレーン工法により、地盤改良を行った。また、各建物の1階床は土間スラブとせず、上階と同じRC床扱いとした。
　文化施設棟の構造は、2階建ての耐力壁を有する鉄筋コンクリート造であるが、屋根は地盤の負担と耐震性を考慮して鉄骨構造とし、軽量化を図っている。
　アリーナ棟も、下部構造は鉄筋コンクリートで、上開きの楕円錐状に傾斜した壁面と、1F＋約4mのレベルで壁面に沿って一周するランニングトラックの床によって、スティフナー付きのシェル構造を構成している（図3, 4）。ランニングトラック以下の壁面は柱付きとし、屋根荷重を支持している（図4）。
　アリーナ棟の屋根は、長径約56m、短径約44mを持つ4心

図3 ドーム骨組み概要図

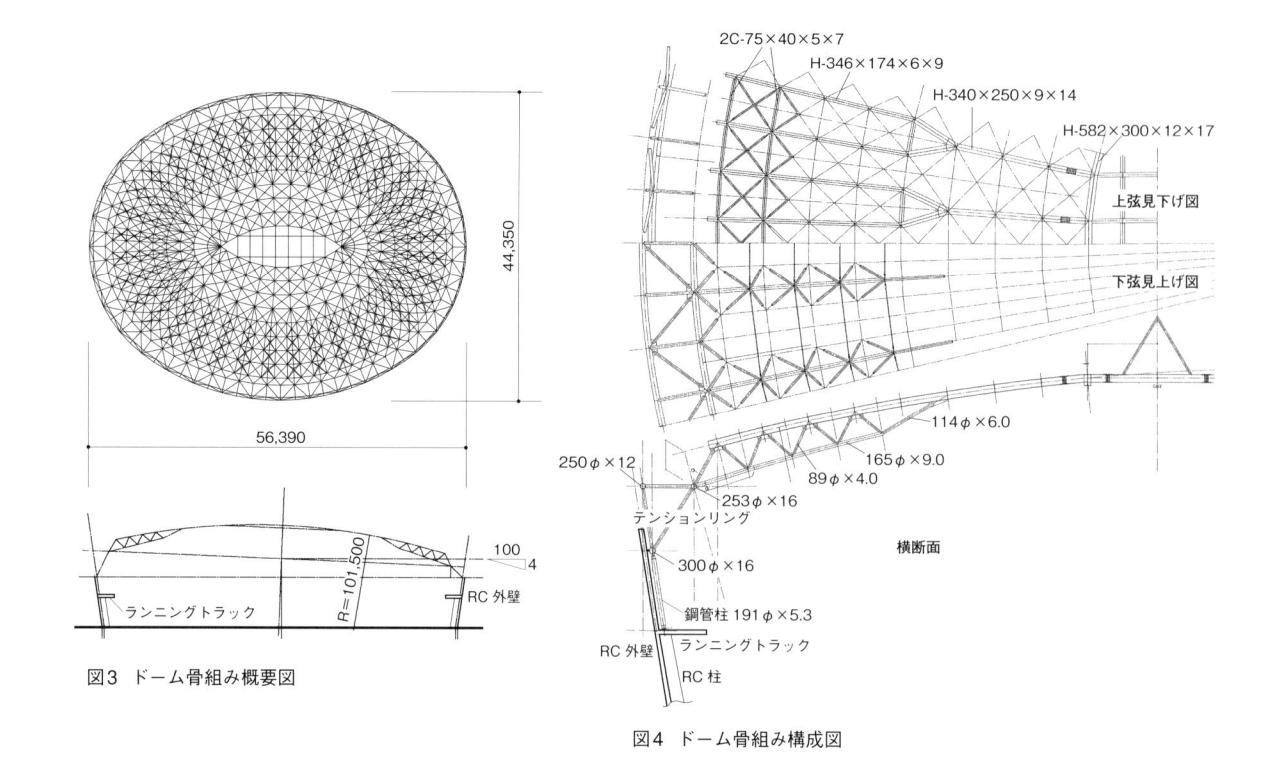

図4 ドーム骨組み構成図

円近似の楕円形状を有し、水平面に対して4%、長径方向に傾斜している(図3)。ドームはライズ約4.5mの偏平な形状を持ち、基本的には4個の構成円のそれぞれ半径方向に配置したH形梁群と、これらをつなぐ周方向の溝形部材群からなる単層ラチスドームであるが、周辺部に沿ってドーム下部に鋼管ラチス材によるスティフナーを広範囲に設けている(図2, 3, 4)。

ドームは、周辺に沿って走る逆三角形断面のトラス状テンションリングで支持されている。テンションリングは上記楕円錐形RC壁の内面に沿って配置された鋼管柱群(要所にブレース配置)によって支持されているが、鋼管柱は頂部をこのRC壁に固定して、水平移動を拘束し、ドーム構造全体としての横剛性、強度を確保している(図4)。

本建物は多雪区域に位置し、また、屋根の形状が非常にフラットであるため、積雪荷重は$5kN/m^2$を採用し、偏在を考慮して設計した。

耐震性

竣工後5年を経た2004年に、この施設は新潟県中越地震に遭遇した。震央との距離約26kmで、刈羽村は震度6弱を記録したが、本施設は、建物の被害は皆無であり、流動化現象など地盤の不具合も見られなかった。これは、建築構造については、設計上、屋根の軽量化を図ったこと、アリーナのドームの剛性、強度が十分であったこと、地盤については建築着工前の地盤改良が効果的であったことなどによると考えられる。

鍔の形のスペースフレーム

宮本武蔵顕彰「武蔵武道館」（2000）

　宮本武蔵顕彰「武蔵武道館」は、剣聖宮本武蔵を記念して、出生地と言われる岡山県美作市大原地区に2000年に建設された体育施設である（図1）。建築設計は昭和設計。用途は剣道をはじめ、バレーボール、バスケットボールなどに使われる。武道館の平面直径は約60mで、コート容量は、剣道場なら6面、バレーボール2面、バスケットボール1面、バドミントン8面などとなっている。

構造の概要と特徴

　建物の造形上のモティーフは、刀剣の鍔である。

　施設名称が示すように、この武道館は、宮本武蔵の剣聖としての偉業を顕彰するという、極めて象徴的で具体的な、建設意図を持った建物である。したがって、武蔵の自作と伝えられる海鼠透の鍔をイメージさせる建築造形を試みる（図1, 2）というのは、自然で、理解しやすい発想であると、私も考えた。

　構造計画は、下部をRC構造、屋根を鉄骨スペースフレームで構成することとし、屋根構造は、鍔のイメージに似た、一対の鞍形屋根を考え、それぞれ、背骨からスタンド外周に流れる、リング状の、閉じた境界構造を鋼管を用いて形成し、その内部にH形鋼による吊り方向、アーチ方向材、および鋼管の斜材からなる単層スペースフレームを設けることとした（図3, 4）。スタンド外周に沿っては、屋根の支持は鋼管柱による鉛直支持のみとし、反力の水平成分は全てリング材が処理する。また、鞍形屋根のアーチ方向部材については、スパンが大きい3本のアーチを、RCのバットレス部材で受けて、スラストを処理している。

図1　武蔵武道館外観

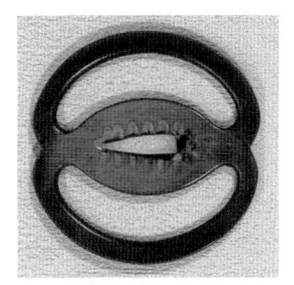

図2　海鼠透の鍔

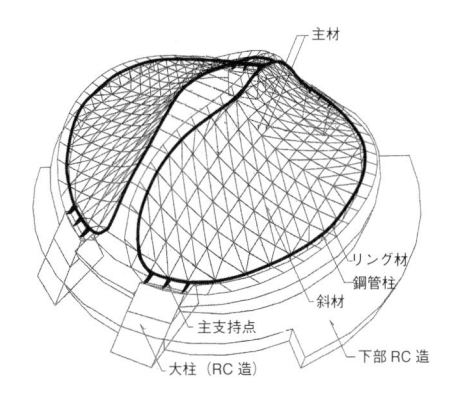

図3　屋根骨組み概要

図4　屋根フレームの構成

巨大なガラス垂れ幕のファサード

深圳文化中心（2004）

図1　深圳文化中心（東・南面）　左が図書館、右が音楽庁

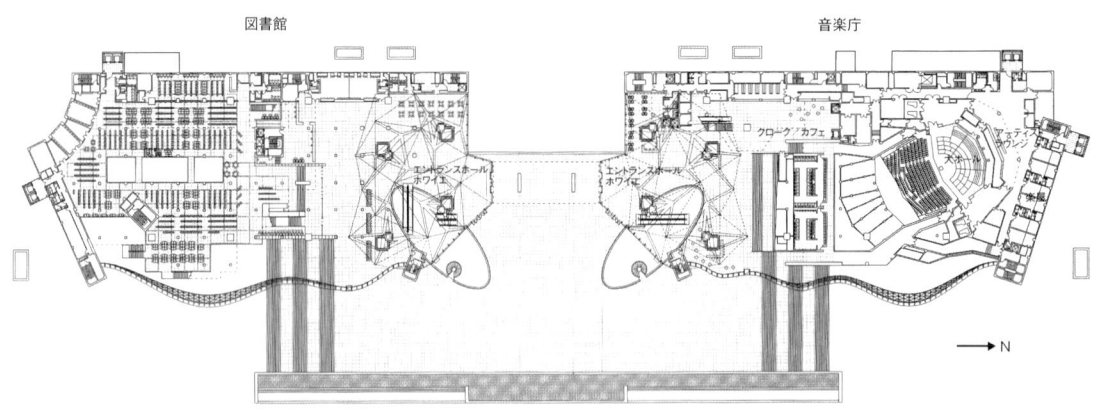

図2　2階平面図

　1998年に国際設計コンペで1等に選ばれた、図書館と音楽庁からなる複合文化施設で、中国深圳市に建つ。建築設計は磯崎新さん。

構造の概要と特徴

　建物は南北に長く、北の音楽庁、南の図書館がそれぞれ約120mで中央のアクセス部分を含めて、全長は約300mである（図1、2）。音楽庁は約1,700席の大ホールと、約400席の小ホールを含み、図書館は蔵書数約400万冊を収容できる。建築は西側は幹線道路、東側は緑化公園区に面している。地上8階、地下2階で、構造は鉄筋コンクリート造、屋根と東面ファサードは鉄骨構造である。

建物全体を覆う屋根架構は、スパン約40mの逆ピラミッドの樹状4本柱で支持される（図3）。図書館、音楽庁それぞれのエントランスホールは、「黄金樹」と呼ばれるオブジェ風の骨組みで支持されたガラス屋根でカバーされる（図4）。黄金樹は音楽庁では金箔、図書館では銀箔が骨組みを被覆している。

　この建物の構造設計上の特徴は、東側ファサード面を構成する巨大な「ガラス垂れ幕」である（図5）。このファサードは高さ30mのガラス面で、上端は直線、下端は波状の曲線を持つ、コノイド状の線織面である。この曲面はねじれ面であるから、これを平面ガラスで構成するには曲面の三角形分割によるサッシ配置が必要である。このサッシを鉄骨で構成すれば、連続したラチス構面による垂れ幕が得られ、曲面の面内剛性は、比較的容易に確保できる。

　問題は、高さ30mの、薄い竪琴状のマリオンを形成する風受け柱の横座屈を、どうやって防ぐかにあった。深圳は隣町の香港と並んで、中国有数の台風銀座である。上述のラチス構面は、マリオンの室内縁にあるガラス面内に構成されているので、ファサードが風の正圧を受けた場合に圧縮応力を生じる室外縁フランジの横座屈を防ぐのには、直接役に立たない。多くの案を検討した結果、ラチス材の余力を利用して、その曲げ剛性でマリオンの横座屈を防ぐのが最も合理的、経済的であるという結論に達したので、ラチス材とマリオン鉄骨をその交点で剛接するディテールを考案した（図6）。

中国でのものづくりの問題点

　次の課題は、この設計をどうやって中国の製作者、施工者に理解させるかである。この文化中心の建設時、中国はあらゆる事物が激変の渦中にあり、それは現在も進行中であるといえるが、特に当時は、それまで政府が制限してきた一般建築への鉄骨の使用が突然認められるようになったばかりで、鉄骨の技術者がまだ育っておらず、鉄骨の理論・技術を十分に身につけた工場・現場技術者は極端に少ない状態であった。

　施主もご多分に洩れずで、この重要な工事を、普通のマリオンと同様に、建具メーカーに発注してしまっていた。そこで、まず手始めに必要だったことは、「横座屈」という現象の怖さを、施主、現地監理者、施工者、ファブリケーターに知ってもらうことであった。東京の私の事務所で作製した、横座屈の起きる梁（通常案）と起きない梁（設計案）の模型を現場に持参し、各自、手で加力させて、横座屈の現象を実感してもらった。この試みは非常に効果的で、特に施主側が事の重大さを認識して、現場にちゃんとしたファブリケーターが協力できる体制を作ってく

図3　図書館内観　屋根を支えるV支柱とガラス垂れ幕

図4　黄金樹（音楽庁）

図5　図書館東面　「ガラス垂れ幕」を構成するマリオン

図6　図書館内観　マリオン外縁の横座屈をラチスの曲げ剛性が防ぐ

深圳文化中心　｜　37

れ、また、関係者全員に対して、構造設計者の指示に完全に従うようにとの指令を出してくれたことは、幸いであった。

　監理のルーティンの面でも努力が必要であった。私たちは何度も現場に出向いて、特に現場溶接の品質確保に精力を注いだ。当初は現場溶接部の開先加工がめちゃくちゃで、ガスでいい加減にカットしてあり、適切な開先角度の確保が重要だという認識は、まったくなかった。このため、現場に搬入されたラチス部材の中、最初のロットは全数不合格で、工場に持ち帰らせて再加工という措置をとらざるを得なかったが、これを契機に、現場の雰囲気は見違えるように引き締まり、作業が軌道に乗ってきた。設計者による監理という習慣を持たない中国の現場で、新しい設計意図を貫徹することは決して容易でないが、設計者の考えを現場の担当者に十分理解してもらうための工夫と努力が何よりも大切であることを、改めて感じさせられた。

球面シェルのスペースフレーム

天津博物館（2004）

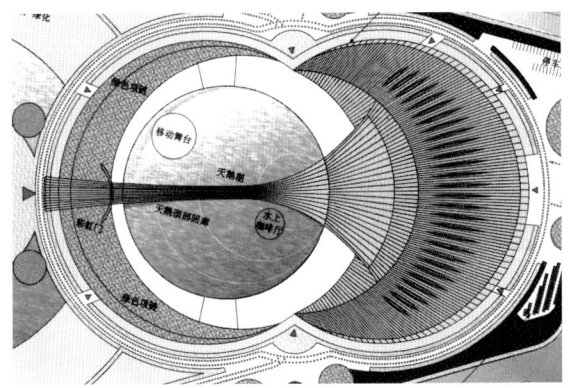

図1 平面図（屋根）

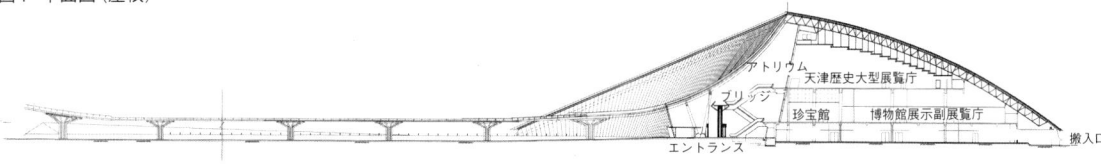

図2 断面図

　この博物館は、2000年の国際設計コンペに当選し、実現することになったもので、建築設計は高松伸さんである。
　この建物は、その後改称され、現在の正式名称は「天津自然博物館」である。

構造の概要と特徴

　直径180mの平面をカバーする巨大な球面を、円錐面で切り取ってできる形が、この建物の基本的な幾何学を決めている（図1、2）。球面シェルの構造は、ダブルレイヤーの鋼管スペースフレームで形成している。しかし、このシェル屋根構造の用途は博物館であり、体育館や劇場のように、徹底した無柱空間を要求するものではない。そのため建築計画上支障のない位置に、構造上有効な支柱を適宜設けることによって、シェル屋根の応力を調整し、経済的なスペースフレームを得ることを目指した構造設計を行った。
　円錐面は母線に沿った直線部材を主材とする鉄骨フレームで構成し、広大なガラス面によって、アトリウム空間をつくり出している（図2）。
　球面と円錐面の交線に沿って、両曲面が共有する境界アーチが走っている。このアーチの頂部付近から、松葉形の鉄骨ビー

図3 鉄骨フレーム（工事中）

図4 建物概観

図5 RC打ち放しV形柱（工事中）

ム群がカテナリー状に垂れ下がって、エントランスのガラス屋根空間を作り、さらに前方に伸びて、池に挟まれた細長い通路のガラス屋根を形成している（図3, 4）。松葉形の鉄骨ビームは、エントランス内でV字形の打ち放し鉄筋コンクリート柱によって、支持されている（図5）。

　以上のような幾何学構成を持つ建物は、上空から見た場合、細長い首を持つ鳥が、優雅に羽を広げたような雰囲気を持っている（図1, 4）。このことから、高松氏はコンペ段階で、この博物館を「スワニウム」と呼んでいた。

中国のスペースフレームとコンクリート

　中国ではスペースフレームの技術が独特の発展経路をたどって来ている。日本をはじめ、他の工業国では、長い一般鉄骨技術の発展の歴史があり、その間の技術的積み重ねの上に、比較的最近、スペースフレームが出現したという経緯を持っている。しかし、中国では建国以後、鉄鋼生産力が脆弱であったため、長期にわたって、一般建築への鉄骨構造の使用が禁じられていた。1980年代に入って、突然、この制限が解禁されると、棒とジョイントを作れば、熟練工なしでも建て方ができる「スペースフレーム」が、雨後の筍のように、中国各地で造られるようになったのである。

　生産の主体は、いわゆる町工場である。品質管理の不十分な無数の工場が、スペースフレームの部材を大量に生産し、鉄骨工事に不慣れな現場技術者が貧弱な道具で組み立てたため、

中国では一時、スペースフレームの事故が多発したことがある。しかし、その後90年代には劣悪な工場、企業の淘汰も進み、天津博物館の施工の頃には、品質の安定したスペースフレームが得られるようになってきていた。

　他方、コンクリート工事については、中国は十分な経験を蓄積していることが認識できたし、コンクリートの品質管理についてのゼネコンの熱意も感じられた。一例を挙げれば、この博物館では、上述のように、打ち放しコンクリートの柱をエントランス周りに使っている。博物館の施工を担当した業者は、打ち放しコンクリートの工事の経験がないことを心配し、日本の例を見学したいと言う。そこで、当時、日本にも自慢できるような実例は見つからなかったが、一応、目ぼしい例を準備して、彼らに視察してもらった。視察の結果、彼らの心配は霧消したようである。つまり、こんな程度でよいのなら、問題なくできる、というのである。こうして、コンクリートの品質のクライテリアは、日本にあるお手本ではなく、彼ら自身の満足度によるという、最も望ましい形をとることになったのである。

　彼らは十分に厚い木製型枠を用い、固練りのコンクリートを丹念に打って、良質の打ち放しコンクリートをつくる努力をしていたが、型枠をはずすと、仕上がりの程度を見てくれという。観察した結果、特に問題のない打ち上がりだと思ったが、入念に見てくれというのでわずかな気泡を指摘すると、80cm角、長さ8mの柱を、その晩のうちに壊してしまって、打ち直しをする。今度は彼ら自身が満足できないというので、もう一度壊してやり直し、3回目でようやくOKということになった。現場の整理整頓も、往時に比べると格段に改善されてきており、現場の技術者によれば、これは日本の建設現場から学んだことで、整理整頓が作業安全につながることをマスターした結果であるということであった。この博物館の施工を通じて、コンクリート工事に関する限り、中国では日本の現場よりも安心して任せられるのではないか、という印象を持つようになった。

堆雪型の大屋根を支える逆ピラミッド形柱
旭川駅舎 (2010)

図1 旭川駅外観(南面)

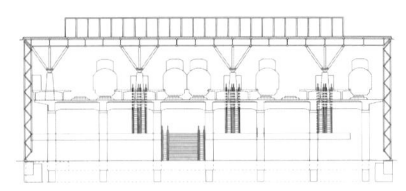

図2 大屋根フレーム案(樹林型)

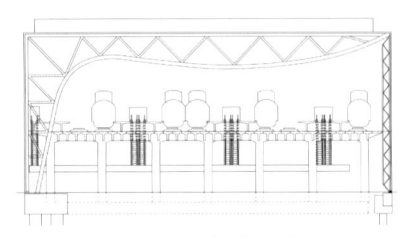

図3 大屋根フレーム案(大架構案)

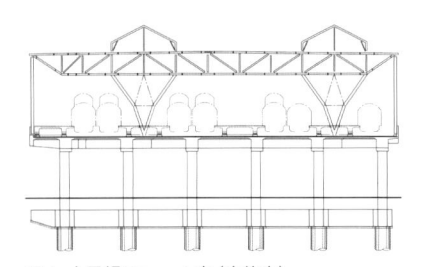

図4 大屋根フレーム案(実施案)

　この駅舎(図1)は、冬の長い旭川の街に、人の集まる開放的で明るい場所を創りだすことを目指して建設されたもので、全覆式、堆雪型の大屋根を持つ駅施設として、計画された。2010年の竣工で、建築設計は内藤廣さん。

構造概要と特徴
　南に忠別川の自然景観を持つ立地条件から、南面の開放性を重視する大屋根案が検討された。大屋根は、RC造の高架鉄道駅を覆う、幅約60m、長さ約180mの鉄骨フレームで、これらの条件を満たす案がいくつか提案された。代表的なアイディアとしては、北海道の自然をイメージして均等に細かく柱を配置した「樹林案」(図2)と、無柱のホーム空間の実現を意図する「大架構案」(いずれも横断面)(図3)が考えられた。
　前者は荷重の大きさから、部材が期待したほど細くならず、このため、かえって利用者の視線阻害が比較的大きくなることがわかった。後者は、中間に柱を設けず、長手方向に3連のシリンダー型ラチスシェルを架け、これを忠別川方向の開放性を意識した3ヒンジの骨組みラーメンで支持する、という案であったが、経済性の面で問題が残った。
　最終的には、象徴性、開放性と経済性の面から、両者の特長を併せ持つ案(図4)が採用された。
　当駅舎に関して構造設計上考慮すべき特殊性としては、いわ

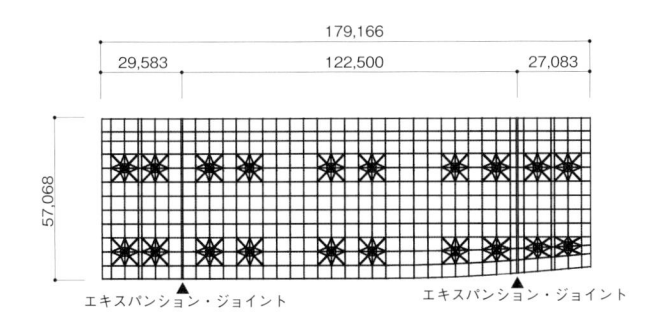

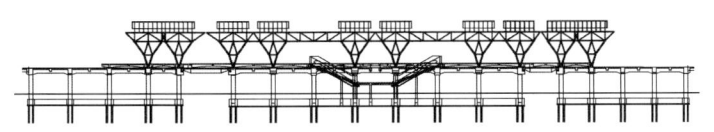

図5 大屋根架構図

ゆる多雪区域に属する旭川で、堆雪型の大スパン屋根が要求されていること、夏冬の温度差が大きいことによる熱変形の問題、および、高架鉄道をカバーする建築構造として、下部土木構造物との調整の問題などがあった。

堆雪型の屋根では、雪荷重自身の大きさのほかに、防水手法が大きく影響する。この駅舎ではコンクリートスラブ（150mm）を打設した上に防水処理を施す方法が採られたため、大きな長期荷重、地震荷重に対応する構造設計が必要であった。このような条件下で、大スパンの屋根架構を通常のラーメン構造を用いて設計すると、柱が非常に太くなり、見通しの悪いプラットフォームになる恐れがある。このような不都合を防ぐため、大屋根を支える柱を逆ピラミッドに近い形状の鋼管組み柱（「四叉柱」、図6、7）で造り、これに対応する大梁は、X、Y両方向に、弦材をH形鋼、ウエブ材を鋼管とする、梁せい3mの平面トラスで構成した（図5、6）。

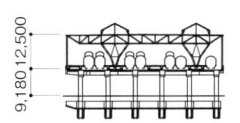

図6 大屋根架構内観

下部構造との調整

駅舎の設計においては、通常の場合、鉄道高架は土木エンジニアが設計を行い、上屋は建築側が設計するから、当然のことながら、両者の協働作業が必要となる。しかし、これはかなり困難な問題をはらんでいる。

最大の問題はタイミングのずれである。特別の場合を除いて、設計・施工作業は、下部構造である高架構造が、上屋の構造に先行して行われる。一方、下部構造は上部構造を支えなければならないから、下部構造の設計段階では、上部構造からの伝達荷重に関する情報が、できる限り高い精度で要求される。

問題は、この段階で上屋の構造設計は、建築との打ち合わせがようやく始まったか始まらないかの状態にあることである。具体的には、上屋の柱脚位置、柱軸力、せん断力、曲げモーメ

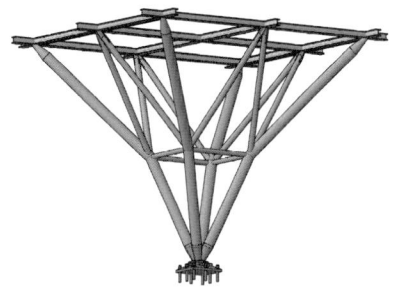

図7 四叉柱概要図

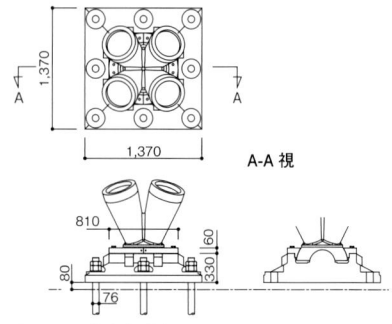

図8 四叉柱脚部鋳鋼ピン

ントを、上屋建築設計の非常に早い段階において、十分な精度で下部構造設計者に与えなければならないということである。

　下部構造設計者に伝達すべきこれらの量のうち、曲げモーメントが最も確定し難く、かつ、下部構造にとっては最も影響の大きい応力である。これを勘案して、大屋根の支柱を上述のように逆ピラミッド形とし、脚部をピン支持とし、曲げの処理を上部構造で完結させることにしている。

ディテールの設計

　下部構造は列車の走行レールを支持しているため、エキスパンション・ジョイントの性格について制限がある。すなわち、ジョイントで隔てられる両部材は、レール方向についてのみ、相互に異なった変位を生じ得るが、他の2方向については同じ変位を生じるように設計されなければならない。下部構造では、所定のスパンについて、単純梁を用いてこの条件を満足させているが、上部構造では、当該スパンの中央位置に、これに対応するエキスパンション・ジョイントを設けている（図5）。

　大屋根の四叉柱の柱脚は、ヒンジの性格を実質的にも、表現的にも明確にするため、鋳鋼を用いたピン支承として設計している（図8）。柱頭も同様に、屋根トラスの支持状態を明快に表現するため、鋳鋼製のピン・ジョイントとしている（図6, 7）。

平面ガラスで覆えるドーム：推動曲面

グルジア国会議事堂（2012）

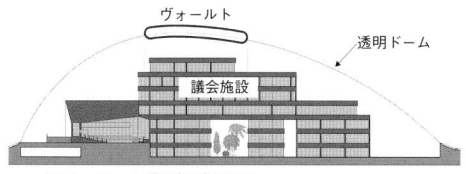

図1　ドーム縦断面概要図

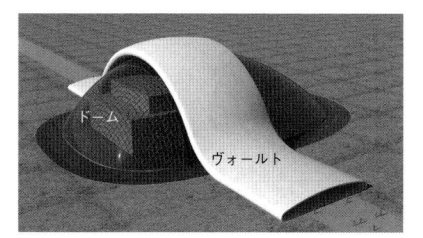

図3　建築イメージ（CG）

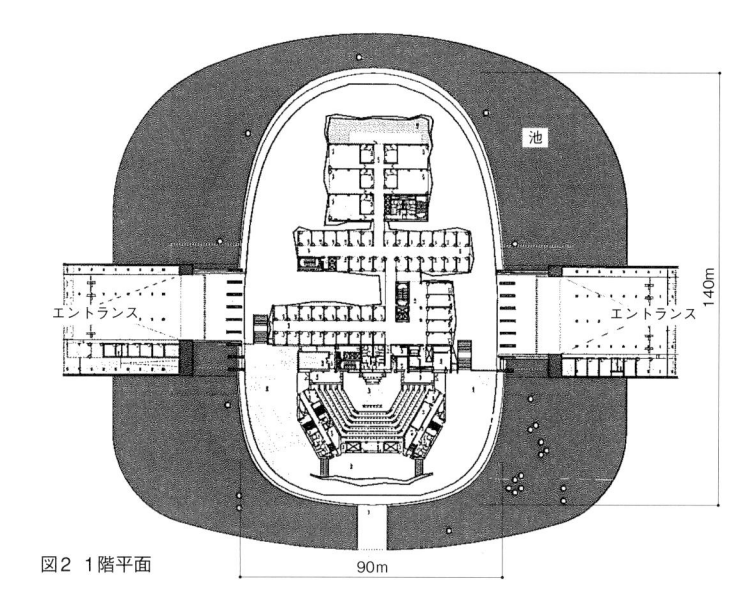

図2　1階平面

　グルジアは黒海の東岸に位置し、南をトルコ、アルメニア、アゼルバイジャン等と接し、北にロシアを控える共和制国家で、旧ソビエト連邦時代には、連邦構成国の1つであったが、1991年に独立した。以後、グルジアの国会議事堂は首都トビリシにあったが、2013年に約200km西方の工業都市クタイシへ移転することが決定し、そのための新議事堂を設計、建設したものである。

　建築設計は、スペインの設計事務所cmd社である。cmdの所長、アルベルト・ドミンゴ氏と私は旧知の仲で、国際空間構造学会（IASS）での活動を通じての連携も長く、設計面でも、バレンシアの闘牛場改築（パンタドーム構法、後述）をはじめ、過去にもいくつか協働の経験がある。

構造の概要と特徴

　この構造は、議事堂としての機能を持つ7階建ての建物を、1つの透明なドームですっぽりと覆うというものである。ドームの幅は約90m、長さは約140mで、ドーム頂の高さは、地上約36mである。ドームの上には、ヴォールトと称する覆いが、マフラーを掛けたような形でかかり、その裾部ではエントランスとして、上部では日よけと換気装置としての機能を果たしている（図1、2、3）。

図4 推動曲面の性質

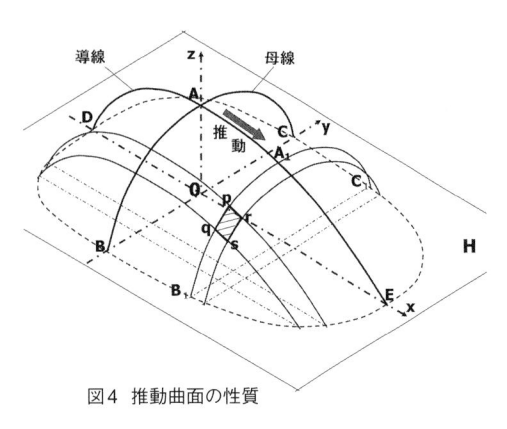

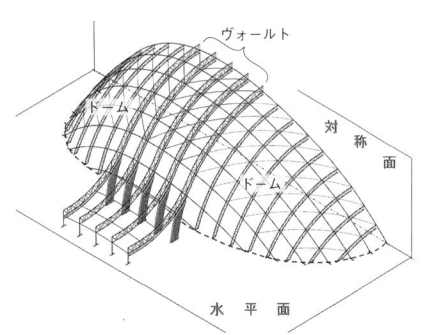

図5 ドーム、ヴォールト骨組みの構成(イラスト)

図6 施工中のガラス屋根

図7 ドーム部分骨組みの構成(竣工後内観)

構造の特徴をなすガラスドームについては、建築的に2つの要求があった。ひとつは、いわゆる幾何学的形態に比べて、機能上、造形上の自由度がほしいということ、今ひとつはできるだけすっきりしたガラス・パターンがほしい、ということである。この要求は、具体的に言うと、曲面の三角形分割は避けたい、というものであった。

これらの建築的要求を満たすために、私はドームの形状を推動曲面とすることを提案した。

推動曲面による透明ドーム

本ドームに用いた推動曲面の考え方を、図4に示す。

点Aを共有する2つの任意平面曲線BACとDAEを作り(ここでは建物の性格から、BACは左右対称としている)、曲線BACを他の曲線DAEに沿って平行移動(推動)させると、推動曲面ができ、水平面Hとの交線は、図中破線で示すように、ドームの平面境界線を形成する。この時、BACは母線、DAEは導線と呼ばれるが、母線と導線を入れ替えても、同じ曲面が得られる。

推動の過程において、2つの曲線は形を変えず、常に平行を保ちながら移動するから、推動で得られる微小四辺形pqrsは、どの位置でも、平行四辺形になる。すなわち、この四辺形は、平面で形成できる。

一般に、任意の曲面は三角形分割をしない限り、平面要素でカバーすることはできないから、推動曲面の持つ上記の性質は、有用である。

こうして本構造のドームは、表面を四辺形の平面ガラスでカバーできることになった。

骨組みの構成

ドームの骨組みは、推動曲面の構成曲線を基準とし、プランの短辺方向にメインアーチを、長辺方向にサブアーチを配置した。メインアーチは鋼管による平面トラス、サブアーチは鋼管単材を用い、シェルとしてのフープ効果が期待できる部分にはロッドによるテンション材を入れている(図5,6,7)。メインアーチ、サブアーチの各間隔は、最終的にガラス面が一辺2mの四辺形で構成できるように、実長で4mのグリッドを作るように計画した。

ヴォールト部分の構造は、基本的にはワンウエイの鉄骨アーチ構造であるが、デザイン上は、下部で反曲してエントランス部につながる形状になっているので、反曲点位置に壁柱状のRC部材を設けて、アーチ軸力を処理するようになっている(図5)。

図8 竣工近い建築現場

荷重と外力

　議事堂の建設地クタイシは、雪も降るし、地震もある。特に雪は最深積雪150cmの記録があり、日本の多雪区域に相当する。ガラスドーム部分では勾配が十分にあり、ガラス面は平滑なので、勾配に応じた雪荷重の低減を行っても、安心である。ドームの周囲は全て池なので、ドーム周辺部の堆雪は、特に考えてない。ヴォールト屋根は、上述のように、下方で反曲して、水平面に近い屋根に連続しているので、反曲点以下の屋根部分については、ヴォールトを滑り降りた、雪による堆積荷重を考えた。地震に関しては、通常の耐震構造として、水平震度0.25（再現期間475年）で設計している。風荷重は基準風速33mを採用した。

製作・施工

　本構造の鉄骨製作はスペインのファブリケーターが行い、現地作業はグルジアの施工業者が行った。

　構造に関する製作・施工の監理は、cmd社の構造担当者が行ったので、私たちは直接の監理は行わず、常に監理担当者と密接な連携を取りながら、各施工プロセスに応じて、鉄骨部材の製作、建て方に必要な詳細図、施工要領書の作成と、エレクション手法からサッシ割りに至る施工の詳細な指導、提案を行った。

　設計、監理、製作、施工の間の協力関係はおおむね順調に進み、2010年6月の地盤調査から2年後の2012年6月に、この建物は竣工した。竣工近い国会議事堂の外観を図8に示す。

円形平面のトラス屋根

九州大学椎木講堂（2014）

図1　建物外観

図2　断面図

図3　平面図

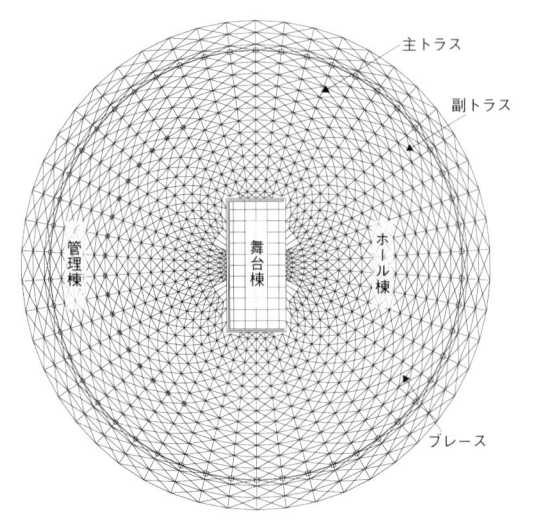

図4　屋根骨組み伏図

　九州大学は創立百周年を機に、箱崎地区をはじめ、従来使用してきた3地区のキャンパスを、福岡市西方の伊都地区に移転・統合する計画を実施中で、実業家椎木正和氏の篤志に基づく本講堂は、本部機能、集会・展示機能を併せ持つ、大学統合計画の要として建設されたものである（図1）。建築設計は内藤廣さん。

構造概要と特徴

　入学式、卒業式などの全学的な式典に際して、全学生が一堂に会することができ、しかも、日常的にも効率よく使用され、かつ、日本のどこにもないようなユニークな施設を、という寄付者の願いを実現することを最重点に、建築設計が進められた。

　建物は3,000人収容のホールと、管理棟、および両者の間にアトリウム空間を形成するガレリアからなっている（図2, 図3）。ホール空間は、大イベント時に参加者たちが一体感の持てる、単層、円形劇場タイプとして設計されているが、より日常的な、講義、講演、会議等にも十分な機能を発揮できるよう、移動隔壁によって、最大6個の空間に区画できるようになっている（図5）。これらの隔壁のうち、半径方向のもの（同図a）は昇降型、円周方向の隔壁（b）は横引き型で、前者は天井ふところ、後者は舞台袖壁内部に格納されるが、隔壁の荷重は、いずれも屋根構造から吊られている（図6）。

以上のような建築計画に対応して、構造設計は次のように行われた。

　主体構造は、屋根を除きRC（一部SRC）構造とし、ホール外周壁、舞台および袖、管理棟の壁付きラーメンに、それぞれ耐震要素を組み込む。地盤条件が強剛な岩盤であるため、免震、制震は特に考えないこととした。

　屋根構造は、円形の平面を持っているが、ホール部分の屋根は、上述の移動隔壁を支持し、かつ、音楽ホールとしての音響条件を満たす天井も支持するため、他の屋根部分に比べて荷重密度が格段に高く、屋根全体としての荷重分布は対称性に欠ける。一方、屋根は周辺だけでなく、舞台周辺構造によっても支持させることができる。

　これらの条件から、屋根の構造システムとしては、ドームや吊り構造のような軸力型よりも、天井ふところを利用した鉄骨トラス梁構造のほうが合理的であると判断した。主要なトラスは、円周を50等分したピッチを持つ半径方向のプラット型トラスで、外周壁および舞台構造で支持されている。また、副トラスは半径方向16分割のピッチで配置された円周方向トラスである（図4）。トラス下弦面には一面にブレースを配置している。トラス上面には、遮音を主目的としたRCスラブが設けられるから、上述の屋根構造は、全体として、ねじり剛性を含む完全な円板としての構造機能を持っており、不均等荷重に対しても、合理的な応力配分で対応できるようになっている。

　屋根骨組みは、外壁柱列、舞台棟で支持されるが、管理棟部分では、内壁柱列でも支持してトラス鋼材の減少を図っている。また、舞台袖壁の頂部は、屋根下弦面と水平方向の接合を行い、袖壁の面外安定と面内方向の水平力負担を可能にしている。

　屋根の温度応力については、前述のように、屋根仕上げとして断熱材の下にRCスラブを設けているので、屋根と下部構造との間の温度差は、一般の大屋根構造に比べて小さいと考え、屋根構造の支持部には、特にローラー機構を設けないこととした。

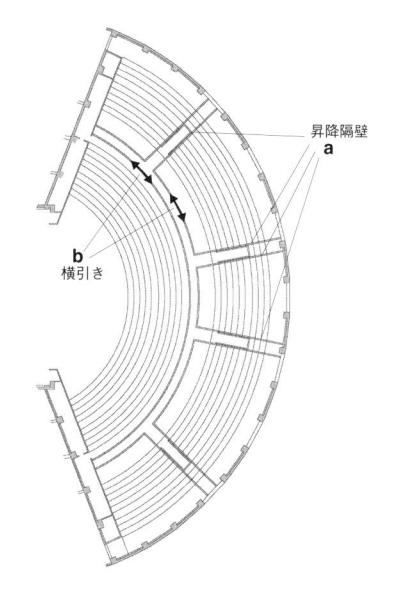

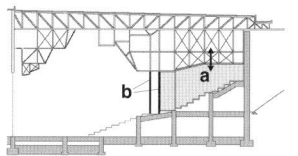

図5　ホールの区画システムと隔壁の移動

図6　作動中の半径方向昇降隔壁a

第 2 章

大小の空間をつくる

RC シェル構造の可能性

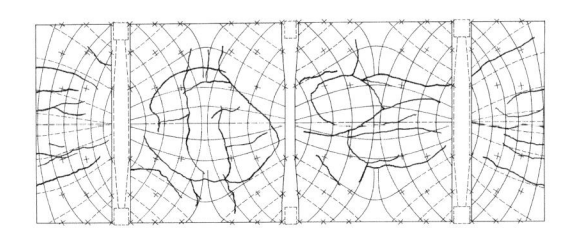

はじめに

　RC構造の特徴は、ロベール・マイヤールも主張しているように、そのプラスティックな造形性にある。特にRCシェル構造では、彫刻的なスケールのものから、かなりの規模の構造物にいたるまで、力学的な合理性と、形態のエレガンスを両立させた設計が可能である。言い換えれば、RCシェル構造は大小さまざまなスケールの空間を、合理的な造形として創り出すのに適した構造システムであるということができる。

　また、素材としてのコンクリートは、設計者がその特性を自ら定めることのできる、唯一の構造材料である。ワーカビリティを確保しながら、高品質のコンクリートが得られるよう、調合設計、打設手法、養生方法に意を用いることは、RC構造設計を行う上での大切な要件である。

　ハインツ・イスラーは、彼のシェルを造るに際して、よく知られている圧縮応力場形態の追求だけでなく、超固練りのコンクリートの打設を必須条件と考えた。彼は、これら二つの条件がともに満足されて、初めてサステナビリティの高いシェル構造が得られると主張し、実行した。この自信の上に立って、イスラーは彼のシェルには防水仕上げを行わないことを原則としていた。

耐久性に優れたRC台座を求めて
原爆の子の塔 (1958)

　広島平和記念公園内にあるこの小塔(図1)は、私にとって初めての設計であり、いわば私の構造デザインの処女作である。

　この塔は、広島市在住の佐々木禎子さんという少女が、2歳の時に被爆、その後順調に成長していたのに、11歳の時に白血病を発症し、回復を願って折鶴を折り続けた甲斐もなく、12歳で亡くなってしまった。彼女の死をいたみ、平和を願って募金が行われ、東京藝術大学の菊池一雄教授により、折鶴を持った少女をはじめとする3体のブロンズ像が作られた。その台座の設計を依頼されたのである。

　台座は高さ約9m、3本脚の小さなRCタワーである。当時、私はシェル構造を勉強していたから、何のためらいもなく、この構造もシェルとして計算したが、算出された必要鉄筋量は、RCのハンドブックが示す最小鉄筋量をはるかに下回っていた。つまり、このスケールの構造では計算が無意味であるということを、初めて身をもって認識したわけで、若い私にとっては、とても貴重な経験であった。

　この塔の設計で、私が最も大切だと思ったのは、塔の耐久性である。寿命の長いブロンズ製の像の台座として、それ相応の耐久性が必要であることは言うまでもない。設置後30年や50年で、クラックが入ったり、鉄筋の錆が染み出してきたのでは、さまにならないからである。

　耐久性の高いコンクリートとは、密実なコンクリートのことであり、そのためには、水セメント比の小さな、固練りのコンクリートを打設することが不可欠であることは、学校でのRC構造の勉強の過程で頭に叩き込まれていたから、この台座はそのようなコンクリートでつくるべきだと考えた。

　しかし、この塔の形は、そのようなつくり方に適していない。厚さが薄く、きゃしゃな脚の塔を普通のコンクリート構造として施工したら、水の多い、しゃぶしゃぶのコンクリートを打たれてしまうことは、目に見えている。そこで、塔を縦に3等分し、各ピースを内面を上向きにして、工場でコンクリートを「平打ち」することにした。これなら、安心して固練りのコンクリートを打つことができる。これらのピースを工場で入念に製作・養生した後、現場に輸送して組み立て、ジョイントの鉄筋を溶接して、接合部を固練りのモルタルで固めるという方法を考えた。

図1　原爆の子の塔

図2　ステンレス鋳物の「沓」

耐久性に関するもう一つの懸念は、足元からの水の「滲み上がり」（毛細管現象）による劣化であった。これに対しては、ステンレスの鋳物の「沓」を履かせることで対応した（図2）。

　台座の内部には、銅鐸をかたどった鐘が吊るされ、その下の折り鶴形の錘により風鈴式に音が出るようになっている。鐘にはノーベル物理学賞受賞者の湯川秀樹博士揮毫による「千羽鶴」「地に空に平和」の文字が刻まれている（現在、鐘と錘はレプリカ。オリジナルは平和記念資料館に展示）。

　当初、各地から贈られた折り鶴は台座の下に置かれていたが、相次いだ放火事件のため、周辺に折り鶴の展示ブースが設けられ、ここに保管されるようになった。台座は建設後50年を超える歳月を特段のメンテナンスもなく、また、上記のような放火事故にも遭遇しながら耐えてきているが、今のところ、目視上、気になるような耐久性上の問題は認められない。

屋根も床もシリンダーシェルで
大分医師会館（1960）

図1 旧大分医師会館

　この建物（図1）は、私の構造デザイン第2作目。建築設計は磯崎新さん。設計当時、磯崎さんも私も、まだ東大の修士課程の学生で、設計の打ち合わせは主に彼の下宿で行った。今から思えば、若気の至りといえるかもしれないが、この設計ではシェル構造の可能性をできるだけ引き出すことを考えた。屋根も、床の構造もシリンダーシェルで構成し、これら上下2つのシェルを協力させて、桁行き方向の耐震ラーメンも形成させることを試みている。

　シリンダーシェルは、可展開面であるので、シェル構造の中でも施工が容易で、経済的である。

　また、当時の計算技術環境の中では、シリンダーシェルは最も特性が把握しやすく、他材との複合効果も比較的容易に推定できたので、このような構造設計を試みた。

　この建物は医師会の移転のため1999年に解体され、現存しない。

逆シリンダー形RCシェル屋根
戸塚カントリークラブ（1961）

図1　建物概観

図2　10分の1のモルタル模型

　この建物（図1）の建築設計は丹下健三＋都市・建築設計研究所、構造設計は坪井善勝研究室で、私が担当した。

　構造は幅30m、長さ71mの逆シリンダー形RCシェル屋根が、6本の柱で支持されている。

　逆シリンダー形のシェル屋根は、この建物の1年後に、エーロ・サーリネンも、ワシントンのダレス空港のターミナルビルで実現している。構造システムはダレス空港の場合はサスペンション、戸塚カントリーの場合はシェルで両者は異なった構造システムを採用しているが、建築的には、内部空間の音響、開放感など、優れた共通点が多い。

　逆シリンダー形のシェル構造は、通常のシリンダー・シェル構造に比べて、引張り応力が卓越するという性質がある。これはコンクリート構造にとって、あまりありがたいことではないので、その影響を的確に把握することが、この構造の設計上の重要なポイントのひとつであった。

　このため、解析と平行して、やや大型の模型実験を行った。縮尺1/10のモルタル模型である（図2）。幅が3m、長さが7mで、ちょっとした小屋ほどの大きさがある。

　この模型については、面白いエピソードがある。模型の型枠がはずれ、構造の全貌が現われた時、現場の作業所長さんがやってきて、「先生、おめでとうございます」という。私は何がおめでたいのかわからなくて、「えっ？」と聞き返したところ、「10分の1の模型が無事にできたのだから、この10倍の建物を造れば大丈夫だということが証明されたんでしょ」と言うではないか。「とんでもない。実験はこれからで、この模型の10倍の重さの荷重を載せると、初めて構造の中を流れる力の状態が、実

図3 鉄筋による鉛直載荷実験

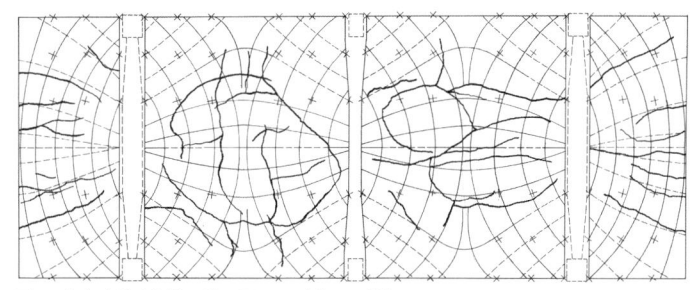

図4 主応力線(実線:引っ張り、破線:圧縮)とクラックパターン

図5 水平加力実験

物と同じ大きさになる。さらに安全性を確かめるために、その2倍の重さを載せるから、結局、模型の重さの20倍の荷重をこれから掛けるんですよ」と説明をしたが、彼にはわからないらしく、「なんでそんなに積まなきゃいけないんですか？」と言っていた。素人にスケールの話をわかってもらうのは難しいものだと感じた記憶がある。

このような次第で、実験に必要な鉛直荷重は34 tfであったが、これは現場でこれから使用する異形鉄筋を借用して、載荷することにした(図3)。

鉛直載荷による主応力線と、実験で生じたクラックパターンを図4に示す。両者は、設計上十分な精度で一致した。

実験後の試験体を利用して、水平加力試験を行った(図5)。安全のため、鉛直載荷用の鉄筋を降ろし、ウインチで水平方向(写真左方向)に破壊まで加力した。この試験では、鉛直荷重がないため、早期に基礎の浮き上がりが生じ、実際の耐震性に結びつけられるような結果は得られなかったが、崩壊パターンのひとつを観察することができた。

RCダブルシェルの「大屋根」

松本の家（1966）

図1　建物概観

図3　構造の形状模型

図4　アクリル模型による弾性実験

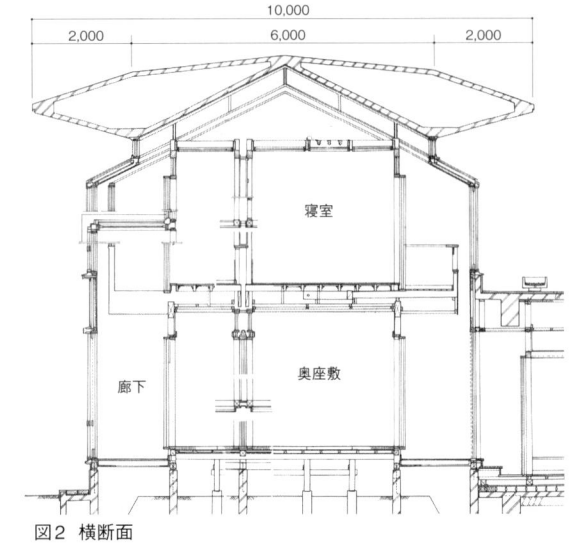

図2　横断面

　この住宅の建築設計は太田邦夫さん（東洋大学名誉教授）。
　RCシェルをシェルターと考える住宅建築の試みである。サステナビリティの高いRC構造に庇護された木造2階建て住宅で、木造部分は生活のフェーズに合わせて、比較的頻繁に変更可能なように計画されている（図1, 2）。
　屋根の構成は、幅10m、長さ30mのRCダブルシェルで、上面は寄棟式、下面はW型のそれぞれ折板構造であるが、下面両端のひさし部分は、長さ6mのHP曲面のシェル構造になっている。
　柱の形状はバチ形で、梁間方向では下端剛、桁行き方向では上端剛接で、全体としてラーメン構造を形成している（図3）。
　RC部分は、上記のように、やや複雑な構成であったので、解析と平行して縮尺1/20のアクリル模型による弾性実験を行い、構造特性を把握するようにした（図4）。

小さなプレキャスト・シェル・ユニットをつなぐ
ゆかり文化幼稚園 (1967)

図1 建物概観

　東京、世田谷にあるゆかり文化幼稚園は、丹下健三先生の建築設計による。
　シェル構造は、歴史的には、大空間建築のための有力な構造システムとして開発され、発展してきたが、曲面の持つ力学的合理性と造形上の優美さが融合したとき、見る人に視覚的感動を与えるというシェル構造の特徴は、スケールの大小にかかわらず存在している。
　「ゆかり文化幼稚園」では、主役である子供たちのサイズと違和感のないスケールの架構の造形を、プレストレスト・シェルで演出するという試みがなされた（図1）。この建物のファサードの印象に最も大きな特徴を与えているシェル・ユニットの断面形状は、鳥の飛翔を思わせる「かもめ」形になっている（図2）。当初、この建物の構造は、徹底したプレキャスト、プレストレス方式を考えたが、現場のアクセス道路の幅員不足のため、現場でのプレキャスト工法に変更した。プランが放射状に構成されているため、シェル・ユニットは扇形が基本になっている。したがって、原則的には1つの長い扇形型枠を作ることにより、長さの異なる全てのユニットを作ることができる。全体の架構は、プレストレスを与えられたシェル・ユニットと柱ユニットを交互に積み上げ、上下方向に緊張することにより、長手方向にラーメンを形成し、横方向にはシェル頂部をボルトで緊結するとともに、柱間に耐震壁を形成して、安定な構造を得ている（図3）。
　シェル・ユニットの最大スパンは16m、ユニットのせいは630mm、シェルスラブの厚さは一般部65mm、根元部で

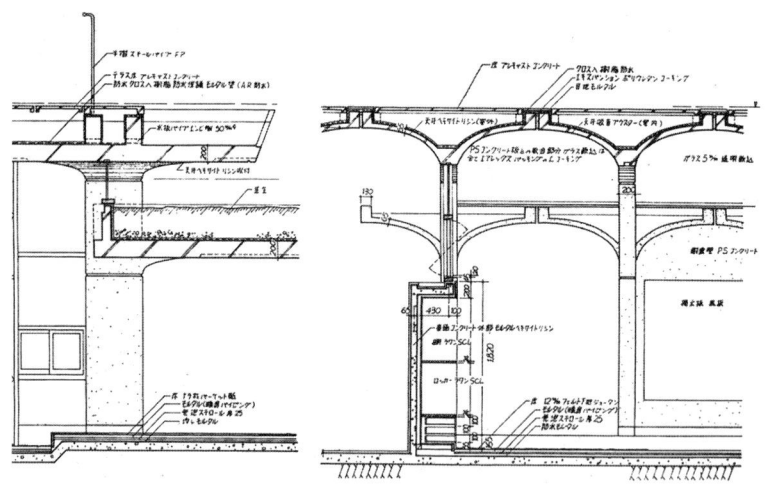

図2 構造断面

図3 プレイルーム内観

130mmである。構造システムは、基本的にはシェル屋根ユニット、シェル床ユニットおよび柱ユニットで構成されている。かもめ形断面の両端および中央部に設けた縦リブがそれぞれ上下フランジの機能を、シェルスラブがウエブの機能を果たしている（図2）。両端のリブは幅130mm、せい200mm、中央リブは幅200mm、せいは部材によって250～300mmである。端部のリブには各1本の、中央リブには2本のPC鋼棒が配置され、緊張される。PC鋼棒の直径は、部材により、場所によって、18～30mmを選択使用している。スパン方向には、屋根ユニット、床ユニットと柱ユニットで2層のラーメンが形成される。水平荷重時に柱と梁の間で伝達すべき力は、当然、第1層の方が大きいから、床ユニットでは柱頭に横リブを設けて、柱頭位置でシェルのフル断面が活用できるように設計されている。

施工順序としては、1階柱を建て込んだ後、床ユニットを載せ、スパン方向のPC材緊張を行う。その後、柱のPC材をカプラー（つなぎ材）で上方に延長し、2階柱を建て込み、屋根ユニットを載せてスパン方向を緊張し、最後に2階柱を緊張して、ラーメンを形成している。

波形シェル屋根とPCケーブルの最適配置曲線
北九州国際会議場（1990）

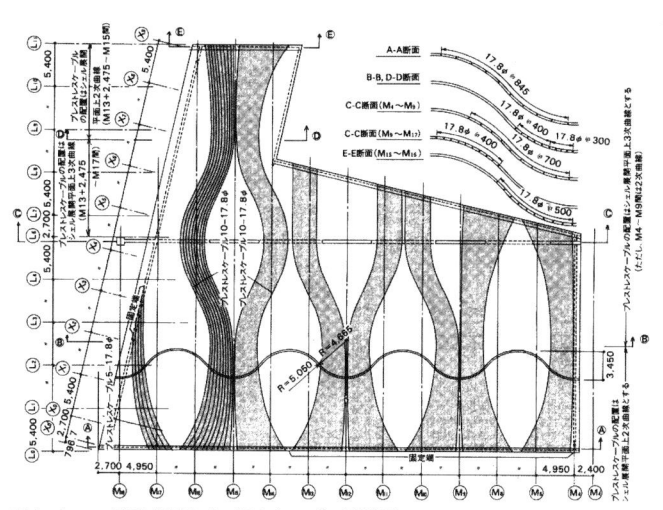

図1 シェル屋根伏図およびPCケーブル配設図

図2 シェルの構成

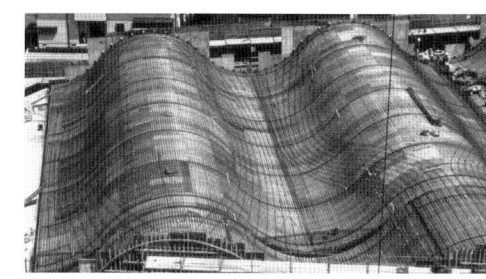

図3 PCケーブル配設

　JR小倉駅に近い北九州国際会議場は、磯崎新さんの建築設計である。第1章の西日本総合展示場に隣接する。

　この建物の構造上の特徴は、会議場、イベントホールをカバーする、波形のRCシェル屋根構造にある。スパン27m、波長15m、波高3.5mを基本とする、4連の波形シェルである（図1）。

　基本的な建築形態は、単純な波形シリンダーであるが、東側外縁ではシリンダーの母線と斜交する鉛直平面でシェルが切断されるために、やや複雑な境界曲線が得られ、デザイン要素の一つになっている（図1, 2）。

　RC構造のサステナビリティを考える上で重要なデザイン要件は、いうまでもなく、引張り応力の排除である。本設計ではRCシェルがカバーする広大な面積を考慮して、常時荷重の下で、母線方向応力が一様な圧縮応力状態になるような、プレストレスを与えることを考えた。

　一般に、円筒型のシェル構造の場合、プレストレス用のケーブル配設は、母線方向の直線パターンで行われるのが通常であるが、ここではせん断応力を含めて、最も効率のよいケーブルパターンを求め、設計に採用した（図1）。

　図3に、建設現場におけるPCケーブルの配設状況を示す。

第 3 章
軽量・ソフトな構造

空気膜構造、膜構造

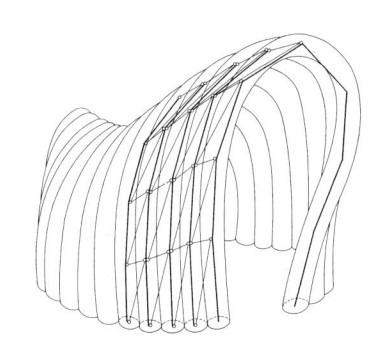

はじめに

軽量化を求めて

　大空間構造の発展における歴史的特徴のひとつは、古代から営々として続けられてきた軽量化の試みにあるということができよう。組積造時代といえども、アーチやドームの形態や、厚さ、リブ、タイの入れ方などの工夫によって、軽量化が図られてきたが、時代が下るにつれて、軽量化のスピードが著しく加速されてきたことは、誰もが実感するところである。

　この特徴をグラフで表すと、図1のようになる。このグラフは、時間的には現在に近いほど精度良く、屋根重量（質量）は軽いほど精密に表現できるように、両軸とも対数グラフを用いていることに注意されたい。

　このグラフ上に、よく知られた大空間構造の屋根重量をプロットしてみると、古代―近世と、近―現代とでは、軽量化のスピードが大きく異なるので、図に示すように、2本の曲線で代表させるのが合理的であることがわかる。自然材料に工夫を重ねて行われた軽量化の時代と、積極的に新しい知識・技術を導入した時代の違いである。2本の曲線の交点位置（時間座標）が産業革命期と一致するのは、偶然ではない。

　このグラフが示すもうひとつの特徴は、軽量化の最終目標である最小重量を、われわれはすでに手に入れてしまっているという事実である。これを可能にしたのは、膜構造、特に、空気膜構造であり、具体的には20kg/m²程度である。これ以上の軽量化を試みても、設計上、何のメリットも出てこない。設計の決定要因が、屋根の重量ではなく、風の影響などに移行するからである。

空気は力持ち

　大昔から人間が抱いてきた、もうひとつの願望は、小さな力を使って大きな力を得たいということである。この願望は、まず、梃子や滑車という形で、太古の昔から実用に供され、ギリシャ時代にはすでに梃子の原理が解明されている（図2上図、式(1)）。梃子の原理を成り立たせている力学法則は、支点周りのモーメントの釣り合いである。

　小さな力から大きな力を得たいという願望は、17世紀後半になると、流体圧という形でも実現されるようになる（同下図）。これを成立させているのは、言うまでもなくパスカルの原理（p＝一定）

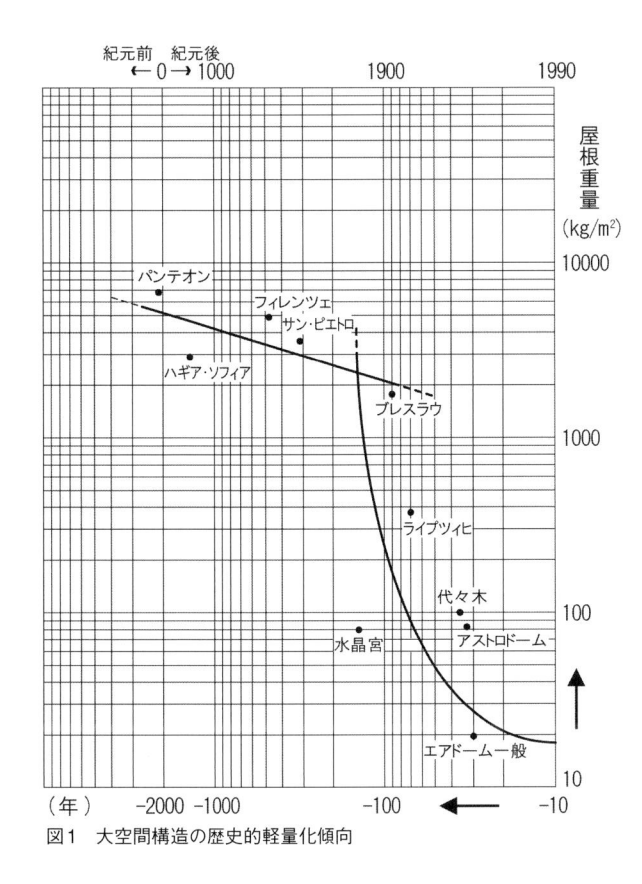

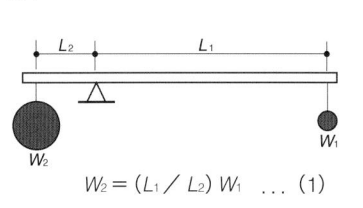

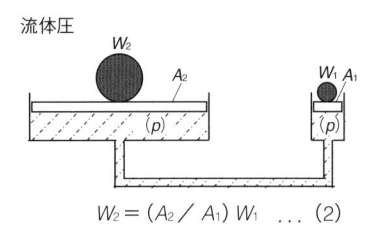

図1 大空間構造の歴史的軽量化傾向

図2 空気は力持ち

$$W_2 = (L_1 / L_2) W_1 \quad \ldots (1)$$

$$W_2 = (A_2 / A_1) W_1 \quad \ldots (2)$$

である。この場合は、力は支持面積（A_1, A_2）の比で増大する（式2）。

　空気膜構造を成り立たせているのは、基本的には、この流体圧の原理であり、ピストンやジャッキなどと同じ考えに基づくものである。

　たとえば添え字1がブロワー（送風機）、添え字2が（空気膜屋根）を表すものとすると、直径200mmのブロワーの吐出力W_1は、直径200mの空気膜屋根について、その100万倍の重量W_2を支えることができる。「空気は力持ち」と言われる所以である。

　このように、空気は圧縮力を支持する能力を持つ有力な構造部材であるが、この「部材」の経済的特徴は、非常に安価な点にある。送風、気密などのために、ある程度の費用はかかるが、空気そのものは、今のところ無料である。この利点をどう生かしていくかも、興味のある点である。

空気支持構造と空気膨張構造の違い

空気膜構造の基礎知識

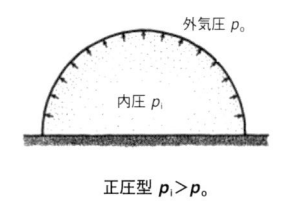

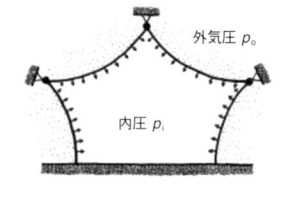

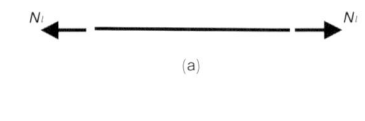

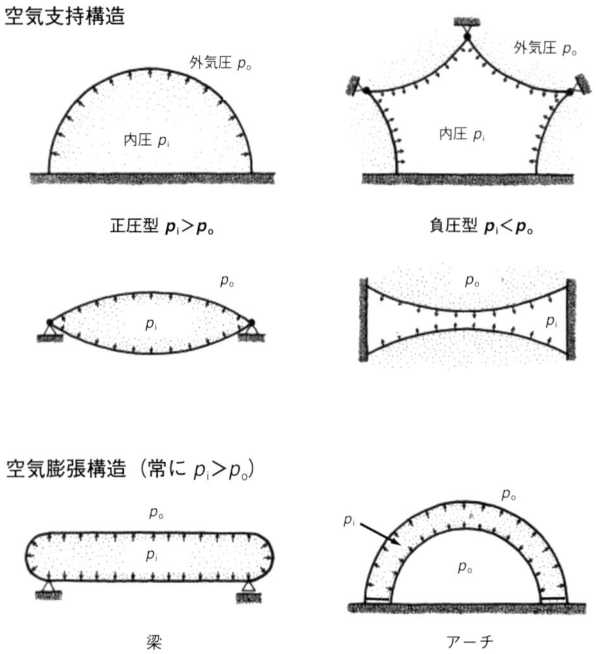

図1 空気支持構造と空気膨張構造

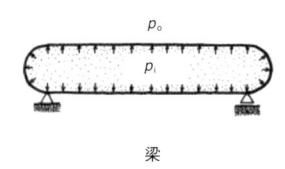

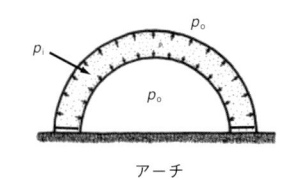

図2 膜の変形と荷重支持のメカニズム

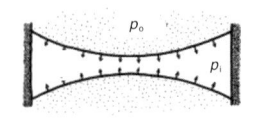

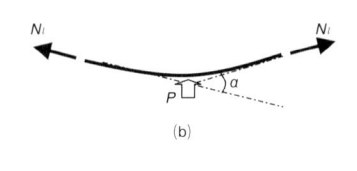

$$P = \alpha N_i \quad \ldots (1)$$

2種類の構造システム

　空気膜構造を考える上で大切なことは、この構造には互いに性質の異なった2種類の構造システムがあるということである。ひとつは「空気支持構造」(Air-Supported Structure)、いまひとつは「空気膨張構造」(Air-Inflated Structure)と呼ばれている（図1）。

　図中、上部に示す4例は空気支持構造、下部の2例は空気膨張構造である。

　空気支持構造は、膜張力に反力を与えることのできる、しっかりとした支点（線）の間に膜を張り、膜で囲まれた空間の内外の気圧に差を与えて構造を作る方法で、内圧が外気圧より大きい場合（正圧型）と逆の場合（負圧型）を作ることができ、それぞれ図示のような形をとる。

　空気膨張構造は膜で造った容器を空気で膨らませ、それを外的に支持する方式で、内圧は正の場合に限られる。図の左は梁タイプ、右はアーチタイプで、共に空気膨張構造の代表例である。

性質の違い

　空気支持構造と空気膨張構造は、相互にまったく異なった力

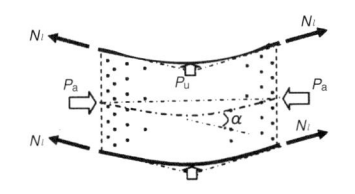

せん断型変形　　　　　　　　　曲げ型変形　　　　　　　断　面

N_lによる上向き力（合力）：
$P_u = 2\pi r N_l \alpha$ …(2)

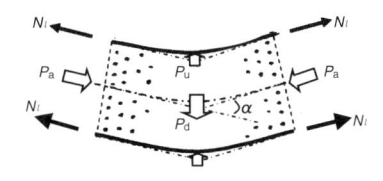

P_aによる下向き力：
$P_d = P_a \alpha = 2\pi r N_l \alpha = P_u$ …(3)
（相殺）

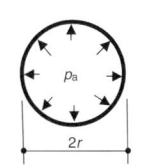

$N_l = p_a r / 2$
$P_a = p_a \pi r^2 = 2\pi r N_l$
（N_lの合力に等しい）

図3　空気膨張構造の変形と荷重支持のメカニズム

学的挙動を示す。

ひと言でいうと、後者は前者に比べて、非常に能率が悪いのである。それはなぜか？　以下に説明しよう。

図2(a)のように張力N_lを生じている微小長さの膜を考える。便宜上、奥行きの寸法は単位長さと考える。(b)のように膜が変形して、この間でαの角度変化を生じたとすると、膜は(1)式に示す上向き力Pを生じる。これは膜構造一般の基本的メカニズムで、膜の両側に気圧差があっても、この性質は変わらない。したがって、空気支持構造では、外力は全てこのメカニズムで支持される。

では、空気膨張構造では何が起こるだろうか？　図3は、空気圧P_aによって母線方向張力N_lを生じている直径$2r$の梁型円筒膜の変形を示す。この場合、円筒は梁要素であるから、梁の力学でよく知られているように、変形には2種類ある。せん断型の変形と、曲げ型の変形である。空気膨張構造では、この2種類の変形を区別して考える必要がある。

いずれの場合も、変形によって円筒膜の母線方向力N_lの合力が上向き力P_uを生じることは、図2(1)式と同様である（図3(2)式）。一方、N_lの合力と釣り合う内圧の軸方向合力P_aの効果を考えると、せん断型変形の場合は、この力の方向が水平であるから、鉛直方向の成分は生じない。

これに対して曲げ型の変形の場合は、P_aが下向きの力$P_d = P_a \alpha$を生じ、膜張力の上向き力P_uと相殺する。すなわち、曲げ型の変形では、膜の張力は、荷重支持のメカニズムに、まったく貢献しないのである。

これらの性質は、プロポーションの異なるエアビームの実験を行うことにより、確認することができる（図4）。

このように、空気膨張構造における膜張力は、せん断型の変形に対してのみ抵抗力を示すが、この構造も一般の梁と同様、

曲げ・せん断型エアビームの実験

曲げ型エアビームの実験

図4　空気膨張構造の実験（法政大学実験室）

空気膜構造の基礎知識　｜　67

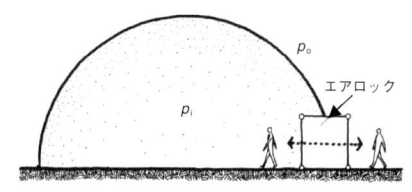

空気支持構造

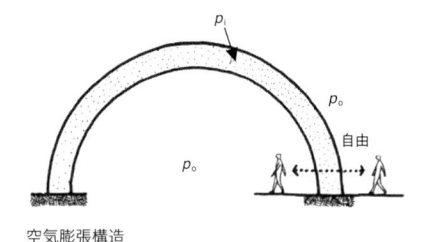

空気膨張構造

図5 空気膨張構造の利便性

全体の変形の中では曲げ変形がせん断変形よりも圧倒的に大きいから、事実上、空気膨張構造では膜張力がまったく役に立たないと考えても、差し支えない。

実用の観点から

このように、空気膨張構造は、空気支持構造に比べて非常に効率の悪い構造システムであるが、このことが実用上、最も顕著に現われるのは、必要空気圧である。

たとえば空気支持構造の場合、常時の必要内圧（外気圧との差）は、たかだか10～50mmAq程度であるのに対して、空気膨張構造では100～1,000mmAqが必要である。ここでAqは「水頭」または「水柱」を意味し、たとえば一気圧は10,000mmAq（水柱10m）である。

ごく一般的な空気支持構造（たとえば東京ドーム）の場合の常時内圧は30mmAq程度であるが、これは、普通の建物の1階と10階のレベル差に相当する気圧差にすぎない。空気支持構造の効率の良さがわかるであろう。

空気膨張構造では、その効率の悪さの故に、空気支持構造の1～2桁高い内圧が必要である。それほど効率の悪い空気膨張構造の存在理由は、利用上の利便性にある（図5）。

空気支持構造では、建物内外の気圧差を維持するために、出入り口にエアロックが不可欠である。エアロックとは、内外に気圧差のある空間への出入りに際して、気圧の損失を最少に留めるための、二重扉を有する空間で、たとえば建物に入る場合は、まず、外側のドアを開けてエアロック内に入り、このドアを締めてから内側のドアを開け、屋内に入り、内側のドアも閉める、という手順が必要である。軽微な入り口では回転ドアで代用させることができるが、大量の人や貨物の出入りには、大規模なエアロックが必要であり、出入りに要する時間も長くなる。

これに対して空気膨張構造では、建物内外の気圧が等しいから、このような制限はなく、自由に出入りすることができるという機能上の大きな利点を持っている。

空気膜構造の気密性について

空気膜構造というと、クルマのタイヤのように、完全気密の袋の中に空気を閉じ込めるイメージを持つ人がいるが、建築のスケールでは完全気密は非現実的である。実際には、空気支持型、膨張型を問わず、膜の漏気の性状を把握した上で（p.79参照）常設のブロワーにより送気を続けるのが一般である。

空気支持構造1

世界初の透明フィルム空気膜構造
お祭り広場大屋根のフィルム屋根（1970）

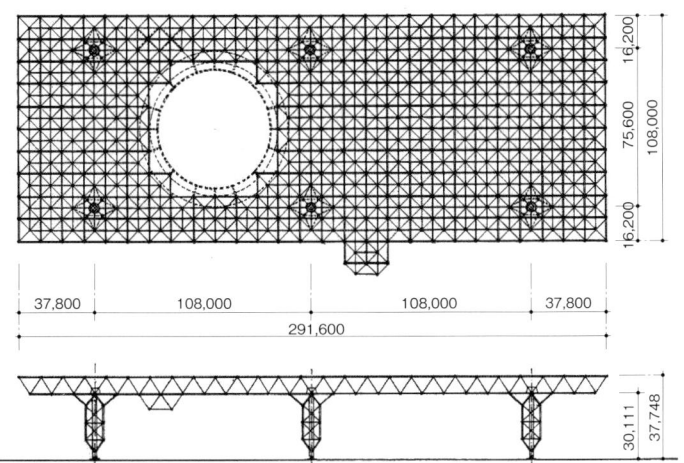

図1　お祭り広場大屋根伏図、軸組図

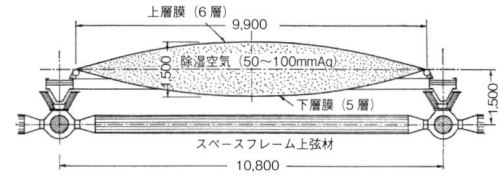

図2　フィルム屋根パネル（断面）

図3　フィルム膜パネル設置中の大屋根
　　（写真中央は工事中の太陽の塔）

開発の端緒

　日本万国博覧会におけるお祭り広場大屋根のスペースフレームについては、第1章で述べたが、ここではそのスペースフレームの頂部をカバーしている透明のフィルム屋根について述べる。これはフィルム屋根として、世界初の実施例である。

　カバーすべき屋根面は、図1に示すように、幅約100m、長さ約300mの広大な面積で、スペースフレームの頂部は辺長10.8mの正方形グリッドで構成されている。

　このグリッドを覆う屋根の性格について、設計者の丹下健三先生は、打ち合わせの席上、できる限り透明なものが欲しい、という願望を出された。透明といえば、当時はガラス屋根しかなかったが、丹下先生はガラス屋根に不可欠のサッシがうるさくて、いやなのだと言われる。「サッシのないガラス屋根は、構造的に無理かね」という話になった。私は当時、空気膜構造の可能性を研究しており、透明フィルムを用いた空気支持構造ならこのスケールの屋根は十分実用になると思っていたので、そのことを話したところ、それは魅力的だ、考えてみてくれ、ということになり、具体的な開発を始めた。

　そこで考えたのが、図2に示すような透明の空気膜パネルである。この屋根パネルは、上下露出の状態で使用されるので、通常の屋根構造に比べて風の影響が大きいと判断された。そこで、安全を見て、常時50mmAq、台風時100mmAqで設計することにした。

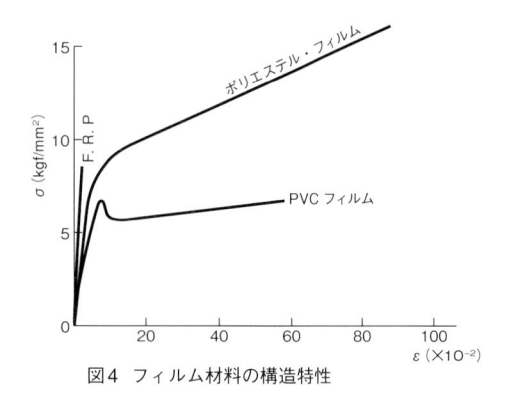

図4 フィルム材料の構造特性

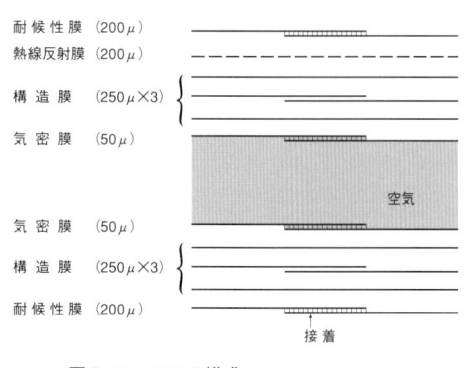

図5 フィルムの構成

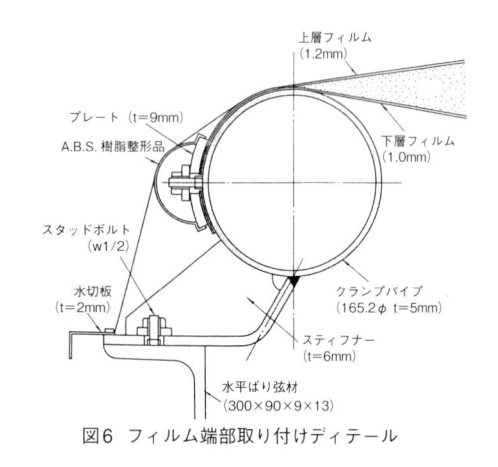

図6 フィルム端部取り付けディテール

膜の素材としては、当時入手可能なフィルムを全て実験的に検討した結果、2軸延伸の飽和ポリエステル・フィルムが、強度、靭性の両面で最も適していることがわかった。図4にこの材料の応力—ひずみ曲線を示す。引張強度は約15kgf/mm²(150N/mm²)で、鋼材の1/3程度、特に80%を超える伸び量は、このフィルム材料の靭性と、高い信頼性をよく示している。設計ではクリープを考慮して、3kgf/mm²を長期許容応力とした。

一方、この材料は、当時ワイシャツの襟の芯や、録音テープのベースなど、日用品の素材として製造されており、生産量、納期の面で懸念があったが、メーカーと協議の結果、工場を増設して対応できる目途がついたので、この材料を使用することにした。

設計した空気膜パネルのフィルム構成を図5に示す。フィルムは幅1.2mの帯状のものを用い、上膜は合計6層、厚さ1.2mm、空気層を挟んで、下膜は合計5層、厚さ1.0mmである。このうち、上下膜とも、最外層は紫外線対応の耐候性膜(各0.2mm厚)、最内層は気密性の高い接着を施した気密膜(各0.05mm厚)で構成されている。また、上膜第2層には環境調整用に赤外線カット用の熱線反射膜(0.2mm厚)を用いている。さらに上下膜ともに、中央部には構造専用膜3層(計0.75mm厚)を配置しており、合計で、上述のように、上膜1.2mm、下膜1.0mmの厚さになっている。上記のフィルム構成のうち、最上層の耐候性膜(0.2mm厚)以外の膜は、全て構造材として用いている。

要するに、種々の機能を持つフィルムのうち、上膜、下膜それぞれに、計1mm厚を構造に使っているが、前述のように、フィルムは帯状のものを縦、横方向に用いているから、結局、各方向0.5mm厚の断面を構造部材として有効と考えた。この場合フィルムに生じる応力は、常時0.85kgf/mm²、台風時2.0kgf/mm²程度で、クリープ、強度ともに十分なゆとりを持っている。

フィルム端部の鉄骨支持材への取り付けディテールを図6に示す。

実大実験

構造デザインの先駆者たちの例を見ても、世界最初の構造システムを試みる場合に必要なことは、ふたつあることがわかる。

ひとつは、できるだけ実物に近いスケールの構造模型を用いて実験を行い、解析ではカバーできない挙動を、十分に把握すること。今ひとつは、関係する建築家、製作者、施工者たちが、その構造の性格を感覚的に理解し、それぞれの担当業務を安心して遂行できるようなデモンストレーションを行うことである。

図7 実大模型載荷実験

図9 人間載荷デモンストレーション

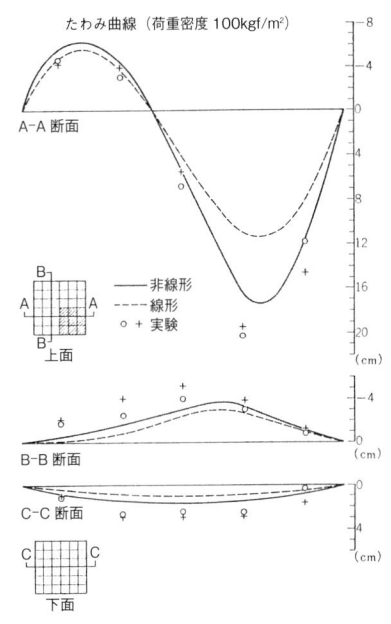

図8 1/4面載荷時変形図

　ここでは実大のフィルム膜パネルを2個作成し、それぞれ上記の目的に使用した。

　図7は砂袋を用いた載荷実験で、全面一様載荷の状況を示す。一連の実験で得られた顕著な性質は、荷重分布が一様でなくなるにつれて、幾何学的非線形性が強くなることで、たとえば1/4面載荷の場合は図8のような変形を示し、挙動を確実に把握するためには、非線形解析が不可欠であることがよくわかる。

　図9はデモンストレーション用模型で、境界構造などは簡略化して作られている。厚さ1.2mmの透明なフィルムの上に載るのは、極めて非日常的な体験なので、最初に載る人は、おそるおそるという感じであったが、想像していたぶよぶよ感もなく、フィルムがしっかりと体重を支えてくれることがわかると、勢いよく歩き始め、10人載っても20人載っても大丈夫なことがわかると、トランポリンのように飛び跳ねる人も出てきて、工事関係者全員が「空気は力持ち」を実感することができた。

製作と施工

　フィルムパネルは10メートル角の大きさなので、一般道路を運搬するというわけにはいかない。そこで、敷地内に仮設の組立工場を作り、そこでパネルを組み立て、適度の空気を封入して、パネルごとにトレーラーで場内運搬をし、所定の位置でクレーンで吊り上げる方式がとられた(図10)。

　フィルムパネルがセット位置直下近くに着くと、パネルはクレーンで吊り上げられる(a)。

(a)トレーラーからクレーンへ

(b)パネル下面の凸面鏡効果を楽しむ作業員たち

(c)クレーンで所定の位置へ

(d)パネルの固定

図10　フィルム屋根パネルの設置

図11　完成したフィルム屋根と給気装置

図12　透明フィルム屋根（夕景）

　パネル上面には養生用のシートがかけられているが、下面はフィルム面そのままなので、トレーラーがいなくなると、作業員たちの姿が下面の凸面鏡に非日常的な形で映し出され、彼らを大いに楽しませた(b)。パネルはそのまま30メートルの上空へ吊り上げられ(c)、所定の個所にセットされた(d)。

　図11は完成したフィルム屋根を俯瞰で示す。パネルの個数は、合計274個である。パネルの隅角部に4パネルに1ヵ所ずつ、給気装置が設けられているのが見える。この場合、大切なことは、パネルには常に乾燥空気が供給されねばならないということである。さもないと、気温変化によってパネル内に結露が生じ、せっかくの透明性を失うことになるし、さらに進んで下面に水溜りを生じてしまうと、簡単には除去できないからである。したがって、このフィルム屋根パネルの給気装置には、乾燥機能が不可欠である。

　図12は透明フィルム屋根でカバーされた大屋根の夕景を示す。屋根の透明性、軽快さがよく表れている（口絵参照）。

空気支持構造2

施工中のポンディング現象と防止法
青函博覧会テーマ館 (1988)

図1　建物概観（工事中）

図2　内観（工事中）

　この建物は、青函トンネル開通を記念して開催された青函博覧会のテーマ館で、建築設計は仙田満さんである。典型的な空気支持構造といってよい（図1）。

　このパビリオンは長さが約200mあり、細長くて巨大なエアドームである（図2）。

　この場合、膜に生じる張力は短手方向が大きいので、この方向に約5m間隔でワイヤロープを配置している。

　屋根膜はPVCコーティングを施したポリエステル繊維キャンバスを用いている。

膨張作業の手順とポンディング

　ここでは、空気支持構造に特有の「ポンディング現象」と、これを考慮に入れた、膨らませ作業の手順が重要であることを説明しよう。

　前節「空気膜構造の基礎知識」で述べたように、空気支持構造は空気膨張構造に比べて、著しく効率のよいシステムである。すなわち、非常に低い内圧で屋根荷重を支持することができる。しかし、これはあくまで、荷重分布が一定の場合に限られる。

　その意味で最も怖いのが、「ポンディング現象」である。これは平らな膜屋根に雨、雪などが降り、何らかの理由で分布にわずかな偏りが生じると、その部分の膜が他の部分よりも多く凹み、雨や雪の集中を招き、凹みが増大して、更なる荷重集中を招く。この「凹み」と「荷重集中」の悪循環がポンディングと呼ばれる現象である。

　米国の大規模空気支持構造の多くが、冬季にポンディング現象を起こし、その結果、解体や改築を余儀なくされたことは、

図3　膨張工事俯瞰

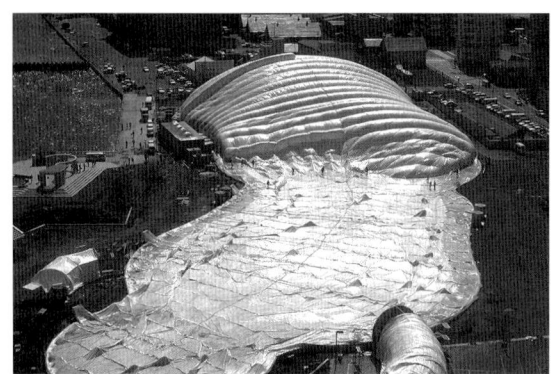

図4　膨張工事先端部

われわれの記憶に新しい。

　ポンディング現象は、完成した建物にだけ起きるものではない。雨上がりに膨らませ作業を不用意に行うと、随所にポンディングが生じて、施工不能に陥る場合がある。

　図3, 4は、これらのことを考慮して行われた、青函博覧会テーマ館の膨張工事を示している。送風は建物の端部から行い、膨張の先端部分では常に作業員が水の排除を助け、雨水を押しやりながら、膨張作業を続けている。このような配慮なしに、屋根の全面に一斉に送風した場合、随所にポンディングが起こり、厄介な状況になることは、容易に想像できるだろう。

空気膨張構造1

世界に前例のない大規模な空気膨張構造
日本万国博覧会 富士グループ館 (1970)

図1 概観（俯瞰）

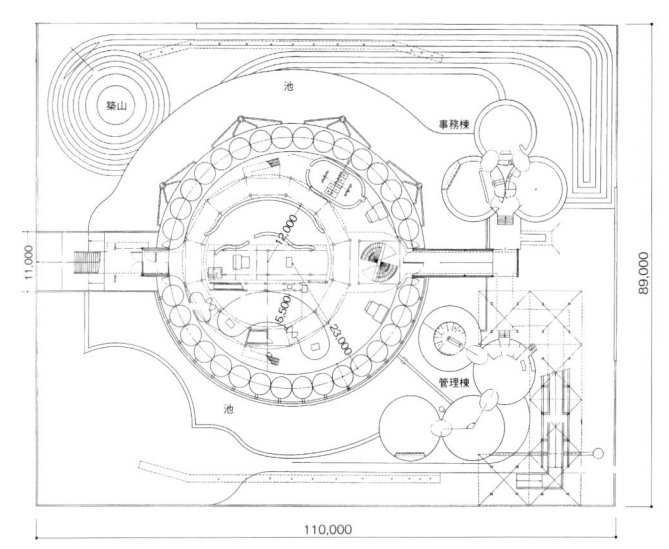

図2 平面図

卓抜した造形原理

　このパビリオンの建築設計は村田豊さんである。建物は、外径50mの平面上に、極厚のビニロン膜を用いた直径4mの空気膨張アーチを、16本建て並べた構成になっている（図1）。

　この建物は、空気膨張構造の優れた実施例として、今も広く世界に知られている。

　この建物の造形のアイディアは、卓抜している。建物を構成している16本のアーチは、全て同じ長さである。中央の2本のアーチは、外径50mの半円形をしている。中央の2本からスタートして、各アーチは相互に密着を保ちつつ、足元を外径50mの円形平面に沿って、建物の端へ向かって並べられていく（図2）。

　アーチの足元は端へいくにつれて詰まってくるから、アーチの頂部は迫り上がると同時に、前のめりに、外に向かって迫り出してくる（図1, 3, 4）。このように造形原理は極めて単純明快で、かつ、得られた形は非常にユニークなものであった。

　この造形のデザインレベルでの検証は、極めて簡単で、村田豊さんはスタッフと一緒に市販のビーム型ゴム風船を膨らませて曲げながら形の検討を行っていた。

　しかし、この造形を直径50mのスケールを持つ現実の構造物として実現するには、ゴム風船の模型はまったく無力である。

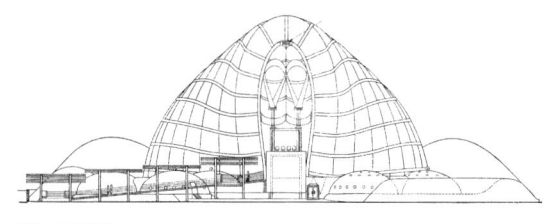

図3 正面図

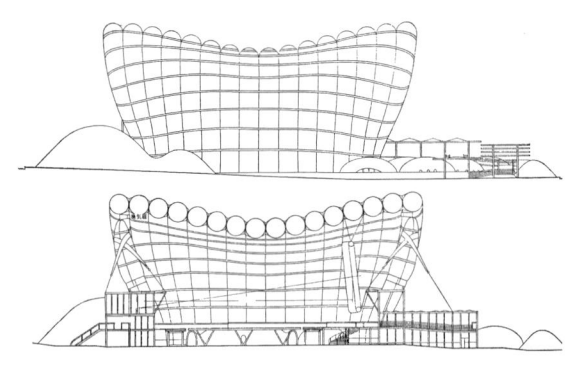

図4 側面図、断面図

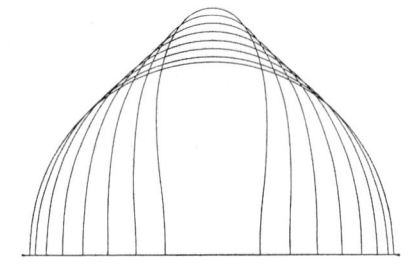

図5 アーチ軸線の定義（鉛直面）

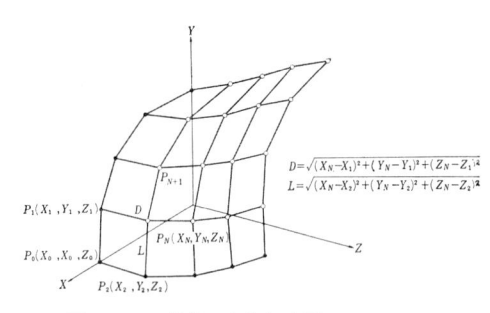

$D=\sqrt{(X_N-X_1)^2+(Y_N-Y_1)^2+(Z_N-Z_1)^2}$
$L=\sqrt{(X_N-X_2)^2+(Y_N-Y_2)^2+(Z_N-Z_2)^2}$

図6 アーチ軸線の定義（3次元）

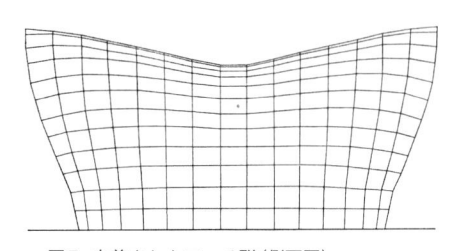

図7 定義されたアーチ群（側面図）

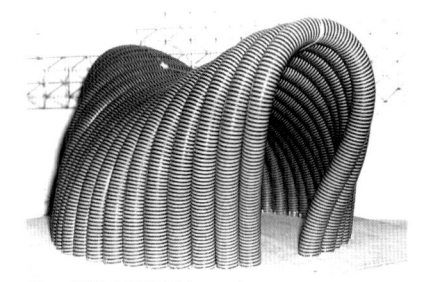

図8 形態確認模型（1/100）

形態の幾何学的定義

　この形を構造物として解析し、ディテールを考え、膜の立体裁断図をつくり、アーチを製作し、現場で建て上げるには、具体的で幾何学的な形の定義が、不可欠である。

　この建物の構造デザインの仕事は、これらアーチ群の形状に、幾何学的定義を与える作業から始まった。定義の仕方はいろいろあると思ったが、ここではまず鉛直平面内で半円アーチを考え、脚部の鉛直を保ちながら、両脚間の距離を縮めていった時の弾性曲げによる大変形を求めることから始めた（図5）。この種の計算は当然、高次の非線形問題で、現在ならパソコンでも簡単に行えるが、当時は多くの労力を要する作業であった。

　こうして求めた平面アーチ群を、今度はアーチ面に直角の方向に変形させて形を確定する。やはり、中央の半円アーチから始め、一定の太さを持つアーチが、表面でお互いに曲線状の接触を保つようにアーチ面外への変形を行わせる。この段階では、アーチの軸心を通り、全長を等分した剛体リンクを考え、対応する節点間の距離がアーチの太さ（直径）に等しくなるように、順次、節点位置を定めて行った（図6）。

　このようにして定義された全体構造の側面図を図7に示す。また、こうして定まった形を3次元的に確認するため、ホース・チューブを用いた100分の1模型を作成し、検証を行った（図8）。この模型は、その後、風洞実験用模型としても使用した。

空気膨張構造の挙動の把握

　日本万国博当時、空気膜構造に関する知見は、世界的にまだ揺籃期にあったといってよく、空気膨張構造が空気支持構造に比べて効率が悪いことを経験的に知っている人はいても、それが何故かを明確に説明する文献などは皆無であった。

　空気膨張構造として世界的に前例のない規模を持つ、富士グループ館の構造デザインの次の作業段階は、この構造の力学的

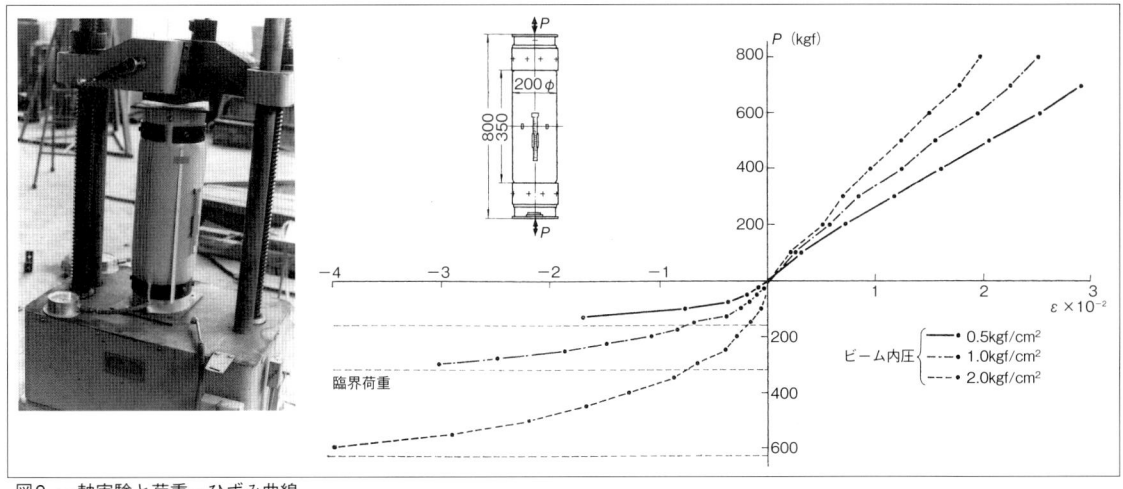

図9　一軸実験と荷重－ひずみ曲線

図10　半円アーチ実験（スパン3.5m）

図11　合成構造実験（1/20）（法政大学実験室）

メカニズムを的確に把握することであった。

　作業は、最も初歩的な一軸応力状態から始めて、梁（せん断、曲げ）、アーチ、合成アーチという順序で進め、実験を中心にして、得られた結果をどのように理論的に説明できるかを考える行為を通じて、この構造の力学的挙動に対する理解を深めていった。

　図9に一軸加力実験の概観と、荷重－ひずみ曲線を示す。この実験では、特に圧縮加力の場合に、外力が臨界荷重（内圧×断面積）に達する以前に大きな剛性低下を生じることが注意を引いた。

　梁の曲げ、せん断実験については前々節（空気膜構造の基礎知識）で述べたので省略するが、これらの体験と観察を通じて、空気膨張構造の力学的挙動に関する最も顕著な知見が得られたのである。

　次に空気膨張アーチの挙動を検討するために、半円アーチの試験体を作成し、風の影響を対象とする逆対称荷重実験を行った（図10）。

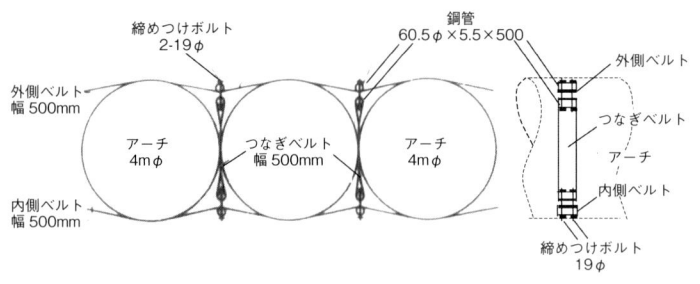

図12 測地線ベルトによるアーチの一体化

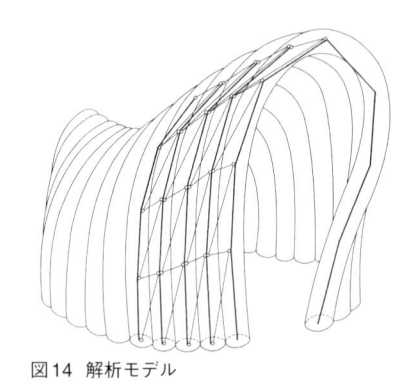

図13 ベルトで締めつけられたアーチ

図14 解析モデル

　以上の検討で、単体としての空気膨張部材の挙動がほぼ把握できたので、これらのアーチを組み合わせた1/20模型を作り(図11)、風洞実験の結果を用いた加力実験を行って、風に関する静的挙動を観察し、安全を確かめた。

構造のデザインと解析モデル
　上述の検討と併行して、現実の構造のデザインを進めていった。
　まず、前述の方法で定義をしたアーチ群を16本配列すると、この建物の全体形状が定まるが、それだけでは各アーチがばらばらで堅固な構造にはならない。これらを一体の構造として機能させるため、アーチ群の包絡面に対して、アーチと直交方向の測地線(内外面を含む)を15本想定し、これに沿って幅500mmのベルトを走らせる(図1, 3, 4)。各ベルトはアーチ群の表面から裏面にかけて、最短距離を一周する(包帯を巻くイメージに近い)。これらのベルトを適当な力で締めつければ、アーチは相互に密着し、一体化した構造ができるはずである。
　アーチ同士の緊結は、アーチ群を一周している測地線ベルトを、隣接する2本のアーチの接触位置で、ベルトと同幅の「つなぎベルト」と、鋼管4本、および「締めつけボルト」4本を用いて締めつけ、内外ベルトを相互に緊張するという手法をとった(図12, 13)。これによって、16本のアーチ群は一体化し、1つの有機的な構造体として機能してくれるはずである。
　本設計の場合、アーチ群の一体化に関して最も重要なのは、せん断力(2方向)の相互伝達である。これについてはキャンバス同士の摩擦実験を行い、得られた摩擦係数(0.65)から、長期の許容摩擦係数を0.40と定めた。
　以上のデザインに対応する解析用モデルとして図14に示すように、アーチを立体ラーメンで、他の剛性をつなぎ材と斜材の直線材で代表させる解析パターンを考え、構造計算を行った。

他の構造デザイン要素

上に概説した、解析、実験の結果に基づき、空気膨張アーチの内圧を、常時800mmAq、暴風時2,500mmAqと設定した。これらの内圧は、空気膜構造として世界に前例のない高い値であった。このため、次に述べるような種々の構造デザイン上の配慮を行った。

漏気の性状把握

アーチの内圧を高い値に保持するためには、強力なブロワー（送風機）が必要であることは、言うを待たないが、ブロワーの能力を決めるには、漏気の性状を知らなければならない。しかし、ブロワーの技術者も、上記の特殊な条件に対応できる経験を持っていなかったので、次のような手法をとることにした。

アーチの膜材料は、構造的には、前述のごとく、極厚のビニロン繊維キャンバス（2層、計4mm厚）であるが、気密性保持のため、内面にはPVCコーティングを施したターポリンが内張りされている。この膜材料を用いたアーチの漏気の性状を知るために、同材料で実直径の試験体を作り、実験を行った（図15）。

漏気を代表する内圧—時間曲線は、理論的には指数型減衰曲線になる（放射能減衰と類似の原理）。この性質を確かめ、減衰定数 β を求めれば、アーチの単位長さ当たりの漏気性状を知ることができ、実際のアーチに対するブロワーの必要能力を決めることができる。実験の結果、内圧変化は図示のようにきれいな指数減衰を示し、β の値を十分な精度で確定することができ、ブロワーの必要能力を指示することができた。

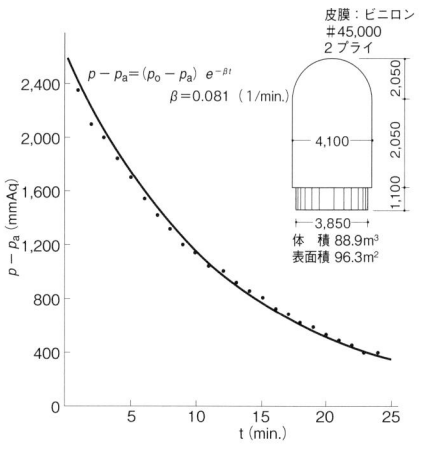

図15 漏気テスト（内圧—時間曲線）

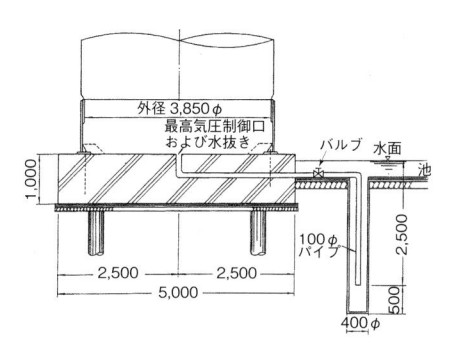

図16 気圧安全装置

安全に対する配慮—気圧安全装置、ヴァンダリズム対応

世界に前例を見ない、大規模、高内圧の空気膜構造は、安全面でもいくつかの特殊な考慮を必要とした。ここでは2つの点について述べる。

このパビリオンのアーチの内圧調整は、空気式調整機構で行われ、アーチ内圧の変動を差圧発信機で検出して気圧指示調整計に空気信号を送り、あらかじめ設定してある所要気圧との比較によって給気用ニューマティックバルブの開閉が行われるという方式がとられた。

一方、給気装置は、所要給気量に対して何倍かの給気能力を持っているから、給気調整装置になんらかの異常を想定する場合、最も警戒をすべきは、異常過圧によるアーチの爆裂である。そこで、内圧の上限を確実に与えるフェイルセーフ機構として、図16に示す装置を設計した。これはパビリオン周囲の池を利用したもので、アーチ底部から伸びた100φの鋼管が

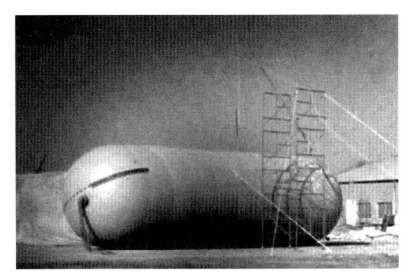

図17 「竹槍」実験

図18 アーチの足元、鋼製沓にアーチをセット（実建物）

図19 形態確認テスト

池の水面下2.5mで止まり、どう間違っても、アーチの内圧が2,500mmAq以上にはなり得ないように作られている。これは、私がこれまでに考えた、いくつかのフェイルセーフ装置のうち、最も単純、確実、経済的な例といえるだろう。

万国博覧会のように、世界中から不特定多数の観客が訪れるパビリオンでは、ヴァンダリズムに対する警戒が不可欠と思われた（当時はまだ、自爆テロなどを想定する世情ではなかった）。

高圧の膜構造によるパビリオンは未経験であったから、異常者が鋭利な刃物などで膜を傷つけた場合、爆裂が起こるようなことがあれば、本人だけでなく、近傍にいる多くの人を死傷させる可能性がある。そこで、このような場合の爆裂の可能性を確認する実験を行った。試験体は実物と同材料、同径の、長さ12mのソーセージ状模型で、内圧2,500mmAqを与えた横臥状態で、直上から鋭利な刃先を取り付けた「竹槍」を落差5mで落下させて状況を観察した（図17）。この実験で、膜には刃物の貫通孔ができたが、孔が発展することはなく、爆裂の危険性はないことが確認された。

形態確認実大実験

話は前後するが、本節の冒頭で、アーチ群の形状の幾何学的定義について述べた。この手法に基づいて定義され、製作されたアーチ群が、原寸大の空気膨張構造として本当に正確な形状を与えるかどうかを確認しておく必要があった。特に、1本ずつ別々に作られた空気膨張アーチが、予定通りに相互に所定の接触曲線を保ちながら組み上がり、最終的に所定の全体形状が得られることは、極めて重要なことであったからである。

この問題は、性格上、できるだけ早い段階で確認しておく必要があったので、特に形の難しい、先端の2本のアーチについて、時期を約1年早めて確認実験を行った。

まず、前述の方法で定義されたアーチの中心線を用いて、膜の立体裁断図を作成する。この際、常時内圧に相当する膜の弾性変形分だけ、アーチ全長、直径ともに小さく作る（博覧会建築なので、クリープ変形までは考えない）。

この裁断図に従い、実材料を用いて製作された2本のアーチを、東京の仮現場に設置した仮設の鋼製沓にセットし（図18と同様）、最初は低圧で立ち上げ、次いで内圧を常時圧（800mmAq）に上げた状態で、アーチの絶対位置、相対位置、接触状況を確認した（図19）。

幸い、2本のアーチは十分な精度で立ち上がることが確認されたので、この2本は本設用として使用することにし、残りの全てのアーチを、同じ要領で製作、施工することに決定した。

この確認実験を設計途上の段階で終えることができたのは、その後の設計プロセスを確信を持って進める上で、極めて重要であった。

解体

　博覧会建築は、会期後、できるだけ速やかに、かつ経済的に解体、撤去する必要がある。このパビリオンでは、まず余分の付属物を全て取り外し、次いで本体足元のバルブを開放して全アーチの空気を抜くと、図20に示すデフレーションの過程を経て、全構造がぺしゃんこになる。

　あとは、地上で安全な解体作業を、迅速、経済的に行うことができた。空気膜構造を博覧会などの仮設建築として用いる場合の、ひとつの特長といえるかもしれない。

図20　デフレーション　空気が抜けるにつれて地面に近づく

日本万国博覧会 富士グループ館

空気膨張構造2

負圧式空気膜構造とボトムレス・ボートの提案

日本万国博覧会 電力館水上劇場（1970）

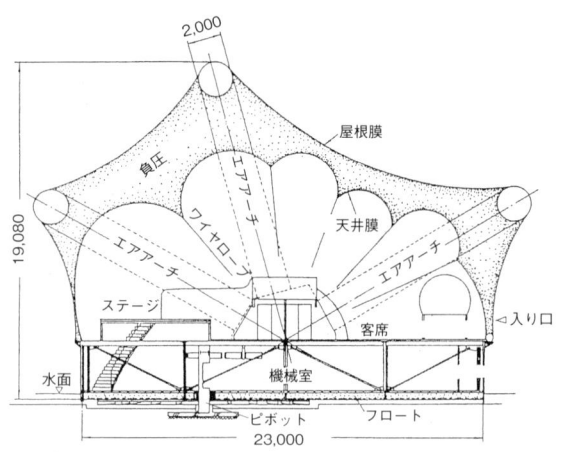

図1 概観（工事中）

図3 断面図

図2 池に浮かぶ水上劇場

空気膜構造の「可能性」を提案しよう

　この水上劇場（図1）の建築設計は、村田豊さんである。

　この建物は、池に浮かぶ船で、直径23mの円形プランを持つ（図2）。下部構造は鉄骨骨組みで、用途は主に機械室、上部は空気膜構造でカバーされた劇場である（図3）。建物全体が池に浮かび、平面上偏心した位置にあるピボットを中心に回転、移動する。しかし、観客には船に乗るという意識はない。劇場の出し物は、当時日本一と言われた引田天功の奇術で、観客がマジック・ショーを楽しんでいる間に、船が音もなく移動して別の場所に着岸し、ショーが終わって退出する観客は、入場した場所とは違う所に出るので、あれ、と驚くということで、イベントそのものをマジック的に仕立てようというのが村田さんの意図であった。いずれにせよ、この建物の規模は、空気膜構造の実験的な試みを行うのに格好のスケールだと思われたので、構造的にも新しい可能性をいろいろと提案してみたいと考えた。

負圧式空気膜構造の提案

　そこで、構造としては、世界に前例のない試みとして、負圧式の空気膜構造と、ボトムレス・ボート（底なし船）を提案することにした。

　図3の断面図に示すように、劇場空間を構成するのは、3本の空気膨張型エアアーチ、これらを覆う屋根膜、およびその内側の天井膜である。エアアーチの内圧はもちろん正圧であるが、ここで、屋根膜と天井膜の間の空間を負圧にすると、屋根膜は

82　第3章　軽量・ソフトな構造

内側に引き付けられて緊張し、天井膜は吸い上げられる。天井膜を下からワイヤロープで引っ張ることにより、図のように、天井膜も緊張されて安定する。天井は、あらかじめ形態を決めて床上に展開しておけば、負圧によってむくむくと自動的に立ち上がって所定の立体的な形態をとるから、仮設足場は一切不要である。一方、劇場空間は大気圧状態にあるから人の出入りは自由で、エアロックは必要ない。

ボトムレス・ボートの提案

この劇場は池に浮上しなければならない。浮上のための最も単純な発想は、鉄板を用いて通常の概念による「船」をつくることである。しかし、供用期間約1年、静かな水面を極低速で移動すればよい船にとって、この方法は不経済で大げさに過ぎないだろうか？　というのが、ボトムレス・ボートの発想・提案の端緒であった。

必要なフロート部分は、機械室の床下の、高さ約700mmの部分（図3、4）で、このうち、喫水深さは約400mmである。そこで、機械室の床下と、フロート外周部の内側に合板を張り、合板内面に気密用のPVC膜を裏打ちする。気密膜同士の接合は、簡単な重ね貼りで十分である。この場合、完全な気密は必要ない。というのは、フロートからの漏気は、空気膨張アーチ用のブロワーが兼用で、十分に給気できるからである。また、「船内」への漏れは、普通の船では「漏水」であるために、いろいろの不都合を生じるが、本提案では「漏気」であるので、室内への漏れによる不都合は心配する必要がない。

このように、ボトムレス・ボートは工事が簡単・容易で、経済的であるという大きな利点を持つが、注意しなければならないのは船体の安定である。

ボトムレス・ボートの原理の日常的な経験としては、入浴中に石鹸箱を伏せて浮かそうとする状態を想像すればよい。浮力としては、石鹸箱を普通に浮かべた場合と、ほぼ同じ効果を感じるが、安定が悪く、すぐにひっくり返ってしまうであろうことは容易に想像できる（図5(a)）。これは、水面に伏せた箱が、回転に対して復元力を持たないからである。この復元力は、フロート内に隔壁を設けることにより、容易に与えることができる（同図(b)）。隔壁で区切られた区画のうち、沈もうとする側の内圧は上昇し、浮き上がろうとする側の気圧は低下して、常に力学的平衡が保たれるからである。

実際の設計では、より積極的な復元機能を与えるため、モニターが床の微小な傾斜を検知してブロワーに信号を送り、最も効果的な区画に給気を行えるようにした。

図4　鉄骨下部構造（下端ラチス部分がフロート）

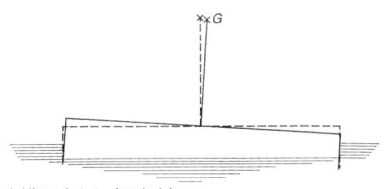

(a)復元力なし（不安定）

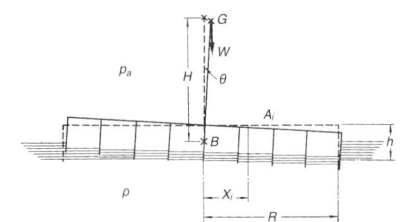

(b)復元力あり（安定）

図5　底なしフロートの安定

立体裁断なしの空気膜構造1

「強度」と「気密」を分けて考える

メッシュ＋メンブレン構造の原理

立体裁断は不可避か

　空気膜構造を実現する際に、一般に避けて通れないと思われているのが、膜材料の立体裁断である。これは基本的に平面である膜素材から立体的な構造物を作るのであるから当然といえば当然で、洋服を作るプロセスに近い作業として理解されている。しかし、和服のように、重なりや褶曲を許容することで、原反をそのまま用いてデザインする技法もある。村田豊さんとの協働作業のプロセスでも、膜構造に立体裁断は不可避かという議論を何度も行った。その中から出てきた可能性のひとつが、メッシュ＋メンブレンという概念である。

　一般に、空気膜構造では、膜材料が「気密」と「強度」を一手に負担するという概念が普及している。しかし、この2つの機能は、本来別々のものであるから、それぞれに適性のある材料を別個に考えて悪い理由はない。このうち、気密だけを受け持つ材料としては、薄くて伸縮性に富む、フレキシブルなフィルムが容易に入手できる。他方、強度を負担する材料は、必ずしも連続した「面」である必要はないから、面よりも変形の自由度が大きいメッシュ（ネット）状の素材を利用しようというのが、メッシュ＋メンブレン空気構造の考えである。

メッシュの変形能力

　メッシュのフレキシビリティは、網の材料の伸縮がなくても、網目の交差角度の自由な立体的変化によって得られるもの（バイアス効果）で、日用品やファッションの世界では、経験的によく知られている（図1）。図中、(a)、(b)では、丸い物体でも角張ったものでも、メッシュが緩みを生じることなく包むことができ、(c)では複雑な人間の顔にメッシュがなじむ様子を観察することができる。

　以上の考察から明らかなように、メッシュ＋メンブレン構造により、フィルムもメッシュも立体裁断することなく、空気膜構造を造ることが可能である。メッシュの利点は、その経済性にもある。大きな面積を網状のものによって経済的にカバーしたいという需要は古くからあり、魚網や工事用安全ネットなどの既製品が容易に入手可能である。魚網や安全ネットは十分な強度を持ったものも多いので、実用性も高い。以下、メッシュ＋メンブレン構造の実施例について述べる。

図1　メッシュのフレキシビリティ

立体裁断なしの空気膜構造2

メッシュ＋メンブレン構造の空気支持型ドーム
ポートピア '81 芙蓉グループ館（1981）

図1 概観

図2 曲面の状況

フィルムと魚網のエアドーム

　1981年に神戸で開催されたポートピア'81の芙蓉グループ館（図1）は、村田豊さんの建築設計によるものである。建物平面は直径36mの円形で、頂部高さは13.8mである。

　構造はメッシュ＋メンブレン方式の空気支持型ドームである。メンブレンは厚さ0.15mmのPVCフィルムで、メッシュは50mmピッチのポリエステル繊維製魚網で構成されている。メッシュの補強として、頂部には直径9mのケーブルリング（36φ）を配し、これから12本の放射状ケーブル（2×22.4φ）がRC基礎に向かって走っている（図1, 2）。

　ドーム内には4個の正20面体小ドームがあり、これらの表面もメッシュ＋メンブレンでカバーされており、大小ドームの間の空間を加圧することによって、外皮としての大ドーム表面に緊張力を与えるとともに、小ドーム内の展示空間は大気圧状態に保たれ、観客はエアロックなしで自由に出入りできるようになっている。加圧空間の内圧は常時30mmAq、強風時50mmAq、暴風時70mmAq（暴風時は展示空間も加圧）にセットされている。

　このドームでは、気密フィルム（PVC）もメッシュ（魚網）も、一切、立体裁断を行っていない。両者とも、3次元変形を考慮してそれぞれ直径を大きくした平面円である。メッシュは周辺で、リング状のRC基礎にアンカーされている。

　ドーム曲面は、補強ケーブルの影響もあって、かなり複雑な形状になっているが、メッシュやフィルムにしわやたるみが生じることはなく、滑らかな屋根曲面が得られている（図2）。

立体裁断なしの空気膜構造3

メッシュ＋メンブレン構造の可能性を検証
世界蘭会議パビリオン（1987）

図1 世界蘭会議パビリオン　外観

　蘭・第12回世界会議が、1987年に向ヶ丘遊園展示場で開催され、このための2棟のパビリオン（図1）を建設した。建築設計は村田豊さんである。

メッシュ＋メンブレン構造の本格的な試み
　ポートピア'81の芙蓉グループ館では、メッシュ＋メンブレン構造を実験的に適用したが、本パビリオンでは、あらゆる意味で、この構造システムの可能性を本格的に検証することを試みた。具体的には、次のような試みを行っている。
1. 空気膜構造としての合理性、経済性を保ちながら、極めて自由な造形を試みている。
2. 荷重の伝達経路に従って、フィルム膜→メッシュ→ケーブルの順に明確な力学的ヒエラルキーを設け、それぞれのランクごとに最も経済的（安価）な材料、すなわち、塩ビフィルム、魚網、ワイヤロープを配して、最大限の経済性を追求している。
3. 膜が透明なフィルムで構成されているため、力の伝達過程における集約、増大と、材料配置のヒエラルキーが、視覚的に明瞭に理解できる。
4. ネット（魚網）のバイアス変形能力と塩ビフィルムのフレキシビリティを利用して、立体裁断をまったく行わずに所期の形状を得ている。

構造の概要

このパビリオンは円形プランの第一ドームと、勾玉状の第二ドームからなっている(図1, 2, 3)。両者とも極軽量の空気膜構造であるので、設計上、自重は問題にならない。考慮すべき外力は風荷重と雪荷重である。風については、常時用内圧時に比較的発生頻度の高い強風を受ける場合と、気象庁が予報するような強風を受ける場合について解析を行い、いずれの場合も問題のないように設計する。

応力・変形解析は、ケーブルと構造外皮を分離させて行う。ケーブルは幾何学的非線形解析を行い、構造外皮のうち、ネットはケーブルを境界とし、膜はネットを境界とする、それぞれ独立したメンブレン構造体と考えて、安全性を検討する。

第一ドーム(図2)

両ドームは、世界会議用の仮設パビリオンで、使用期間は会議の準備期間を含めて12ヵ月を想定する。第一ドームの平面は直径75mの円形で、建築面積は4,606m²、屋根の概形状は半開角約60度の球で、最高高さは19.5mである。構造はケーブル補強空気支持構造で、最大間隔約5mの2方向ワイヤロープによりネット状に補強される。上記ネットのグリッド内部は、合成繊維製漁網(100mm目)を張り、構造外皮とする。

メッシュ内には気密フィルムとして、PVCフィルム(0.1mm厚)を配置し、気圧差を確保する。ケーブルのアンカーは重力式RC基礎とする。

空気圧は、外気圧に対して室内圧を常時で30mmAqに保持するが、強風時または積雪時には、室内圧を70mmAqに増圧して、これらに備えるものとする。

第二ドーム(図3)

第二ドームの平面は勾玉状で、平面の最大幅は約40m、建築面積3,639m²である。各断面はおおむね半円形で、最高高さは地上約19.5mである。

第一ドームと同様、ケーブル補強空気支持構造による仮設パビリオンで、約5m間隔で配置した横断面方向のワイヤロープにより一方向に補強されるほか、頂部には、陵線に沿ったワイヤロープを有する。ケーブル間には第一ドームと同様に合成繊維製魚網(100mm目)を張り、この間の構造外皮とする。

メッシュ内には気密フィルムとして、塩化ビニールフィルム(0.1mm厚)を配置し、気圧差を確保する。空気圧は、外気圧に対し室内圧を常時で30mmAqに保持するが、強風時または積雪時には、室内圧を90mmAqに増圧する。

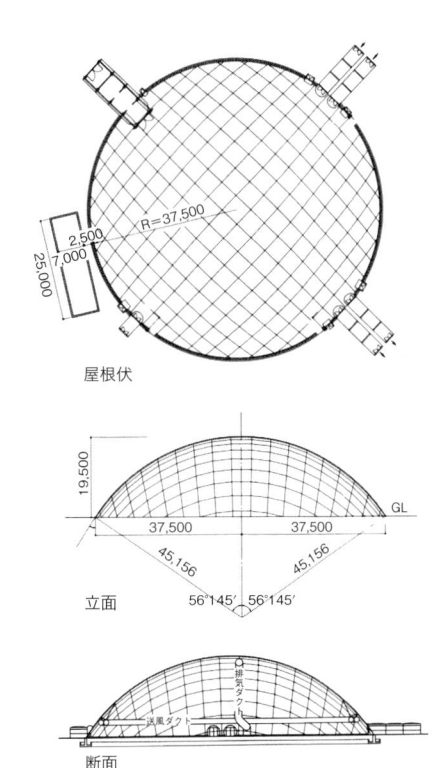

図2 第一ドーム

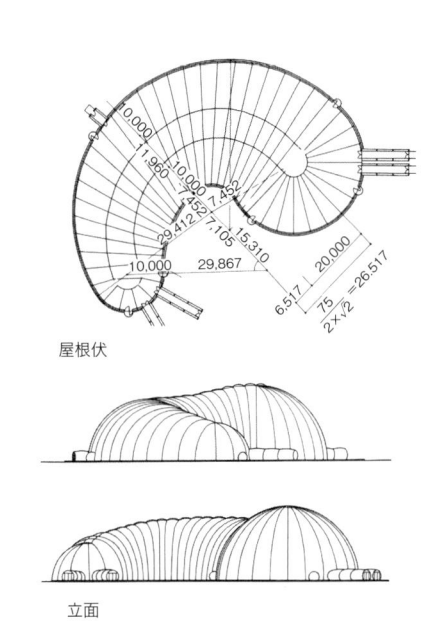

図3 第二ドーム

世界蘭会議パビリオン

(a) フィルム、メッシュ、ケーブルの地上展開

(b) ブローアップ開始

(c) ブローアップ中

(d) ブローアップ完了

図4 第一ドームの立ち上げ

図5 第一ドーム内観

内圧の管理

　第一ドーム、第二ドームとも、10分間の平均風速が建物頂部で15m/sを超えた場合には、室内圧をそれぞれ70、90mmAqに増圧し、強風に備えるものとする。風速計の位置はドームの影響を受けにくい場所が望ましいから、各ドームに対してそれぞれ50m離れた個所に、地上高さ10mの位置に設定した。ただし、設計では建物頂部高さ (19.5m) で平均風速15m/sと設定しているので、高さ10mでの平均風速に換算して、内圧管理上の風速とする。

　積雪時には、第一ドーム、第二ドームともに内圧を、それぞれ70、90mmAqに増圧して対処することとした。

ドームの建て上げ

　このパビリオンの2棟のドームは、いずれも立体裁断を一切用いていない。フィルムもメッシュも完全な平面図形である。外形は、それぞれ立ち上がりを考慮して、平面外形よりも大きく作り、プラン外周のRC基礎にアンカーする。補強ケーブルは要所を魚網と緊結するが、フィルムと魚網は、相互にフリーである。

　現場でのドーム工事は、土間コンクリート上に養生シートを敷き、その上にフィルム、魚網、補強ケーブルの順に展開することから始める (図4(a))。同図右上に見える円形フレームは、ドームの建て上げ後に接続するエアロック棟の一部である。

　フィルムと魚網の外周を建物周辺のRC基礎に固定し、次いで、ブロワーを作動させて養生シートと本体フィルムとの間の空間に送風すると、ドームはむくむくと起き上がり始める (図4(b))。その後ドームは、やや不安定な状態 (同図(c)) を経て、約1時間で最終形状に到達した(d)。膜材料の地上展開からブローアップにかけての雨や雪は、厄介なポンディングの問題を生じるので禁物である (前述)。

　以上、第一ドームについて、ブローアップのプロセスを説明したが、第二ドームもまったく同じように建て上げられた。

　完成した第一ドームの内観を、図5に示す。

立体裁断なしの空気膜構造4

経済的で造りやすいメッシュ＋メンブレン構造
温室、農業、遊戯施設

　今までの例で示したように、メッシュ＋メンブレン構造は、PVCフィルム、魚網（または工事用安全ネット）など、極めて安価な素材を使用し、立体裁断が不要で施工が単純であることから、経済性や工期、熟練作業者不足などへの対応に適した構造システムであるということができる。村田豊さんとの協働の中で、このような観点から行った試みについて、以下に述べる。

　図1は、水耕法農園の温室である。このような用途のドームでは、必要以上の高さは意味がないから、適宜間隔で屋根のワイヤロープの交点を下に引き下げ、風の影響を減らすと同時に、膜面に曲率を与えて応力を小さくする。このような位置では、当然、雨が溜まりやすいから、写真にあるようなドレインを設ける。

　同じようなドームは、魚の養殖池にも用いられる。冬季の池の水温を保つことにより、魚の発育を促進できるということで、養鰻池に用いられた例もある。

　図2は箱根小湧園に作ったプレイヒルである。曲面がソフトで弾力に富むため、子供たちにとって安全で楽しい遊び場を提供している。

図1　農業用ハウス

図2　遊戯施設プレイヒル

サステナビリティの高い空気膜構造は可能か

偏平金属膜の例

前節で述べたメッシュ＋メンブレン構造は、経済性、迅速性を目的にしたシステムで、耐久性や室内空間の繊細な質などは、あまり考慮していない。これとは逆の立場から、空気膜構造といえども、高いサステナビリティや住環境を重要視したものを造りたいという考え方があって当然である。このような場合の膜材料としては、ステンレス鋼やアルミ合金による金属薄板が有力な候補となる。

金属薄板の変形の限界

しかし、金属薄板による空気膜構造を考える場合、最も致命的な欠点は、現場成形時に生じる膜の大きな幾何学変形に、金属膜が柔軟に追随できないという問題である。たとえば、前節世界蘭会議パビリオンのドームの立ち上げプロセス（p.88図4）が示すように、膜は、地上展開からブローイングによるインフレーション過程を経て、最終形状をとるまでの間に、大きな局部的変形（主に2方向曲率変化）を経験する。メッシュ＋メンブレン構造は最もフレキシブルな膜であるから、地上展開の状態では「クシャクシャ」であっても、問題なく立ち上がる。通常の化繊膜やガラス繊維膜で厚みが大きいものになると、フレキシビリティは落ちるが、それでも湾曲部に必要な養生を施してやれば、問題なく立ち上がる場合が多い。

これに対して金属膜は、1方向の曲率変化（巻き取りなど）には追随できるが、2方向への変化は事実上不可能で、折れ線を生じ、折れ目に沿って材料が降伏したり、破断したりしてしまう。したがって、可能な金属膜の空気構造は、一般には平面に近い形状のものに限られる。

偏平金属膜構造の実例

このような偏平金属膜空気構造の実施例として、カナダ・ハリファックスにある、ダルハウジー（Dalhousie）大学のスポーツセンター（通称Dalplex）を挙げることができる（図1）。このスポーツ施設は、92m×73mのアリーナをカバーする、極めて偏平な空気支持構造で、造り方は、全面足場により仮設の水平面を作り、その上に1.6mm厚のステンレス薄鋼板を敷き並べ、相互に溶接した後、ブローアップするという方法をとっている。内圧は常時状態で38mmAq、このときのドームのライズは約3m

図1 ダルハウジー大学のステンレス膜屋根

である。屋根面の下300mmに保温、吸音用の天井膜を吊るし、降雪時には屋根膜と天井面の間に熱風を送って融雪を行っている。この建物は1979年の竣工で現在も供用されており、寿命に問題の多い北米地域の空気膜構造の中で、高いサステナビリティを示している。このスポーツセンターは、私の知る限り、現存する唯一の金属膜空気構造である。

偏平でない金属膜空気構造はできないか？

さて、金属膜による空気構造は、上例のようなフラットな形のものしか実現できないのだろうか？というのが、本節のテーマである。通常のエアドームのように、地上から立ち上がって、所要の高さを持つような形のドームが、金属空気膜構造で造れないか？という問題を考えてみたい。

そこで、まず、空気膜の偏平の程度と応力状態について検討しようと思う。

金属でつくる空気膜構造2

効率の高いエアドームの追求

しわなし最偏平空気膜曲面

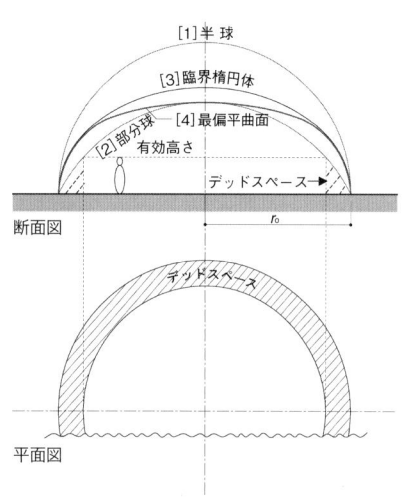

図1 空気膜最偏平曲面の可能性

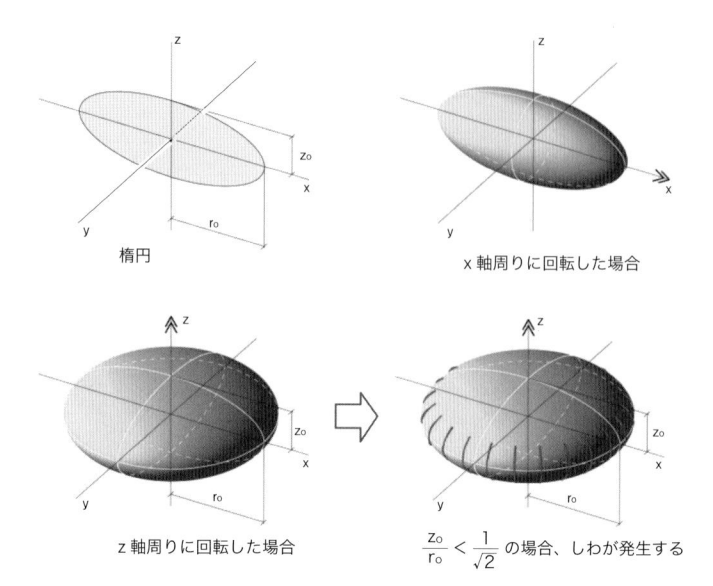

図2 2種類の空気膜回転楕円体

しわなし空気膜曲面の追究

　まず、円形プラン上のドームを、空気支持構造で造ることを考えよう。空気で膨らませた場合に、膜面にしわができてはよくないので、しわのよらない形を求める。膜の重さは軽いので、無視して考えてよい。このような条件でできる最も単純なドームは半球である(図1[1])。この形は、ボールの半分を使うわけだから、しわのよらない空気支持ドームとして成立することは明らかであろう。しかし、この形は、建築としては使いにくいことが多い。というのは、少しスケールの大きなドームになると、半球は高さがありすぎて膜材料の不経済や、空調の非効率、音響の悪さなどが、無視できなくなるからである。

　この問題を避けるには、必要高さを持つような部分球(同図[2])を用いればよい。しかし、このドームは周辺に傾斜があるので、ドーム周辺の内部空間では、利用上必要な有効高さがとれず、周辺に沿ってデッドスペースが生じる。この種のデッドスペースは、平面図から明らかなように、断面図で考えた場合の印象よりも無駄が大きいから注意を要する。

より合理的な曲面を求めて

　デッドスペースをなくするひとつの方法は、周辺で接線が鉛直になるようなドーム曲面を選ぶことである。周辺での立ち上

がりが鉛直で、天頂の高さが低い曲面の代表は、回転楕円体であろう。したがって、偏平な回転楕円体のエアドームを造れば、問題が全て解決しそうに思われるが、実は、そうはいかないのである。

2種類の回転楕円体

よく知られているように、回転楕円体には2種類あって、図2左上の楕円からスタートするとして、これをx軸、z軸いずれの周りに回転させるかによって、ラグビーボール型(右上図)と、お鏡餅型(左下図)の2種類の曲面ができる。ラグビーボールは、どのようなプロポーションでも、しわがよることはないが、お鏡餅型は、偏平すぎると、ドーム周辺にしわができてしまうのである(右下図)。しわができる条件は簡単に計算でき、図中に示すように、ドーム天頂の高さが、プランの半径の＝$1/\sqrt{2} = 0.707$よりも偏平になると、しわができてしまう。この限界ぎりぎりの形は「臨界楕円体」と呼ばれている(図1、断面図 [3])。

それでは、臨界楕円体より偏平で、しかも、しわのできない曲面は、世の中に存在しないのだろうか？　いや、ちゃんと存在するのである。私は1976年にこの曲面を解析的に見つけ、「最偏平空気膜曲面」("The Shallowest Possible Pneumatic Form")と名付けた。この曲面はドーム高さと平面半径の比が0.599で、臨界楕円体よりも15％以上偏平な曲面である。

パラシュートの最良曲面

その後、同じ問題を「パラシュートの最良曲面」という立場から、英国の研究者G. I. Taylorが1919年に研究していた(図3)ことがわかったが、この研究は第一次世界大戦中の軍事研究で、英国政府の航空諮問委員会内で提出された論文であったために、長い間、一般の目に触れることがなく、私もその存在を知らなかった。また、Taylorはこの問題の解を数値計算で求めたが、私は解析的方法を使ったので、両者は目的も解法も異なっていた。しかし、追求していたのは本質的には同じ問題であった。

さて、以上のようにして理論的に見つけた曲面が現実に存在するかということを、実験的に確かめる必要があると思われたので、次のような模型実験を行った(図4)。試験体は2個で、両者ともに厚さ0.075mmのポリエステル・フィルムを皮膜に用い、形も共に直径1mで高さ0.599(最偏平曲面のプロポーション)、違いは一方が最偏平空気膜曲面(図4上)、他方が回転楕円体(同図下)というものであった。

これら2個のバルーンに空気を吹き込んで膨らませた結果、

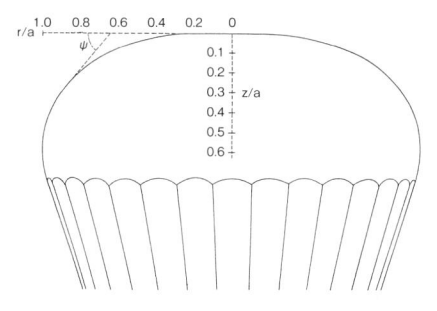

図3　G.I.Taylorのパラシュートの最良形の研究

図4　最偏平空気膜曲面(上)と回転楕円体(下)

図5 最偏平曲面の性質

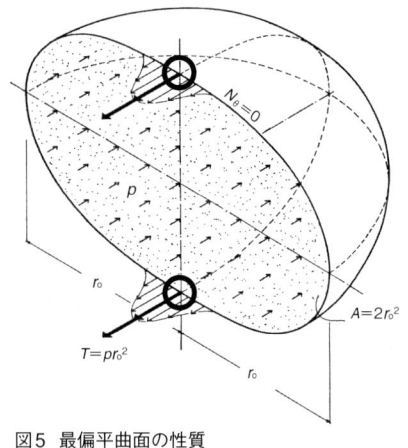

最偏平曲面ではしわができないのに対して、回転楕円体では、形が臨界値を大きく下回っているために、顕著なしわが発生し（図4）、上記の理論を裏付けることができた。

最偏平空気膜曲面の顕著な性質

この研究の大きな副産物は、次に述べるように、最偏平空気膜曲面が持つ、著しい特徴についての知見であった。

この曲面が内圧を受ける場合を解析して、すぐにわかることは、曲面のどの部分をとっても、フープ応力（緯線方向応力、すなわちたが（フープ）方向の応力：N_θ）がゼロだということである。

しかし、考えてみると、これは極めて不思議な現象である。図5に、この曲面の下半分を含むバルーンを、中心を通る鉛直面で半分に切った図を示す。切断面には、図示のように、内圧pが均等に分布しており、バルーンの半身を図の右奥方向に押している。このままでは、バルーンはこの力に押されて、右の方に行ってしまうだろう。

これを止めてくれるのが、膜の切り口に働くフープ応力のはずなのに、解析結果はこの応力がいたるところゼロだ、というのである。これでは、力の釣り合いが成り立たない。この解析は間違っているのだろうか？

極点の特殊な性質

実は、この理論は、極点（北極と南極、図中丸印）を除いて成り立つもので、これらの2点は例外的な性格を持つのである（特異点）。本例についていえば、切断面に働く内圧に釣り合う力は、この2点だけに集中力として作用しているのである（図5）。

この結果は、剛体としてのシェルの釣り合いという点では正しい解である。しかし、変形を伴う現実の構造では、こうはならない。膜の変形を考慮に入れて非線形解析を行うと、弾性体では上記の集中力に等しい合力を持つフープ応力が、極点の近傍に分布していることがわかる（同図）。

以上をまとめると、この研究で得られた知見は以下のようになる。

(1) 臨界楕円体よりも偏平で、内圧によりしわを生じない曲面が存在する（「最偏平空気膜曲面」）。このドームの天頂高さは、平面の半径の0.599倍（臨界楕円体では0.707倍）である。
(2) 内圧を受ける最偏平空気膜曲面では、フープ応力は天頂近傍に分布し、他の部分ではゼロである。

以上の知見は、研究上も有意義であったが、以下に述べるように、構造デザイン上も大きなヒントを与えてくれるものであった。

金属でつくる空気膜構造3

金属膜エアドームの発想と実験

金属膜空気構造（1979）

　本章のp.84で述べたように、空気膜構造、特に空気支持構造の皮膜材料としては、織布で代表されるように、両方向に曲がりやすい、フレキシブルな素材がもっぱら用いられてきた。ステンレスやアルミ合金の薄板など、サステナビリティや居住性の面では、織布よりも有利と思われる金属材料を用いた空気膜構造は、現在のところ例外的な存在にすぎず、p.90の例のような非常に偏平な（「浅い」）形状のものに限られている。

金属膜による「深い」ドームは可能か
　金属膜を用いた「深い」形の空気支持構造ができない主な理由が、前述のように金属薄板のフレキシビリティの欠如にあることはいうまでもないが、金属薄板といえども一方向の曲率変化にはかなりの程度追随可能であることは、板の巻き取りなどの例からも、日常的に経験するところであろう。
　そこで、この事実と、先に述べた最偏平空気膜構造の特性を考え合わせると、深い形の金属膜エアドームの可能性が浮かび上がってくるのである。
　すなわち、エアドームを、地球儀のように縦型の帯板で構成することを考え、ドームを最偏平空気膜構造の形で設計すると、完成時にも隣接する帯板同士の間には力（フープ力）が働かない。つまり、隣接の板同士を力学的に接合する必要がないから、（空気が逃げない措置さえ施せば）各薄板はばらばらの状態でよく、縦方向の曲率変化だけに追随すれば、ブローアップすることができるというわけである。

金属膜エアドームを作ってみる
　以上の考え方から、プランの直径20mの実験用金属膜空気構造を作成した。膜材料は厚さ0.3mmの極薄ステンレスシートで、表面は眩しくないようにエンボス加工が施されている。また、裏面には断熱、吸音のため、発泡ポリエチレンシート（4mm厚）をあらかじめ接着してある。
　図1に頂部Ⓐ、一般部Ⓑ、底部Ⓒの詳細を示す。
　設計のポイントとしては、まず、頂部に直径3mのスカイライトを設け、軽量形鋼のリングの内側に、採光用の透明ポリエステルフィルムを張っている（詳細Ⓐ）。このリングは、力学的には天頂（特異点）近傍の応力の確定に役立っている。

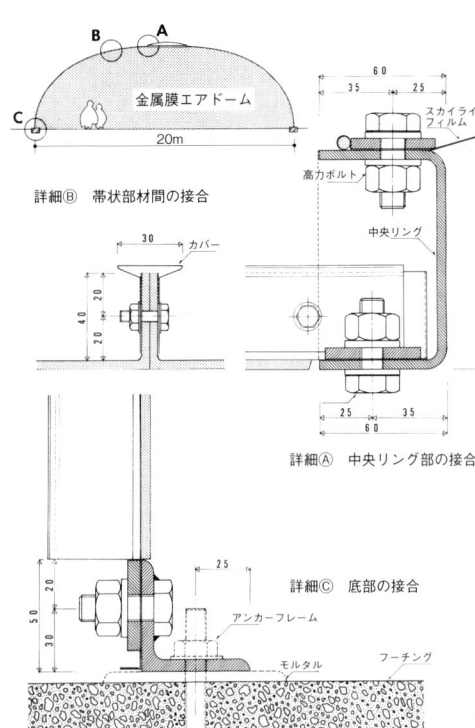

図1 金属膜エアドーム各部詳細

図3 ステンレス薄板の展開

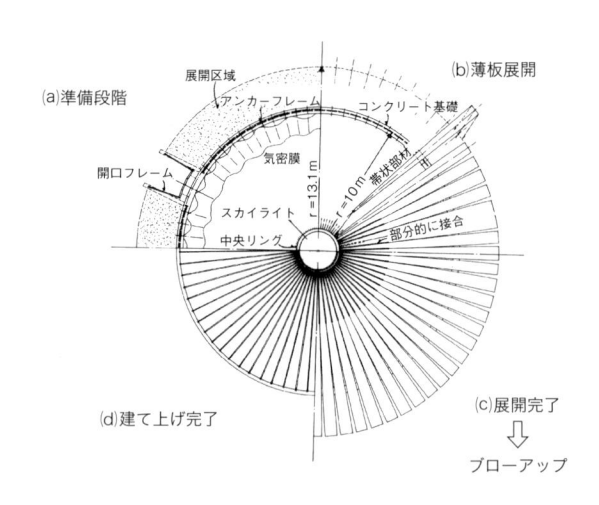

図2 金属膜エアドーム建て上げ計画

　帯板同士の接合（詳細Ⓑ）は、上述のように、力学的には必要ない。したがって、帯板の縁端は、ポリエチレンシートを付けたまま折り上げ、これに雨仕舞い用の瓦棒状のカバーを被せて普通ボルトで締める。締めつけのタイミングは、もっぱら作業能率で判断し、天頂付近では建て上げ時の変形が小さいから、この範囲の締めつけは、あらかじめ済ませておく。他の範囲では、帯板同士は接合せず、ばらばらの状態で地上展開する（図2）。

　建て上げの順序（図2）は、まず、気密用の安価な膜を敷き、寸法に余裕を持たせて（立体裁断は不用）ドーム終縁のアンカーフレームに固定し（同図(a)）、次いで、上述の方法で、帯板を地上に展開する（同図(b)、(c)および図3写真）。

　その後、気密膜の下に送風し、ブローアップを開始すると（図4(a)）、天頂は持ち上がり、帯板の周辺は中心に向かって移動する（同図(b)）。帯板の端部がドーム周辺のアンカーフレームに近づいた段階で、図1詳細Ⓒに示すように、帯板とアンカーフレームを高力ボルトで接合し、帯板同士の普通ボルトによる接合も完成させる（図4(c)）。

　最後に内圧を設計値（30mmAq）まで上昇させると、帯板に所定の張力が入り、ブローアップは終了する（図4(d)）。

　ブローアップ終了後、出入り口用の回転ドアをとりつけ、ドーム内面の気密膜を撤去すると、金属膜エアドームが完成する（図5(a)）。梯子、ロープなどを使ってドームによじ登ることは、容易である。「空気は力持ち」を感じる瞬間である。

　図5(b)にスカイライト周辺の状況を、同図(c)にドーム内観を示す。発泡ポリエチレンの内張りは、十分な断熱、吸音効果を示した。

(a)ブローアップ開始

(b)ブローアップ途上

(c)周辺定着

(d)最終内圧

図4 ドームのブローアップ

(a)金属膜エアドーム外観

(b)スカイライト周辺

(c)ドーム内観

図5 完成した金属膜エアドーム

金属膜空気構造

骨組み膜・ケーブル膜構造

空中のアーチに膜を張って空間を構成
つくば科学博覧会外国展示館（1985）／弁天町パラディッソ（1990）

図1 つくば科学博覧会外国展示館概観

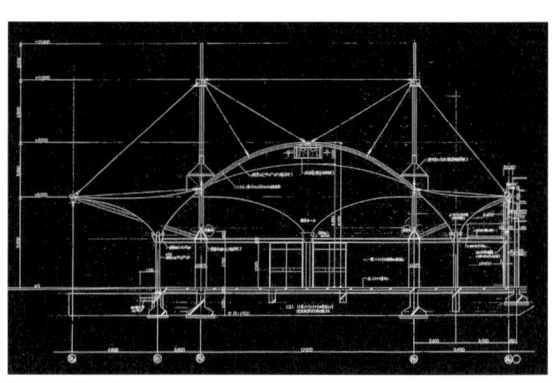

図2 同断面図

図3 同外周近景

図4 同内観

空気を用いない膜構造

　以上述べてきたように、膜と空気の組み合わせは、多くの建築的演出を可能にしてきた。

　しかし、膜材料だけでも、十分な張力を与えれば、ある程度のスパンをカバーする能力があるから、しっかりした境界構造の間に膜を張って空間を構成するシステムもよく使用される。サーカステントなどを含めると、歴史的にはむしろ、この形式の膜構造の方が古いといえよう。境界構造としては、鉄骨造の骨組みとケーブルが、最も多く用いられる。

　これらの骨組み膜構造、ケーブル膜構造は、空気を用いないので、ブロワーや気圧調整用の施設が要らず、空気漏れやエアロックの配慮も不要という点で、通常の建築の概念に近い考え方による設計が可能である。

　図1に示す、つくば科学博覧会外国展示館は、このような例のひとつで、建築設計は槇文彦さんである。この展示館を構成している数棟の建物は、いずれも膜構造の屋根を持ち、境界構造は鋼管アーチとケーブルである。

　アーチは、一定間隔で建てられたポールの先端から立体的に吊られて空中に浮かんでおり、形はアーチであるが、スラストを生じない（図2　断面図）。建物周縁の庇の先端にはケーブルが走り、この部分の膜構造に対する境界を与えている（図3）。建築表現上、空気膜構造と異なるのは、この写真が示すように、膜の厚み（薄さ）とダイナミックな曲率変化が、直接読み取れる点にある。図4は展示館の内観を示す。

図5 弁天町パラディッソ概観

図6 同屋根近景

　骨組み膜の次の例は、大阪港区の弁天町にあるアミューズメント施設「弁天町パラディッソ」の屋上に設けられた屋根つきプール複合施設である（図5）。

　海が近いので、波をイメージしたファサードにしたいということで、屋根は円弧を要素とする推動曲面をユニットとして造形された。建築設計は昭和設計。

　前例と同様に、隣接するアーチの中間に鋼管柱を立て、柱頭から立体的にアーチを吊って安定な境界構造を作り、その間に膜を張って屋根を構成している（図6）。

　図7は、プールの内観を示す。

図7 同プール内観

骨組み膜、ケーブル膜の特徴

　ここで述べた2例は、鉄骨アーチなどの骨組み、またはケーブルを境界構造として、それらの間に膜を張って屋根面を構成しており、骨組み膜、ケーブル膜などと呼ばれている。

　本章の前半で述べた空気膜構造と比べると、これらの膜構造は、かなり異なった性質を持っているので、以下に述べておく。

　まず、膜に張力を与えるメカニズムが異なる。

　空気膜構造では、膜をやや緩んだ状態で境界構造に固定し、ブロワーなどによる送風で、膜の両側に気圧差を作り出すことによって、膜面に曲率と張力を生じさせる。これに対して骨組み膜、ケーブル膜では、膜を境界構造に固定する作業のプロセスで、治具を使って機械的に膜に張力を導入する。この時の緊張作業の精度は、膜の張力に大きく影響する。

　でき上がる曲面の形も大きく異なる。空気膜構造では、膜の形状は一般には膨らんだ形（負圧の場合は凹んだ形）になるが、そうでない曲面（1方向に凸、それに直角方向に凹、つまり鞍形）も可能である。これに対して骨組み膜やケーブル膜では、可能な曲面は鞍形のみに限られる。膜の境界構造への取り付けのディテールに関しては、空気膜構造では常に気密性を意識することが必

須であるが、他の方式では力の伝達のみを考えればよい。

　さらに大きな違いは、完成後の挙動に現れる。膜材料は一般に高分子材料を含むから、材料のクリープの影響を受ける。空気膜構造では、これは変形の増大（クリープ変形）という形で現れるが、その構造的影響は一般に小さい。これに対して、骨組み膜やケーブル膜では、膜材料のクリープが応力弛緩（リラクゼーション）という形で現れ、これは、膜の耐風挙動に敏感に影響することがあるので、竣工後の「増し締め」が可能なディテールが必要な場合も少なくない。

　膜構造の方式の選択に当たっては、以上のような認識を持って判断する必要がある。

第 4 章

つくり方をデザインする

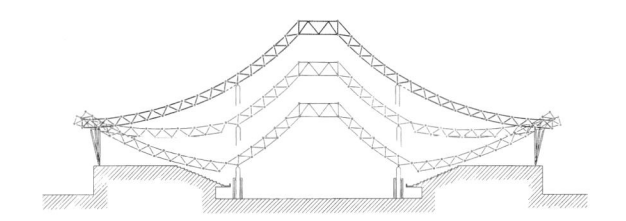

はじめに

　構造設計の目的は、言うまでもなく、安全で合理的な構造をつくることにある。合理的というのは、特別の場合を除き、経済的と言い換えることができるから、安全で経済的な構造をつくるのが構造設計の主目的であると言ってもよいであろう。

　ところで、構造の経済性は構造体に直接必要な材料のコストばかりではなく、それをどのような方法でつくるかに大きく左右される。特に大空間構造の場合には、通常、膨大な仮設足場が必要であり、かつ、高所作業も多いので、でき上がった構造が同じでも、つくり方が適切でないと著しく経済性を損なう場合が少なくない。逆にいえば、構造のつくり方を含めたデザインが巧みに行われると、安全で経済的な構造体をつくることができる。

つくり方をデザインする

　また、つくり方の違いは、経済性ばかりでなく、工期、作業安全性、作業環境の質、さらには、でき上がった構造の品質などにも大きな影響を与えるから、この意味でもつくり方のデザインは、極めて大切である。通常の建物であれば、施工者が、過去の経験に基づいて適切なつくり方を見出すのにそれほど困難はないが、大空間構造の場合には、構造の特性を施工者が的確に把握するのは必ずしも容易ではないから、構造の性格やスケールを最もよく知っている立場にある構造設計者が、つくり方を含めた設計をするのが、最も自然で合理的であろう。

　このような観点から、これまで私が造ってきた大空間構造のつくり方を振り返ってみると、大空間構造の合理的なつくり方として、リフトアップ工法がひとつの有力な手段であるように思われる。リフトアップ工法では、構造物の組み立てや仕上げ工事をできるだけ多く地上で行い、これをリフトアップする。その目的は、作業の多くを安全で効率の高い地上で行い、高所作業を極力減らそうという点にある。

リフトアップにおけるメタモルフォーゼ

　リフトアップ工法で最も重要な事柄のひとつは、所定の高さに到達した屋根構造を、いかに早く、安全、スムーズに最終の支持状態に移行させるかということであろう。

　このプロセスは、昆虫の一生に例えると、「羽化」の瞬間に相

当する。羽化は、地上を這いずり回っていた幼虫が羽を与えられ、飛翔して成虫としての新しい生活に入る瞬間で、メタモルフォーゼ(変態)の典型である。私は屋根がリフトアップされて本来の構造システムに移行する過程を、昆虫の変態になぞらえて、「メタモルフォーゼ」と呼んでいる。羽化は昆虫の一生の中で最も輝かしい瞬間であるが、同時に最も無防備で、天敵に襲われやすく、最も危険な瞬間でもある。

　それは、リフトアップされた屋根構造についても同じである。このタイミングに、たとえば地震や台風に見舞われることは、極めて危険なので、この仮設から本設への遷移の時間を、できる限り短縮し、さらにはメタモルフォーゼの瞬間にも無防備にならない手法を発見することは、構造物のつくり方のデザインの中で最も大切な要件であると考えた。

　このことは、つくり方のデザインを考える上で、つねに中心的課題であり、これから述べるパンタドーム構法の発想につながるヒントでもあった。

パンタドームの発想

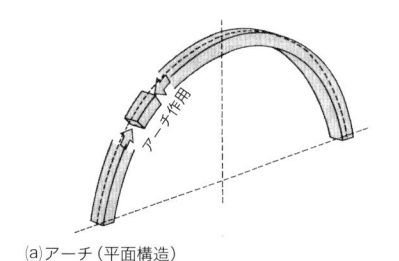

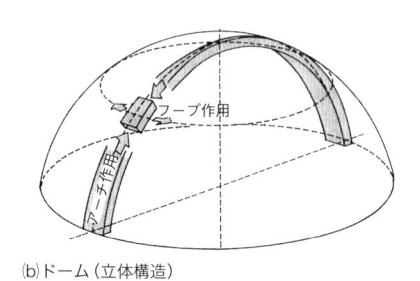

(a)アーチ（平面構造）

(b)ドーム（立体構造）

図1　アーチとドーム

　上述のように、大空間構造の設計においては、つくり方が重要な役割を占める。そして、第1章で日本万博お祭り広場大屋根やポートアイランド・スポーツセンターについて述べたように、大空間構造の建設にはリフトアップ工法が非常に有効であることが認識される。ただ、これら2例はいずれも大屋根の形が単純で、地上で屋根をほぼ完成させて、そのまま上方に平行移動させればよいのであるから、その手法は容易に発想できる。

　より複雑な形態、たとえばドームのようなものにも、リフトアップ工法の利点を適用できないかという発想には、ある種の飛躍を伴う考え方が必要であった。

ドームの強さと不便さ—パンタドームの発想

　第3章で、ドームでもフープ作用の生じない特殊な状態があり、その状態では、ドームの変形の自由度が非常に高いことを知った。フープ作用の働かないドームといえば、それは、アーチの集合に他ならない。そこで、アーチとドームのメカニズムの違いについて、まず考えてみることにする。

　図1にアーチとドームを示す。図の(a)はアーチ。アーチに荷重が作用するとアーチ材には図中の矢印が示すような圧縮力が生じ、この力で荷重を支持する（アーチ作用）。このアーチに4個以上のヒンジを与えると、アーチは不安定になる。不安定というのは荷重を支えるという目的からは大変不都合であるが、アーチの形を変えたり、折りたたんだりするのには好都合である。一方、図の(b)にはドームが示してあるが、ドームに荷重がかかると、アーチ作用のほかにフープ作用が働く。この両作用があるため、ドームはアーチに比べてはるかに変形しにくく、荷重の支持能力も高いのである。しかし、このドームをたたもうとすると、これは容易ではない。第一、ドームにはヒンジを作ることができない。

　しかし、部分的にドームのフープ作用を断ち切り、ドームでなくしたらどうだろうか。ドームはたためるのではないだろうか？

　このことを図2で説明しよう。この図はスペースフレームで構成されたドームである。図中の伏図で同心円状に描かれているのは、フープ材である。このうち、第2ヒンジライン上にあるフープ材（破線）を一時的に撤去すると、ドームは同図の断面

断面図

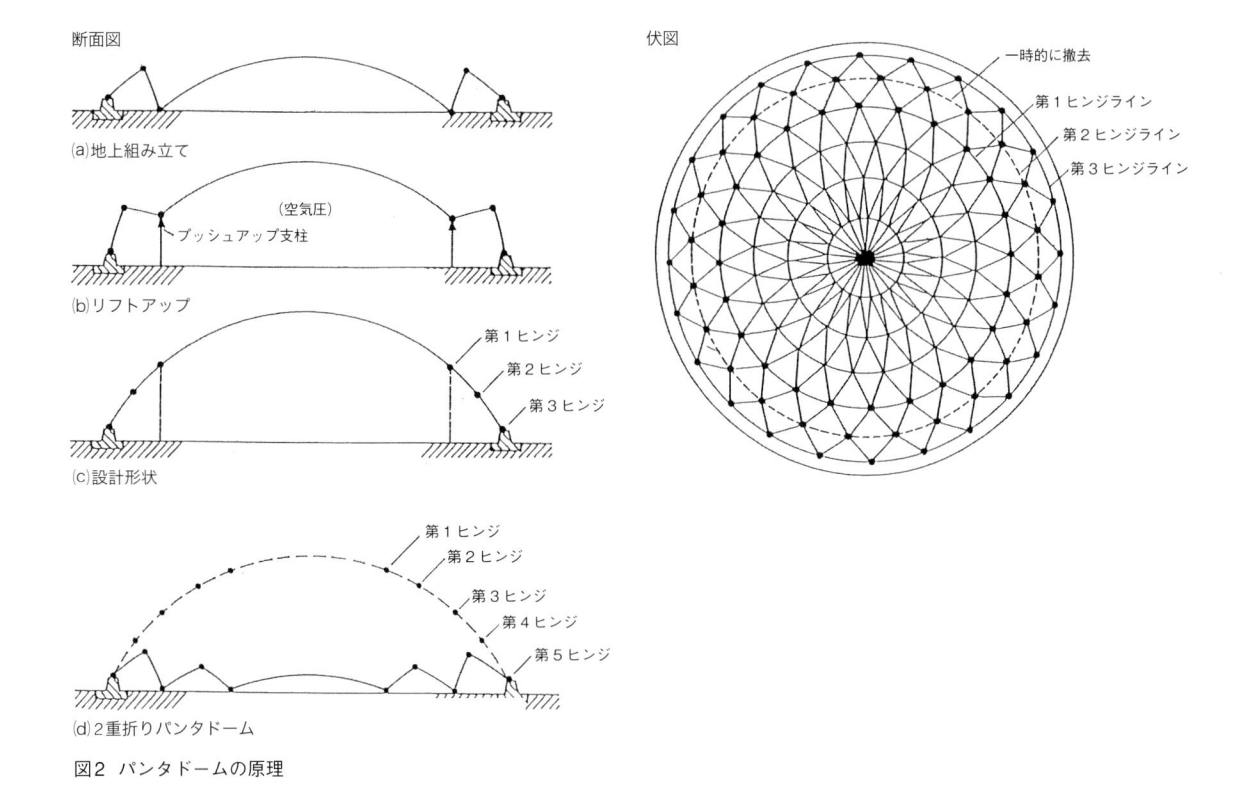

(a)地上組み立て

(b)リフトアップ
プッシュアップ支柱
（空気圧）

(c)設計形状
第1ヒンジ
第2ヒンジ
第3ヒンジ

(d)2重折りパンタドーム
第1ヒンジ
第2ヒンジ
第3ヒンジ
第4ヒンジ
第5ヒンジ

図2 パンタドームの原理

伏図
一時的に撤去
第1ヒンジライン
第2ヒンジライン
第3ヒンジライン

(a)のようにたたむことができる。逆に、(a)図のような状態でドームを組み立て、仮設のプッシュアップ支柱を使って、(b)、(c)のようにリフトアップすることができそうである。

ドームが最終形状までリフトアップされたら、撤去してあった第2ヒンジライン上のフープ材を所定の部位に取り付けると、ドームは完成し、仮設支柱を取り除くことができる。この方法だと、ドームは地上に近いレベルで組み立てられるので、安全に作業を行うことができる。リフトアップは、上のように仮設支柱を用いてもできるが、ドーム内に空気を送り込むことにより、空気圧で持ち上げることも可能である。また、もし(a)図のように1回たたんだだけでは組み立てレベルがまだ高すぎるようであれば、ドームを2回たたんで、(d)図のような状態からスタートすることもできる(二重折りパンタドーム)。

上記の発想を、具体的な3次元の動きとして検証するために行った模型実験を、図3に示す。(1)は地上での組み立て完了の状態、(2)はリフトアップ中、(3)はドーム頂が所定の高さに達し、設計形状になったところである。

この段階までは、第2ヒンジラインのフープ材を取り外してあるので、第2ヒンジ間相互の距離は自由に変わることができ、(1)の折りたたみの状態から(3)の設計形状まで、ドームがまったく無抵抗に、形を変えながらリフトアップされることがわか

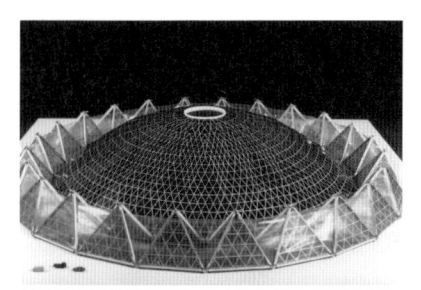

(1)地上組み立て

(2)リフトアップ

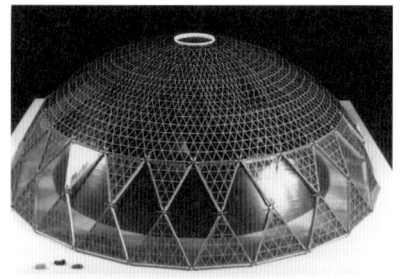

(3)設計形状

(4)フープ材取り付け→ドーム完成

図3 パンタドーム原理の模型による確認

表1 パンタドーム構法の主な実施例

名称	ワールド記念ホール	シンガポール・インドア・スタジアム	サンジョルディ・スポーツ・パレス
形状および規模　プラン中○印はプッシュアップ位置を示す	110m	200m	128m
竣工	1985年	1989年	1992年
屋根面積	7,700 m²	14,000 m²	12,000 m²
屋根重量	1,680 t	2,600 t	3,000 t
鋼材重量	760 t	1,250 t	950 t
揚程	20 m	20 m	32 m
押上点	18	12	12
特徴	初例　小判型平面	菱形平面　外国	特殊形状　外国

るであろう。

　ここで大切なことは、どのヒンジも、回転は単純な1軸回転で、球面ジョイントなど、複雑なディテールを必要とする回転は、一切生じないということである。

　(4)では、それまではずしてあった第2ヒンジラインのフープ材を所定の位置に接合する。そうすると、ドーム構造は完成し、仮設支柱を撤去することができる。

パンタドーム構法の2つの特徴

　以上のようなドームの構築法を「パンタドーム構法」と名付けた。パンタドーム構法はひと言でいえば、ドームを地上で不安定な形に組み立て、その不安定さを利用してドームをリフトアップする方法だということができる。しかし、不安定なドームというだけなら、他にいくらでも考えられる。パンタドーム構法が特別に存在理由をもっているのは、この構法に次のような大きな特徴があるからである。

　第一の特徴は、リフトアップ中のパンタドームは自由度が1の不安定構造だということである。もっとわかりやすく言えば、ドームのリフトアップスピードが各点同じであるという条件を

サンドーム福井	なみはやドーム	なら100年会館	下松石炭中継基地	バレンシアの闘牛場
116 m	126 m	138 m	250 m	102 m
1995 年	1997 年	1998 年	2001 年	2007 年
10,500 m^2	11,000 m^2	6,500 m^2	41,000 m^2	8,100 m^2
5,430 t	4,690 t	4,660 t	7,500 t	736 t
2,770 t	1,160 t	—	6,500 t	560 t
28 m	29 m	14 m	30 m	17 m
8	16	32	14	44
円平面 豪雪地	傾斜揚重	PC部材	巨大面積 軽量	自昇式 外国

満足するように揚げれば、ドームはリフトアップ方向には無抵抗で追従するが、そのほかの方向には動くことができないという特性を持っている。すなわち、パンタドームはリフトアップ途中の、どの瞬間に地震や台風に襲われても、十分な抵抗力を持っており、これらの外乱に備えるための仮設のブレースや、ステイなどは、一切不要である。その結果、現場の作業者たちは、地震や風を心配しないで、リフトアップ作業に専念できる。

このようにパンタドームは、リフトアップ中は不安定だといっても、その動きはコントロールされた方向に限られている。このような「コントロールされた動き」は、相似形を描くための製図器である「パンタグラフ」や、電車の屋根についているパンタグラフ型の集電装置の動きと共通の概念なので、「パンタドーム」と命名したのである。この特徴が実際の構造物でどのように発揮されているかは、個々の実施例で説明しよう。

パンタドーム構法の今ひとつの特徴は、でき上がったドームには温度応力が生じないということである。一般にパンタドーム構法では、ドームが完成した後もヒンジは固定せず、ヒンジとしてそのまま残す。その理由は、その方が手間がかからないということもあるが、実はそうすることでドームの温度変化に

伴う変形が自由に行われ、その結果、ドームや支持構造に温度応力が生じないからなのである。第1ヒンジはドームが完成すると屋根骨組みの中に取り込まれるから回転しないが、第2、第3ヒンジが機能して、温度変化に伴うドームの自由な「呼吸」を助けるのである。

このように、パンタドーム構法は、はっきりした特徴を持った構造システムであり、単なる建て方用の工法ではない。パンタドーム「工法」ではなく「構法」と名付けているのは、そのためである。

パンタドーム構法の主な実施例

これまでに実施されたパンタドーム構法の主な実施例を、表1に示す。これらはいずれもスパン100mを超える空間構造である。これらの実施例は、表中の図からわかるように、平面も断面もそれぞれに異なった形状をしている。共通しているのは、いずれの構造も「ドーム作用」を持っているということ、つまり、完成状態では、アーチ作用とフープ作用が協力して、荷重を支持するという、立体性の高い構造である。このような、一見、リフトアップできそうにない性格をもつ構造群が実際にリフトアップされるということに、パンタドーム構法の意味がある。

表中の「ワールド記念ホール」は最初のパンタドーム実施例で、前に述べたポートアイランド・スポーツセンターの隣に建設された。建築設計は昭和設計である。「シンガポール・インドア・スタジアム」は、丹下健三先生の建築設計である。バルセロナ・オリンピックのために造られた「サンジョルディ・スポーツ・パレス」は、磯崎新さんの建築設計で、丸みのついた四角形平面を持っている。「サンドーム福井」は円形プランを持つ堆雪型ドームで、岡崎甚幸さんの建築設計である。「なみはやドーム」は昭和設計の建築設計で、ドームの赤道が水平でなく、傾斜しているのが特徴である。「なら100年会館」は磯崎新さんの建築設計で、細長い楕円平面、切り立った外壁が特徴である。「下松石炭中継基地」はいわゆる産業構造物で、日石菱油エンジニアリングの設計、屋根は膜仕上げであるがカバーする面積は非常に大きく、4万m^2に達する。2007年竣工のスペイン・バレンシア州のXativa（ハティヴァ）闘牛場の屋根工事は、従来とは異なる、新しい「自昇式パンタドーム構法」で造られた。建築設計はバレンシアのcmd社である。

以下、それぞれの実施例について、特徴を述べる。

パンタドーム第1号
ワールド記念ホール（1985）

図1　建物概観

図2　内観

　長径110m、短径70mの小判型平面を持つワールド記念ホール（図1, 2）は、1985年のユニバーシアード開催に合わせて造られた施設で、第1章で述べたポートアイランド・スポーツセンターと隣接する敷地に建設された。このホールはパンタドーム第1号ということで、特別な存在意義を持っている。建築設計は昭和設計である。

施工者の説得
　この建物の建設で私が最も苦心したのは、パンタドーム構法という新しい構法の採用に踏み切るよう、施工者を説得することであった。それまでのリフトアップの経験や、上に述べたような実験、解析などを通じて、パンタドーム構法の長所を説明する準備は十分にできていたし、この構法をワールド記念ホールに適用した場合のジョイント位置や施工順序、施工中の変形、応力、ディテールなど、全てについて詳細な資料を作り、施工担当者たちに説明をし、協議をしたが、なかなかその気になってもらえなかった。
　現場の施工責任者の気持ちは私にもよく理解できた。彼は、技術者の一人としてパンタドーム構法をよく理解し、個人的には大きな興味を示してくれた。しかし、施工担当責任者としての彼の立場は、また別である。この建物はパンタドーム構法でなくても、在来の方法で「普通に」造ることができる。仮設足場が膨大だといっても、その量は過去の経験から確信をもって積算することができる。高所作業も安全策を講じれば、まず問題なくやれるであろう。また、工期も今までの実績から、精度

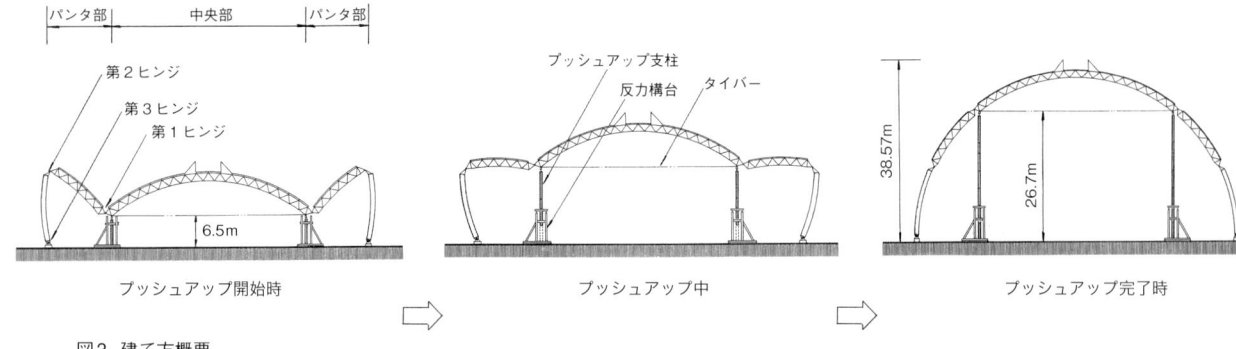

図3 建て方概要

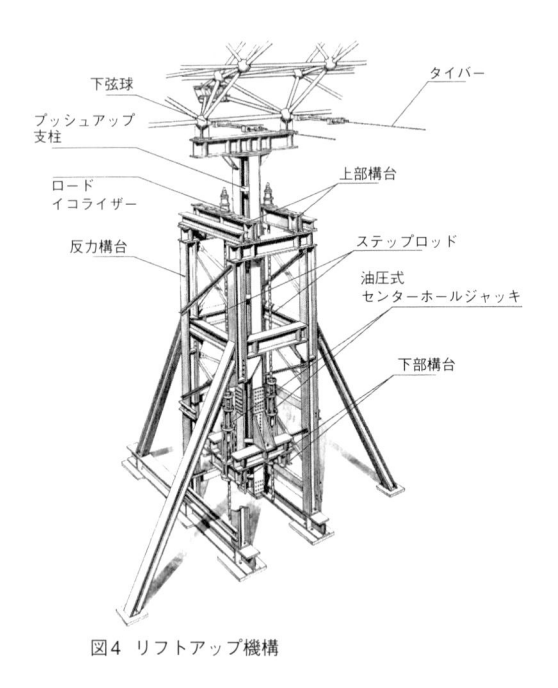

図4 リフトアップ機構

よく予測することが可能である。

一方、新しい構法は、どこにどのような費用と手間がかかるのか、ゼロからスタートして検討しなくてはならない。それに新しい未経験の手法は、不測の問題に遭遇する危険もないとは言えず、最悪の場合、施工不能に陥らないという保証はない。そんなことを言っていたのでは技術の進歩はない、などと言っても、会社を背負っている担当者の立場としては、万が一にも会社に迷惑がかかるかもしれない方法は、それがいかに合理的だと言われても採用できないと考えるのが、むしろ当然だと思われた。

社長の決断

私はこの構法の採否は、施工現場の担当責任者が判断・決定するには問題が大きすぎるのではないかと考えた。そこで施工会社の社長さんに手紙を書き、その中でパンタドーム構法の中身を詳しく説明し、この構法を採択することをお勧めした。この社長さんは非常に見識の高い方で、ご専門が建築ということもあって、私の提案を自ら、つぶさに検討され、この構法の価値を十分認識された上で、この方法で工事を進めるよう社内に指示をして下さった。

もう30年以上も前のことであるから、読者のご了解が得られるものと考えて実名を披露させていただくと、このときの施工会社は竹中工務店、パンタドームの採用を社内に指令して下さった社長は故竹中錬一氏であった。これでワールド記念ホールの現場の担当者たちも、何の迷いもなくパンタドーム構法による作業に進むことができ、その結果、工費、工期、品質、作業安全の全ての面で、非常に満足のできる成果を挙げることができたのは、幸いであった。

リフトアップのプロセス

図3はこの架構のパンタドームとしての建て方を示す断

面図である。組み立てレベルはもっと下でもよかったのであるが、作業用のトラックが組み立て中の骨組みの下を自由に移動できるようにしたいという施工上の理由から、この高さ(6.5m)になった。図4はリフトアップ機構を示している。仮設の反力構台の頂部から2本のステップロッドを垂らし、その下端にセットした油圧式のセンターホールジャッキがこれをよじ登る。ジャッキは下部構台を通じてプッシュアップ支柱を押し上げ、リフトアップが行われる。

リフトアップは3.6mごとに仮設支柱を継ぎ足して、尺取虫の原理で合計約20mの高さまで持ち上げる。

図5はパンタドームのリフトアップのプロセスを示す。これらの写真から、リフトアップの進行につれて、隣接するセグメント間のフープ方向のギャップの大きさが変化するのがよくわかると思う。ドームが所定の高さに達すると、このギャップがゼロになる。そこでセグメント同士を接合してやると、ドーム構造は完成である。

耐震性

ワールド記念ホールは、竣工後11年目の1995年に、兵庫県南部地震に遭遇した。隣接するポートアイランド・スポーツセンター(第1章)と同様、震央が極めて近く、所在地(神戸市中央区)では震度7を記録したが、本建物では構造的被害は皆無であった(非構造材の被害としては、スピーカー(2t)の昇降用ワイヤロープが切れて落下するという出来事があった)。

(a)フレームの地上組み立て

(b)リフトアップ開始

(c)リフトアップ途上

(d)リフトアップ完了、セグメントの接合

図5 パンタドームリフトアップのプロセス

海外初のパンタドーム構法実施例
シンガポール・インドア・スタジアム（1989）

図1　建物概観

図2　内観

　シンガポールの中心から北東約3kmのところに、カラン地区と呼ばれる、かなり広い地域があり、シンガポール政府はここにスポーツ・文化施設を整備しつつあって、インドア・スタジアムもその一環として造られた（図1, 2）。内容は3,000m²のアリーナと12,000席の観客スタンドおよび付属施設である。建築設計は丹下健三先生、構造は大屋根部分を私が、下部RC構造部分を織本構造設計研究所が設計した。

協働の発端

　私がこの建物の構造デザインに携わることになった経緯について、丹下先生は1987年の初頭に次のように述べておられる。「シンガポールは……スタジアムを建ててマルチ・パーパスに利用したいという考えが昨年頃からでてきました。……構造を川口衞さんにやっていただいております。代々木のオリンピック屋内競技場の時はメイン・ケーブルやサブ・ケーブルを張るのに足場を使っていなかったので、主構造は非常にきれいに施工ができましたが、天井の内装工事のために足場を組まなくてはならないということで、室内中ジャングルジムのように足場が組まれ、大変馬鹿げていたのを覚えています。そこで屋根全体の作業を下でして、それを上に上げて施工ができないか考えました。そんな時に川口さんが新しいアイデアを出してくれました。……」（丹下健三「建築論壇—シンガポールでの設計活動」『新建築』1987.1）

　つまり、私が提案していたパンタドーム構法に、先生は目を付けられたわけである。これは、丹下先生が建築家として、単

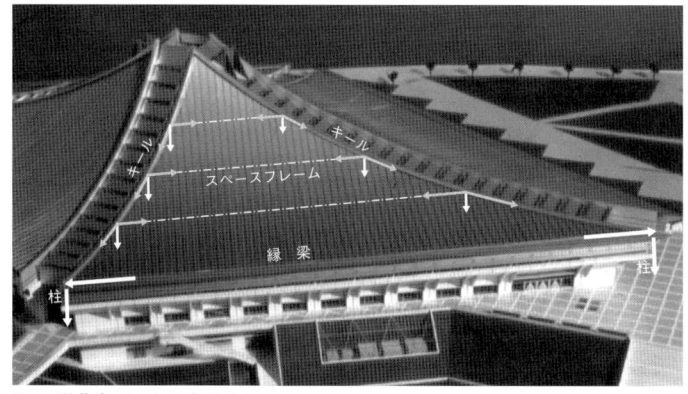

図3 逆曲率ドームの力の流れ

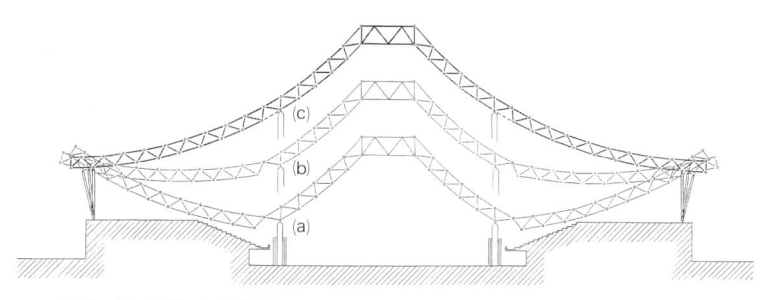

図4 パンタドームの適用

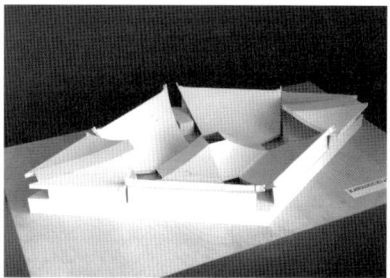

(a) 地組み

(b) リフトアップ中

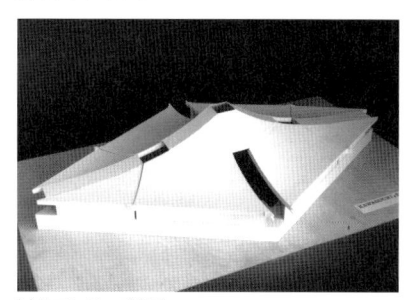

(c) リフトアップ完了

図5 エレクション・スタディ（紙模型）

に自分の欲しい形の建築ができれば満足だというのではなく、建築は合理的でエレガントな手法で造られるべきである、と考えておられたことの現われといってよいであろう。

菱形のドーム

この建物の平面は対角長が200mと120mの巨大な菱形で、スペースフレームの曲面大屋根で覆われている。屋根の基本形状は、プランの菱形の一辺を母線とする、内側に凸の4個の円筒曲面で構成され、その屋根が菱形外周の直線沿いに等間隔に配置された柱列で支持されている。このような屋根曲面は、中央に支柱を持つサスペンション構造としては見慣れた形態だが、周辺で支えられたドームとしては、極めて珍しいフォルムである。

このような形の曲面構造が、全体としてすぐれた立体効果を発揮できるかという問題は、慎重な検討を必要とした。この問題は、解析と紙模型を用いて検討したが、その結果、インドア・スタジアムの構造は次のような性質を持っており、立派にドームとしての効果を発揮することがわかった。

ドームの構成

まずこのドームの構成であるが、屋根の稜線（プラン上対角線）をなしている部材はキール（竜骨）材としてここに力を集めるこ

(a)地組み中

(b)エレクション中

(c)エレクション完了

(d)完成

図6 リフトアップの実際の状況

ととし、屋根下端には菱形平面の周辺に沿った水平のテンション材を配置する。そうすると、屋根面の力の流れとしては、まずスペースフレームの円筒曲面が、屋根荷重をその面内で母線方向にキール材まで伝達し、その力は今度はキール材に沿って、菱形平面の頂点まで下降する。ここで力の鉛直成分は柱に、水平成分は上記のテンション材によって処理される。キール材は全長にわたって両側の屋根面により立体的に拘束されるので、キール材に大きな曲げが生じることはない(図3)。

パンタドーム構法の適用

つぎにこの大屋根構造に対するパンタドーム構法の適用であるが、図4に示す方法で行った。しかし、この建物では、ドー

ム中央部では屋根面が高く、アリーナ面が低いので、この部分の相対高さは30mあるが、長手両端部付近では屋根が低く、かつ、床レベルが高いので、相対高さは低く、この部分の屋根の建て方は在来工法で行う方が簡単であり、合理的である。したがって、図5のスタディ模型が示すように、パンタドーム構法は、リフトアップ揚程の大きな大屋根中央部のみに適用することにした。すなわち、大屋根の長手両端部は、中央部リフトアップの前に在来工法で造り、中央部が揚がってくるのを待って接合するように設計した。

インドア・スタジアムの境界構造は菱形の4辺であるが、これらは直線であるため、パンタドームに必要な部材間のギャップは、この間には生じない。菱形の頂点部だけにギャップが集中して作られる。リフトアップの実際の状況を図6に示す。リフトアップ中は柱列が大きく外側に傾斜するのがわかる。

ドームが所定の高さに達すると、柱は全て鉛直になる。そこで、菱形外周材の6ヵ所のギャップに部材を追加して接合すると、ドームの主構造は完成する。

ドームの建て方工事は非常にスムーズに進行し、リフトアップが完了した翌日、地元新聞は「インドア・スタジアムは予定より早く竣工予定」("Indoor stadium will be ready ahead of time")という大見出しで、工事の順調な進捗を報じ、スケジュールより2週間早く完工の運びになったと解説していた(*The Straits Times*, March 1, 1989)。

シンガポール・インドア・スタジアムは、同島スポーツ・ハブ施設の中心的存在として、現在も各種イベントに盛んに用いられている。

スペインでの実施例1
サンジョルディ・スポーツ・パレス（1992）

図1　建物概観

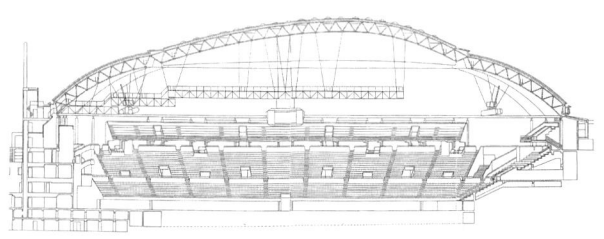

図2　内観

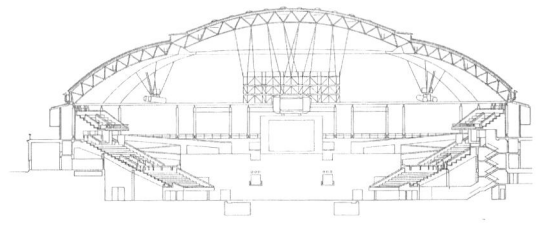

図3　メインアリーナ断面図

　サンジョルディ・スポーツ・パレスは、1992年のバルセロナ・オリンピックのために建設された屋内スタジアム。1983年に行われた国際コンペに当選、実現したもので、建築設計は磯崎新さんである。

　建物の規模は観客数17,000人で、128×106mの丸みを帯びた四辺形のプランを持ち、アリーナ面から屋根頂部までの高さは45mである（図1、2）。

つくり方を反映したデザイン

　この建物にパンタドーム構法を適用するに際して、建築家の磯崎さんは、その建設手法を建築の表現にも反映したいという願望を持ち、ドーム屋根のリフトアップ中の一コマを、そのまま最終形状にしたような屋根形態が欲しいということであった。検討の結果、そのような屋根形態は構造の経済性をほとんど損なうことなく実現できることがわかったので、図3に示すような断面形状の屋根を、パンタドームとして設計することにした。

　さらに、リフトアップ中のパンタドームの形状と動きを彷彿させるように、大屋根のヒンジライン沿いと、リフトアップ中に最も大きな動きを示す大屋根四隅からの放射線に沿って、大きなスカイライトが設けられることになった（図2内観写真参照）。

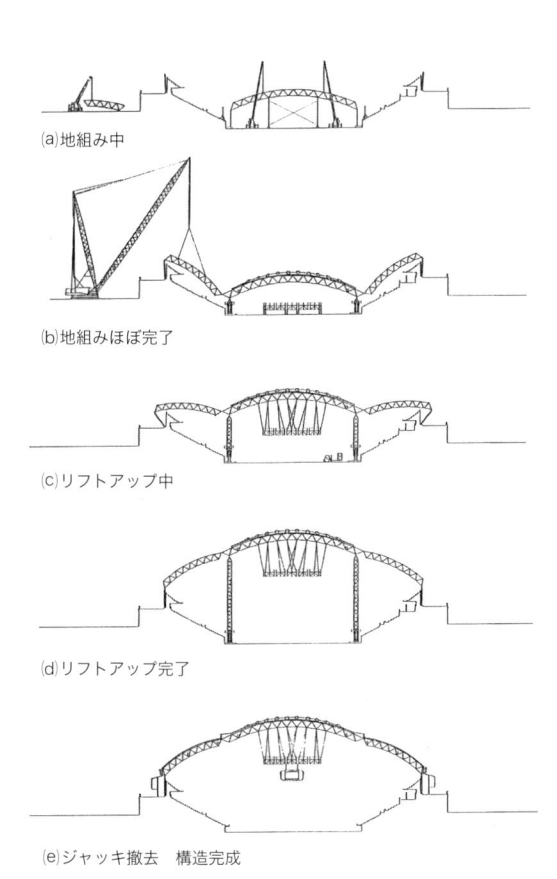

(a)地組み中

(b)地組みほぼ完了

(c)リフトアップ中

(d)リフトアップ完了

(e)ジャッキ撤去　構造完成

図4　エレクション計画（断面）

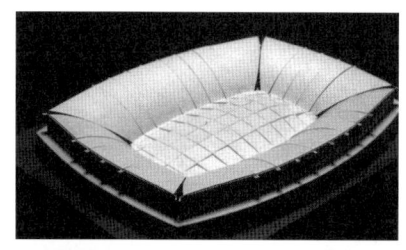

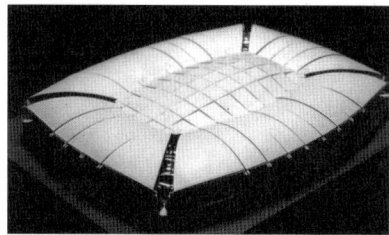

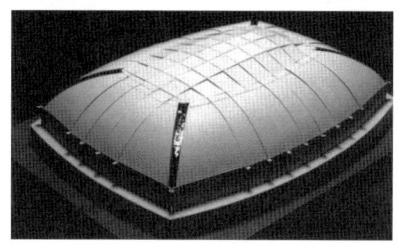

図5　紙模型によるスタディ

図6　エレクション・スタディ模型（竹ひご）によるデモンストレーション、バルセロナ現場事務所にて

デモンストレーションによる実感の共有

　エレクションの計画は図4に示すような方法で考えた。

　ドームの内外装、演出用の吊り物等も含めて、特に建て方完了後にアクセスが困難となる場所の工事は、できるだけリフトアップ前に済ませることを原則とし、それに基づいたリフトアップ荷重の算定を行った。一方、リフトアップが幾何学的に問題なく遂行できるか、特にリフトアップ中、部材相互が干渉することなくドームの形態変化にスムーズに追随するか、リフトアップ中の横力に対する抵抗は十分であるかなどの問題を、解析と模型実験の両面で行った。図5には基本設計段階で行った紙模型（1/250）によるスタディを示す。実施設計の段階では、竹ひごによるスペースフレーム模型（1/100）を作成し、より詳細な検討を行った。

　竹ひご模型は、設計完了後はバルセロナの現場

(a)地組み完了

(b)リフトアップ中

(c)リフトアップ完了

(d)仕上げ中

図7 パンタドームリフトアップのプロセス

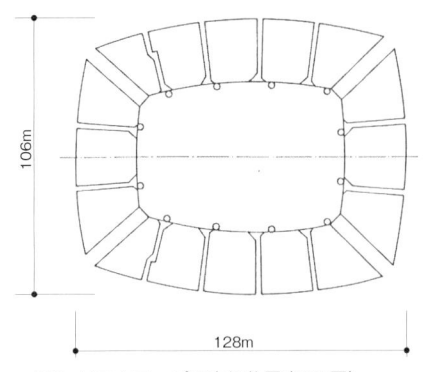

図8 リフトアップ用支柱位置（平面図）
丸印はジャッキアップ用仮設支柱位置

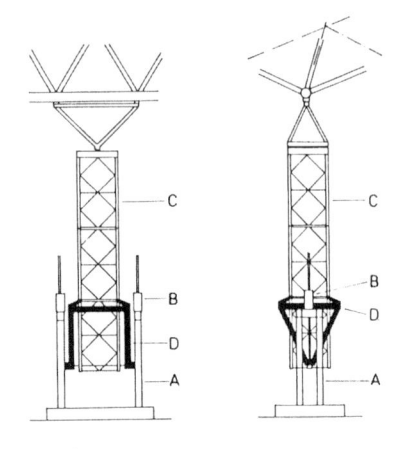

A: リフトアップ構台
B: ジャッキ・ユニット
C: 標準リース材の組み立て仮設支柱
D: リフトアップ・ピース

図9 リフトアップ機構

事務所に送り、設計協力者、ファブリケーター、施工者、施主、見学者等に対する構造・構法の説明用に活用した。図6は現地の協力建築家が模型のリフトアップ用のハンドルを廻して、見学者にパンタドームのデモンストレーションを行っている様子を示す。こうすることで協力建築家、関連技術者たちがこの構法に対する実感を共有し、効率的な協働作業の遂行および合理的な施工計画の検討に、大きく貢献した。

リフトアップ作業

　図7は、エレクション計画に従って現実のドームが形成されて行くプロセスの記録である。リフトアップは図8の丸印位

図10 フォークリフトによる仮設支柱（リース材）の補給

図11 コントロール・ルーム内部、ヘルメットをかぶった見学者はガラス越しにリフトアップ操作を観察できる

置に配置された12本の組み立て仮設支柱（標準リース材使用）を、各支柱2台のジャッキで持ち上げて行う（図9）。仮設支柱の上下端は、支柱に曲げが生じないようなディテールにしてあることに注意されたい。リフトアップ中、屋根に作用する水平力は、パンタドーム機構自身で吸収、処理する。

ジャッキアップが進むにつれて仮設支柱の下部が空いてくるから、揚程約3mごとに支柱を補給する必要がある。図10は標準リース材を組んで作った補給部材を、フォークリフトで支柱直下の空間に運んで、取り付けている様子を示している。リフトアップ終了後は、これらの仮設支柱は解体し、リース業者に返却する。図12はリフトアップ中のドームの内観である。写真上部のCM幕に見える"DRAGADOS"は施工担当のゼネコン、"ORONA"はファブリケーターの名前である。

リフトアップ作業の公開

床面中央に、ガラス張りのコントロール・ルームが見える。全てのリフトアップ作業は、ここで検知・指令・制御される（図11）。コントロール・ルームでは個々のジャッキの作動状況を精度良くモニターし、同時にドームの主要部分のxyz方向の変位および傾斜、数十ヵ所の部材の応力のチェックを行い、リフトアップ作業をコントロールしている。この現場の場合、リフトアップに要した時間は約10日間であった。コントロール・ルームの窓越しに、見学者のグループが見える。パンタドームはリフトアップ中の安全性が高いので、建築現場では見学者に

図12 リフトアップ・プロセス内観
リフトアップ開始時（上）、同終了時（下）
床面中央に見えるのがコントロール・ルーム

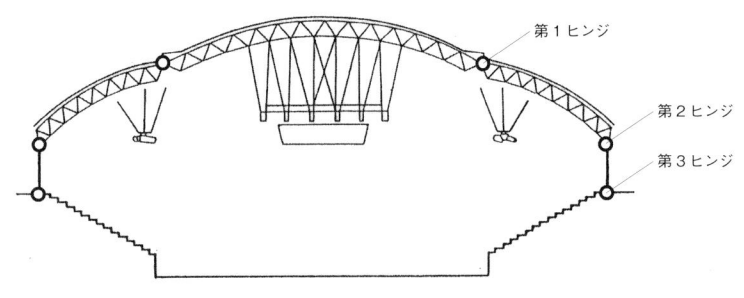

図13 パンタドーム用のヒンジ位置

ヘルメットを与えて、ドームのリフトアップ状況を自由に観察させることが可能である。サンジョルディの場合は、市長の意向で、市民に親近感を持ってもらうためのイベントとして、リフトアップ中の建築現場を積極的に開放していた。

この市長は、市民に対するサービスがやや過剰で、このときも、ちょっとしたハプニングを起こした。というのは、12月はじめのテレビ・インタビューで、市長がパンタドームのリフトアップ・イベントを市民に対するクリスマス・プレゼントにすると発表してしまった。市長はリフトアップのためのジャッキ・システムの準備が完了したという現場担当者の報告を、もういつでも揚げられるというように受け取ったらしいのだが、現場はドームが地上にある間に、もっと仕上げ作業を済ませてからリフトアップする予定だった。しかし、市長の発表を取り消すわけにはいかないので、約束どおり、クリスマスにはリフトアップが完了するよう、現場は予定を早めて作業を行ったのだが、このため、一部の仕上げ工事はリフトアップ後に高所でやらなければならなくなり、結局、1週間ばかり工期を損することになったと、現場担当者はぼやいていた。

ヒンジの役割

図13はサンジョルディ・パレスのパンタドーム機構のためのヒンジの配置を示す断面図である。これらのヒンジは、ドームの完成後も固定することはなく、ヒンジのまま残る。最上部の第1ヒンジは、完成後は立体骨組みの一部として取り込まれるので、回転しないが、第2(柱頭)、第3(柱脚)ヒンジは回転するので、屋根は自由に膨張、収縮をすることができる。したがって、このドームでは温度応力を心配する必要がない。このことは、前にも述べたように、パンタドーム一般にいえることである。

この図からもわかるように、パンタドームでは1つの断面に6個のヒンジが存在する。このことから、パンタドームは完成後も不安定だと早合点する人が少なくない。

平面構造の場合には、1つの構面に4個以上のヒンジがあると不安定であるから、そのような架構は避けなければいけない。

断面図だけを見ていると、パンタドームは6個もヒンジがあるので、立体構造に慣れない人は、この構造は不安定架構だと思ってしまうのかもしれない。しかし、3次元的に考えれば、この構造はちゃんとした安定構造なのである。

パンタドームは不安定？

　サンジョルディ・パレスの建設の際も、上記のことでちょっとした「事件」があった。ドームの鉄骨業者を決めるために、日本、ヨーロッパ、アメリカ、カナダの、スペースフレーム製作に実績をもつファブリケーター数社に、構造図とスペックを渡して、入札を募ったところ、ドイツの著名な業者から施主宛にファクスが届いた。「この構造は構造安定上問題があると思われるので、弊社は入札を辞退したい。もし、構造、構法について改良案の提出を認めてくれるなら、応札の用意がある」という内容であった。施主からの依頼で私はこのファブリケーターに、次のような返信を出した。「構造図をもう一度よく検討して下さい。この構造の理解には、立体的な判断能力が必要です」。1週間後にこのドイツの業者から「よくわかりました。頂いた資料に基づいて入札に参加します」という返事が来た。この業者は予定通り応札したが、残念ながら値段が少し高く、結局、地元スペインのファブリケーターが最低値で落札した。

　サンジョルディ・パレスは1988年12月にエレクションを完了した。翌89年9月にIASS(国際シェル・空間構造学会)の年次シンポジウムがマドリードで開かれたが、会議後のテクニカル・ツアーでバルセロナのオリンピック施設を見学することになり、仕上げ工事中のサンジョルディ・パレスにも学会参加者が多数訪れた。

3次元的理解は難しい？

　その際、私の親友で、世界的に高名な構造デザイナー(故人)が私のところにやってきて、「この建物は不安定で、風に対して危険だと思う。幸い、RC造のスタンド構造が柱のそばにあるのだから、今のうちに柱をスタンドにつないで、補強した方がよい」と、友人としての「アドバイス」をしてくれた。私は、ご好意には感謝するが、じつはこのドームは…と言って、この構造が立体的に安定であることを説明した。しかし、彼の眼には、私が強情な弁解をしているように映ったらしく、私の説明をまじめに聴こうともせず、不機嫌な様子であった。私は、構造を3次元的に把握するのは、彼のような大家にも難しいことなのかな、と思った。

多雪地帯での堆雪型ドーム

サンドーム福井（1995）

図1 建物概観（雪溜めのポケットが特徴的）

図2 内観（1995年世界体操選手権）

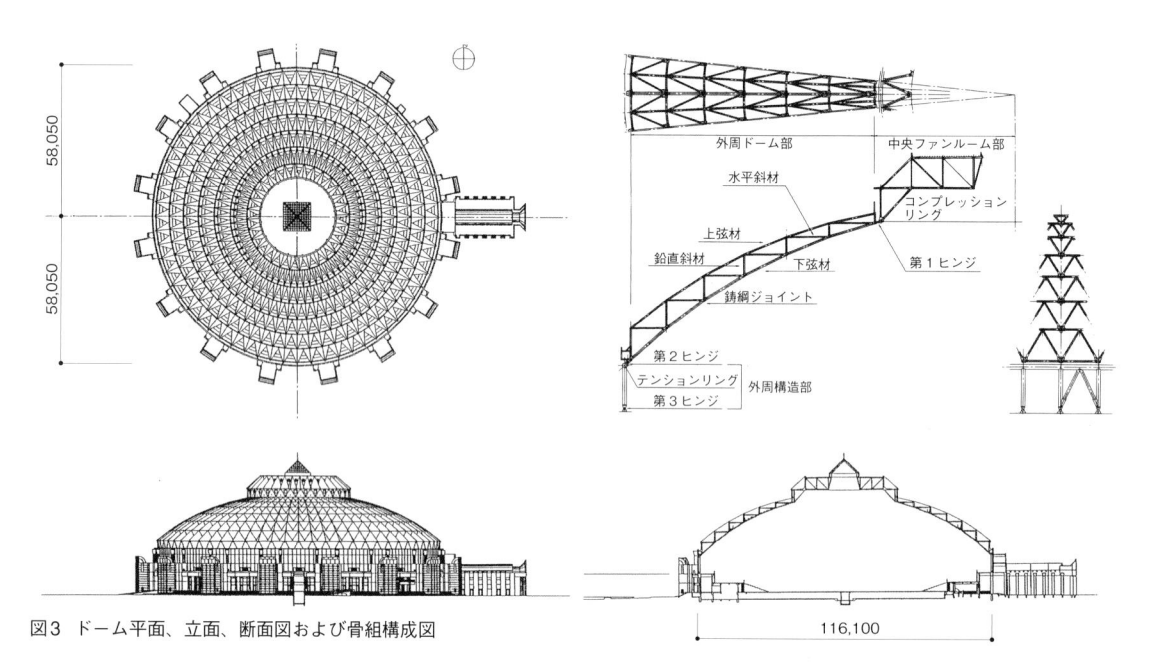

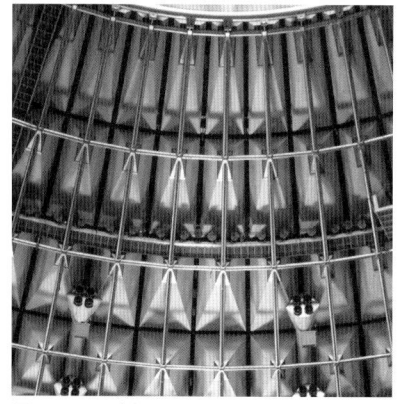

図3 ドーム平面、立面、断面図および骨組構成図

図4 ドーム内観　スレンダーな骨組みと、ピラミッド型天井パネル

　サンドーム福井は、頂部高さ54.8mで、直径116.1mの円形プランを持つスペースフレームのドームである。直径85.6mのアリーナを持ち、収容人員は6,000人（図1, 2）。建築設計は岡崎甚幸さんである。

堆雪型ドームの問題

　図3はこのドームの平面、立面、断面図とパンタドームのヒンジ位置を含む骨組みの構成を示している。サンドーム福井はドーム周辺の敷地面積が小さく、また、落雪による人的被害を未然に防ぐ立場から、屋根に降った雪を落とさない、いわゆる堆雪型の設計方針をとったため、構造設計上は雪荷重対策がひ

とつの大きなテーマになった。

この構造のデザインは、まず、ドームに降った雪を効果的に溜める機能と、ドームの力学的機能とを有機的に併せ持つような、スペースフレームの3次元パターンを案出することからスタートした。すなわち、アーチの上弦材と下弦材を繋ぐ斜材（ラチス材）を水平面と鉛直面内に配置し、これらを稜線とする凹ピラミッド状のポケットを作って、そこに雪を溜めることを考えたのである（図3参照）。このポケットはドームの頂部では小さく、下部では一辺が5mほどの大きさになる。

図5は実際の屋根のポケットを示している。ポケット内に立っている作業員との比較から、ポケットの大きさが推定できよう。ポケットに溜まった雪がスペースフレームの部材に曲げを生じないように、ポケット面を構成する3.2mm厚の耐候性鋼板は、リブつきのストレスト・スキン構造とし、雪を溜める機能と、その荷重をスペースフレームの節点まで自分で運ぶ機能を、併せ持つように設計した。これらのポケットは裏面に断熱処理を施した上で、所定の位置にセットされた（図6）。

雪荷重推定の難しさを克服する

福井は私の郷里であるが、冬は湿った重い雪の降る多雪地域である。近年は雪が少なくなったといわれるが、約20年周期でドカ雪に見舞われている。したがってこの地域では、雪荷重は大空間構造を設計する際に最も注意を払うべき対象のひとつである。

いわゆる雪荷重としては、地元の専門家たちとも協議して質量600kg/m²を採ることにしたが、わからないのは積雪分布の偏在のしかたである。これは主に降雪時の風の吹き方と融雪のパターンによるもので、前者については模型実験によるシミュレーションがある程度可能だとはいうものの、あらゆる風速、日照条件の組み合わせの中で、最も不利な積雪分布を定めることは不可能だと判断した。そこで発想を変えて、従来のように、実際に起こりうる荷重分布の中から最も不利なケースを手探りで見つけるのではなく、このドームにとって一番不利な雪荷重分布を見つけ、その荷重に対して設計をするという方針をとることにした。その方法を図7に示す。

一般にドームは、均等分布荷重に対しては部材の軸力で効率よく抵抗するが、偏った荷重がかかると曲げが生じて不利な応力状態になる。すなわち、最も曲げの影響が大きい変形状態が、最も不利な状態である。この変形のパターンは、固有値解析を行うと、同図(a)のように求めることができる。したがって、このような変形を与えるような積雪分布に対して大丈夫なように

図5　雪溜めポケット近景

図6　雪溜めポケットのストレスト・スキン構造

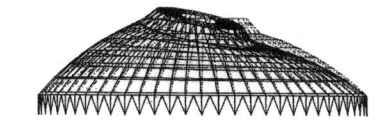

(a) 1次固有変形モード

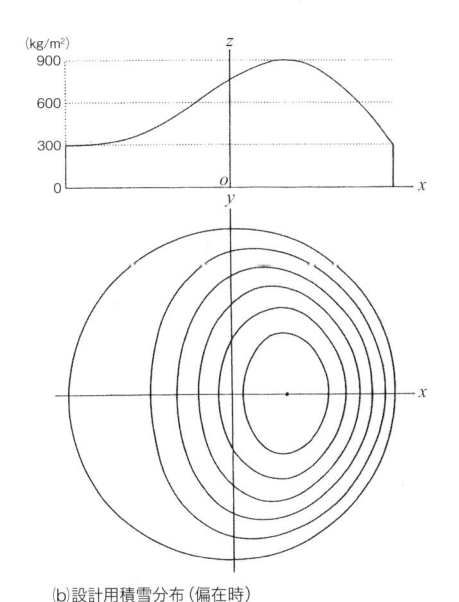

(b) 設計用積雪分布（偏在時）

図7　偏在雪荷重の決定方法

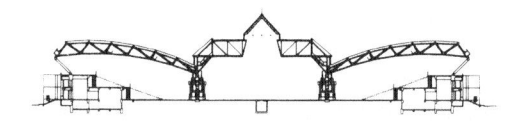

(a)リフトアップ開始

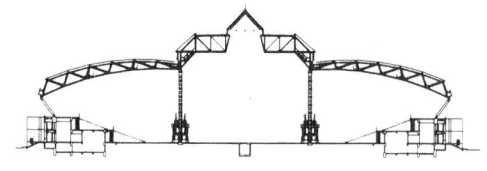

(b)リフトアップ中

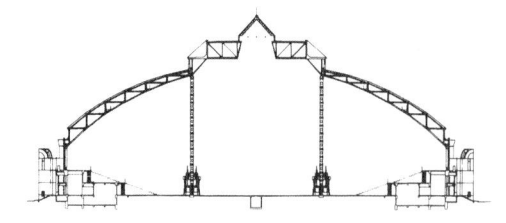

(c)リフトアップ完了

図8 リフトアップ計画

図9 実際のリフトアップ・プロセス

図10 天井面の形状と鋳鋼ジョイント

設計しておけば、他の分布形の雪荷重に対しては十分安全だということがいえる。そこで、雪に対してはこのような手法で設計をした。

リフトアップの方法

リフトアップは図8のような方法を提案し、そのように実行した。パンタドーム構法のためのヒンジは、他のパンタドームの場合と同様、建物の完成後もヒンジのまま残るから、柱頭と柱脚のヒンジは温度変形を吸収するのに有効に働き、常に温度応力フリーの状態を保証してくれる。図9は、実際のリフトアップの各プロセスを示している。

堆雪用につくられた屋根面は、裏側から見ると、ピラミッド群である。各ピラミッドの表面を吸音性の高い仕上げにすれば、良好な内部環境を与える天井が得られるはずである。そこで、PTFEコーティングを施したガラス繊維膜（A種膜）を各ピラミッド側面に張り、裏側にグラスウールブロックを取り付けることによって、軽量で、強く、音響特性に優れ、かつ汚れにくい天井が、出現した。

図10はドーム下弦材の鋳鋼ジョイントを示している。ここではジョイントは構造部材であると同時に、天井膜取り付けのかなめ材としての視覚的機能も果たしている。プランが真円であるため、鋳鋼ジョイントは各1個の木型で、同心円上の64個ずつを生産することができ、経済的であった。

サンドーム福井は、1995年にアジア最初の世界体操競技選手権大会の会場として使用された後、種々のイベントに利用されている。

斜めリフトアップの実現
なみはやドーム (1997)

図1 建物概観（鳥瞰）

図2 内観

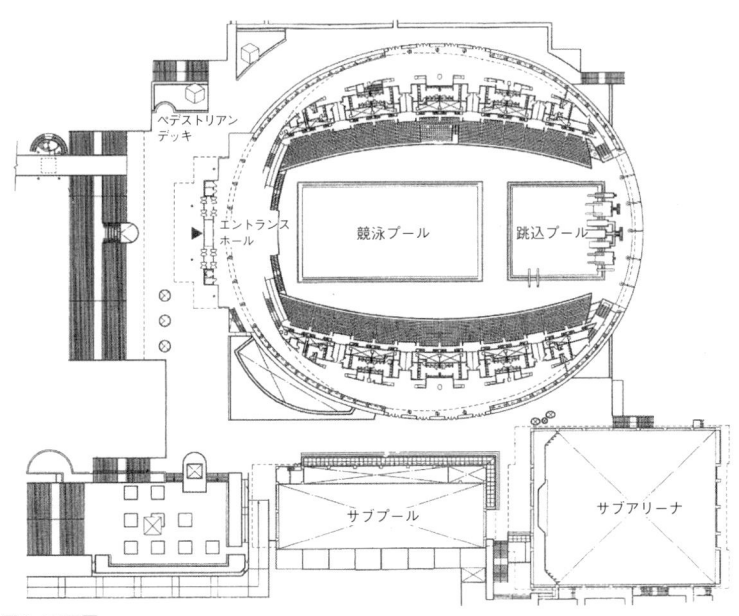

図3 平面図

　この建物（図1, 2）は、1997年の「なみはや国体」の水泳競技施設として造られたもので、競泳、跳び込み、練習用プールおよびサブアリーナからなっている（図3）。ドームは長径126m、短径110mの楕円形平面を持ち、ドーム頂部の高さはGL面から42mある。建築設計は昭和設計。

斜め方向リフトアップ
　このドームは脚部から頂部にかけて楕円体で構成されているが、建築的な理由から、ドームの赤道面が水平面に対して5度傾斜しており、これに伴ってドームの骨組み全体が5度傾斜し

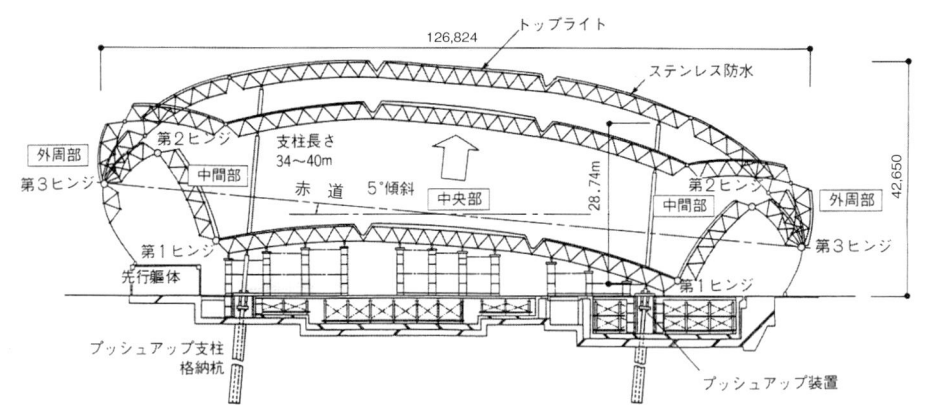

図4 エレクション計画図—傾斜リフトアップ

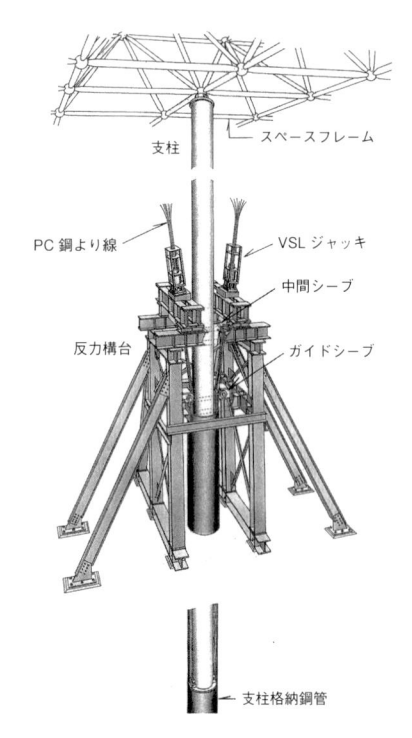

図5 プッシュアップ装置概要

ている。したがって、この大屋根にパンタドーム構法を適用する場合は、赤道面に平行平面上にヒンジラインを設けるのが、最も素直で明快な方法であろう(図4)。そうすると、リフトアップも鉛直軸から5度傾いた方向に行うことになる。

しかし、一般にリフトアップは鉛直方向に限られているというのが建設工事の通念である。リフトアップ中の地震や風による横力に十分対処しながら、精度良く鉛直方向に持ち上げるのが、エレクションの常道である。斜め方向へのリフトアップは、この原則に反するもので、いわばタブーと考えられている。

だが、パンタドーム構法は、斜め方向リフトアップの可能性を示唆する性質を持っていた。それは、パンタドーム構法の基本的性質、すなわち、その動きが自由度1のメカニズムであるということである。なみはやドームの場合について言えば、無抵抗で可能な運動は、鉛直から5度傾斜した方向、つまりリフトアップの方向に限られ、それ以外の方向の運動はドーム自身が拘束するという性質である。検討の結果、この拘束に伴ってドーム骨組み内に生じる応力、変形は十分に小さいことがわかったので、斜め方向のリフトアップを実行することを決めた(図4)。

リフトアップ時間の大幅な短縮

なみはやドームでは、もうひとつ新しい試みが行われた。それは、リフトアップをできるだけ短時間で完了したいという、リフトアップ手法本来の願望に応えて施工者側から発案され、設計者と共同で検討した結果、採用された工法で、仮設支柱全長を鋼管杭の中に収めておき、支柱下端をケーブルで引き上げて一挙にリフトアップするというものである(図5)。この方法は仮設支柱の盛り替えが不要であるため、リフトアップ時間の

大幅な短縮が可能で、なみはやドームの全揚程29mを、わずか8時間半で揚重完了することができた(図6)。

このドームのリフトアップでは、さらにもうひとつ、素晴らしい演出が行われた。

演出された「建て前」

今はほとんど形骸化してしまったが、建築工事における日本古来の伝統的な行事のひとつに、「建て前」と呼ばれるイベントがある。日本建築は元来、木造のプレファブ手法が基本になっており、周到な計画の下にあらかじめ継手、仕口を刻み込んだ多くの部材を、建築現場に整理、蓄積しておき、ある日、これらの部材を一挙に建て上げて、建物の骨組みを作りあげるわけで、この作業は「建て前」と呼ばれてきた。このとき、それまで何も無かった空間に忽然と現れる骨組みは、その後、仕上げ材によるお化粧を施されてでき上がった建物よりも美しいと言われることが少なくない。そしてこの「建て前」の日の立役者は、自分の刻んだ継手、仕口が予定通りに寸分の狂いも無く、ぴったりと接合されることを確認しながら建て上げていく大工と、部材を安全、迅速に所定の位置に運んで組み立て作業を実行する鳶職である。

このように、「建て前」は、まさに大工や鳶が、プライドを持って、その専門職としてのスキルを大衆に披露することのできる、有意義なイベントであった。この伝統は今ではすっかり廃れてしまい、古来の「建て前」に相当する現代の「上棟式」では、役所や会社のエライさんたちが、背広とネクタイで身を飾って出席するのが通常で、本来の立役者たちは式に出席させてもらえないか、もう次の現場に配置されて、別の仕事をさせられているのが現実である。

建設作業員の晴れの場

なみはやドームの作業所長は、パンタドームのリフトアップが本来の「建て前」に相当するものであることを十分に認識し、正当な立役者たちに晴れの場を提供することを試みたのであ

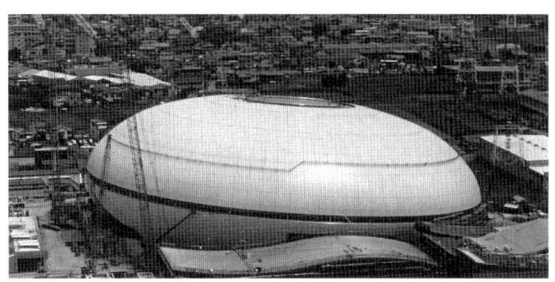

(a)リフトアップ開始

(b)リフトアップ中

(c)リフトアップ完了

(d)仕上げ中

図6 パンタドームリフトアップのプロセス

る。リフトアップの当日、ドーム直下の床は障害物もなく、塵ひとつない状態に掃き清められ、見学者たちはヘルメットを与えられて、プッシュアップのジャッキやコントロール・ルーム内の作業が見える場内を自由に歩けるようになっていた。場内には大きな音を出すものは何もなく、わずかにジャッキ用の油圧ポンプの音と、ジャッキ保持の金具のカチャッカチャッという切り替え音が聞こえるだけ。バックには作業所長の選曲したクラシック音楽が流れ、時折、リフトアップ・ステップごとの連絡アナウンスが入る。

　このような、清浄で落ち着いた雰囲気の中で、鳶職の若者たちは受け持ちのジャッキの間を敏捷に動きながら、揚重のステップごとにコントロール・ルームと連絡を取りつつ、リフトアップ・ユニットの作動状況を点検、確認している。スペースフレームの部材製作担当者たちは、主要部材の応力測定結果を検討し、リフトアップの全過程を通じてドームの部材に異常がないことをチェックする。

　コントロール・ルームはこれら全てを正確に把握し、次のステップの判断を行って、指令をアナウンスする。コントロール・ルームからの指令に従って、油圧ジャッキは整然と作動し、ドームはこの種のリフトアップとしては異例のスピード（約3.5m/時）で、斜め方向に、音もなく昇っていく。こうした作業を続けること8時間余、斜めリフトアップが何の異常もなく完了し、ドームが所定の高さに達したとのアナウンスが場内に流れると、各作業位置の担当者たちは互いに肩を叩き合い、握手をして仕事の完遂を喜び合い、大勢の見学者からは一斉に拍手が送られた。

　私はこの光景を見て、このリフトアップこそ本来の「建て前」であり、建設作業者の技の表顕の復権であると感じた。そして、パンタドーム構法がそのようなイベントを演出する拠りどころとなったことを、この構法の開発者として非常に嬉しく思った。建設現場は、この例のようにカッコよくあるべきだと、私は思っている。

施工中の耐震性

　なみはやドームはリフトアップ終了後まもなく、兵庫県南部地震に遭遇した。このドームが立地する大阪は、激震地からは離れていたので、この地域での完成した建物の被害報告は僅少であったが、建設途上のものの損壊は、かなり報告されていた。しかし、パンタドームは、その特長のひとつとして、完成前でも十分な横力抵抗を持っており、なみはやドームには何の障害もなかった。

PC壁面ドームのパンタドーム
なら100年会館(1998)

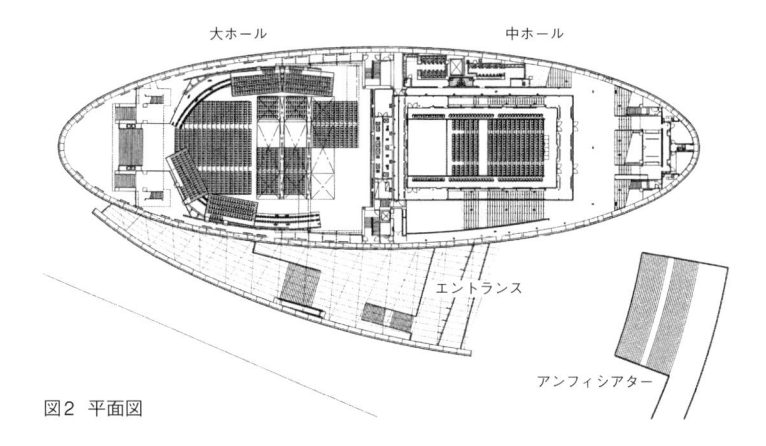

図1 建物概観

図2 平面図

　なら100年会館(図1, 2)は1998年、市制百周年を迎える奈良市がこれを記念して建設した施設で、1,700人収容の大ホールと450人収容の中ホールを中心とする建築である。建築家は磯崎新さん。平面は長径138m、短径42mの楕円で、建物高さは24.8m、壁面はクロソイド曲線に沿ったやや内転びの曲面である。

PCaに適用されたパンタドーム構法
　壁面は鉄骨で補剛された、厚さ100mmのプレキャスト・コンクリート(PCa)材で、建物内部側が打ち放し面である。パンタドームが一般には鉄骨の骨組みで行われるのに対して、なら百年会館はPCa材で、各パネル間のクリアランスも、意匠上30mmに制限されたため、現場の作業上は、いろいろな工夫が必要であった。パンタドーム用のヒンジは、壁面の頂部、中央、脚部に設けられている。

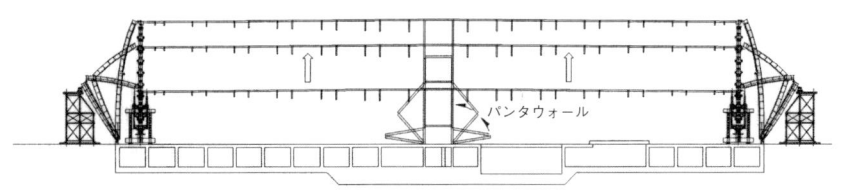

図3 パンタウォール

(a) 地組み中

(b) リフトアップ開始

(c) リフトアップ中

(d) リフトアップ完了（内部ホール建設）

図4 リフトアップ計画図

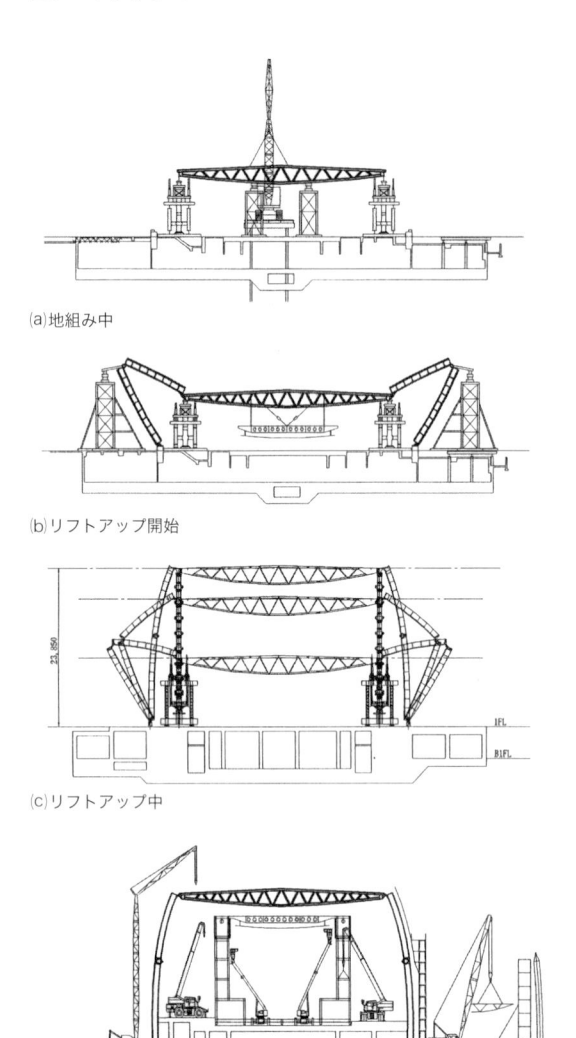

図5 リフトアップ・プロセス

　この建物の平面は細長い楕円形であるから、壁の長手方向成分は大きいのだが、逆に短か手方向成分は小さいので、水平力に抵抗するためには短か手方向の壁面がもっと必要である。この壁はリフトアップ中も有効であってほしいので、図3に示すような鉄骨の骨組みによるメカニズムを考え、「パンタウォール」と名付けた。

　リフトアップは図4に示す順序で計画をした。リフトアップに要した日数は6日間であったが、この間の一般見学者は延べ

図6 第2ヒンジの表現

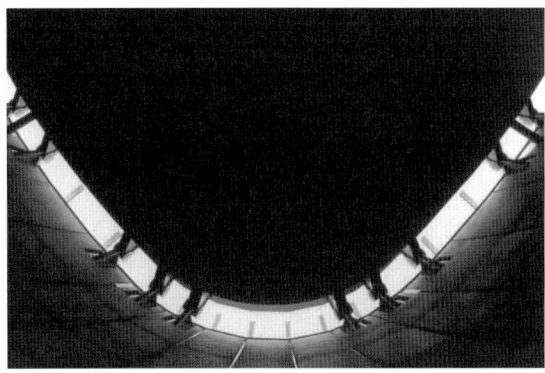

図7 第1ヒンジの表現

図8 第2ヒンジのディテール

3,000人に達した。
　実際のリフトアップの様子を図5に示す。この写真からわかるように、パンタドームは、リフトアップのプロセスで、完成後の形よりもダイナミックな形状を示す瞬間がある。

リフトアップの痕跡をデザインに
　図6〜8は、完成後の建物の内部を示している。建築家の磯崎さんは、サンジョルディ・パレスの場合と同様、この建物の建設の様子を示唆するような痕跡をデザインに残したいという考えを持っており、この場合も第1ヒンジライン沿いにはスカイライトを設け、また、第1、第2ヒンジは、ヒンジ自体を室内の視覚要素に取り入れる設計をしている。

産業構造物へのパンタドームの応用
下松石炭中継基地（2001）

図1 建物概観

図2 内観

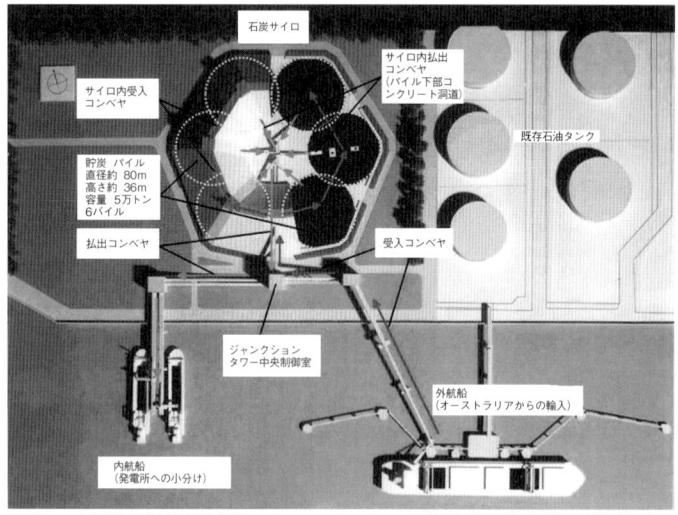

図3 下松石炭中継基地の機能

　今まで述べてきたパンタドームは、主に体育施設、文化施設に適用された例であったが、この施設は、経済が優先する産業構造物に適用されたということで、工事の安全性、構造品質の確保だけでなく、経済性、工期の面でも、パンタドーム構法の特徴を発揮した例だといえるであろう。
　日石三菱下松（山口県）石炭中継基地（図1, 2）は、中国電力向けの石炭を海外から受け入れ、国内各地の火力発電所へ小出し発送する石炭の「中継基地」である（図3）。設計は日石菱油エンジニアリングである。

過去最大のパンタドーム

　この基地は、六角形に近いプランを持ち、直径250m、高さ45mの巨大なドーナツ状のドームである（図4, 5）。このドームの中に、直径80m、高さ36m、重量約5万トンの円錐状の石

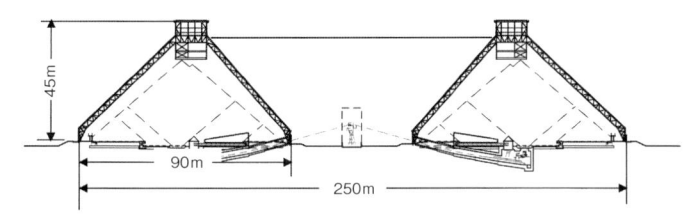

図4 断面図

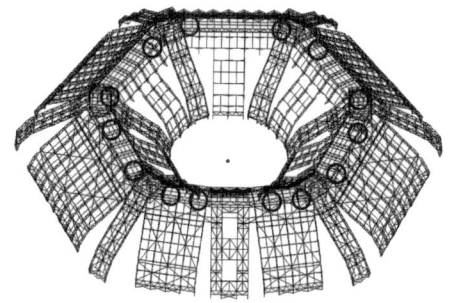

炭の山6個が貯蔵できる（図3）。石炭の受け入れは、外洋船から高い位置のコンベアで搬入し、ドーナツの頂部に沿って移動させ、6個の貯炭パイルのそれぞれの頂部から落下させて（図2）貯炭する。貯蔵されている石炭の送り出しは、地下の払い出しコンベアで取り出したものを低い位置で搬送し、内航船に積み込んで、各地の火力発電所に発送する。

重大な問題の予見と対策

このドームは面積41,000m²、質量6,500t、リフトアップ揚程30mで、パンタドーム構法の実施例としても過去最大規模である。屋根の仕上げ材はポリエステル繊維の膜材にPVCコーティングを施したものである。リフトアップはドーナツの頂部に沿って14ヵ所にプッシュアップ支柱を設けていった（図5）。リフトアップの計画は、図6に示す通りである。

ここで、非常に重大な問題が予見された。それはこのドームの形状の特殊性に基づくものである。今までのパンタドームは、全て断面が曲線状で、完成後の断面で3個のヒンジが一直線上に並ぶことはなかった。しかし、下松のドームは完成後の断面が直線であり、したがって、3個のヒンジが一直線上に近い状態で完成する。このようなドームは、リフトアップ中に大変注意すべき挙動を示す。それは、図6のリフトアップ状態(c)と完了状態(d)との間に生じる。

一般にパンタドーム構法では、リフトアップ中も、完成後も、第2ヒンジは第1ヒンジと第3ヒンジを結ぶ直線から離れた位置にある。この状態では、いわゆるスリー・ヒンジのアーチのメカニズムが働いて、第1ヒンジから第3ヒンジに至る部材の重量は安定な軸力で支持される。ところが、第2ヒンジが上記の直線に近いと、この軸力（圧縮）が大きくなり、極端な場合、ヒンジが直線上に載ってしまうと、理論的には無限大の圧縮力になる。このような場合、第2ヒンジはそれ以上回転できないように設計するから、それから先は荷重は部材の曲げ抵抗で伝達されるが、この軸力系から曲げ系への荷重伝達のメカニズムの変化が瞬時に起こるので、一種の衝撃現象が生じるのである。この様子は、リフトアップのための揚重ジャッキの反力で説明すると明快かもしれない。

図5 ジャッキによる押し上げ位置（○印）

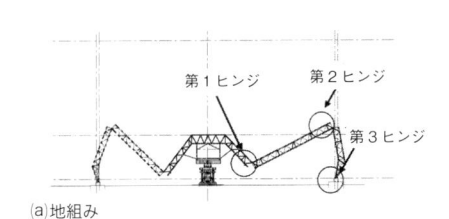

(a) 地組み
(b) リフトアップ中
(c) リフトアップ中
(d) リフトアップ完了

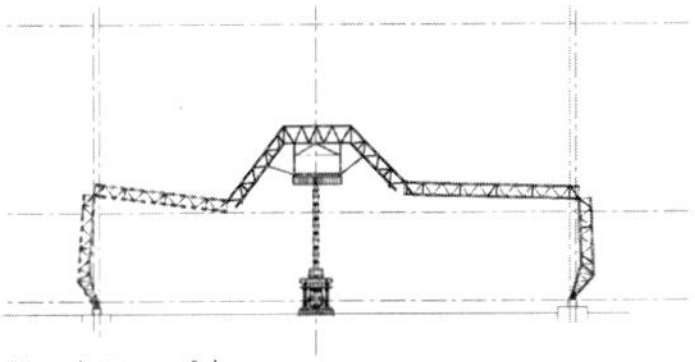

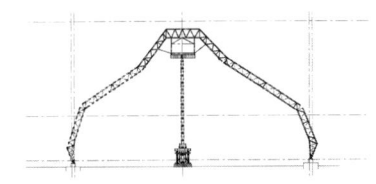

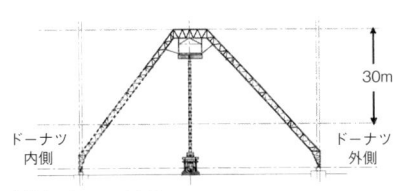

図6 リフトアップ計画（ドーナツ半身で表示）

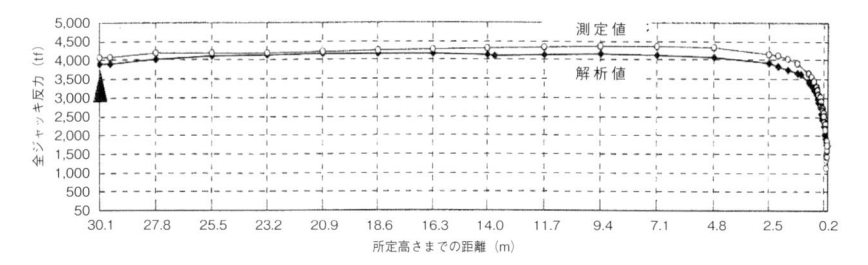

図7 リフトアップ位置とジャッキ反力(衝撃現象に注意)

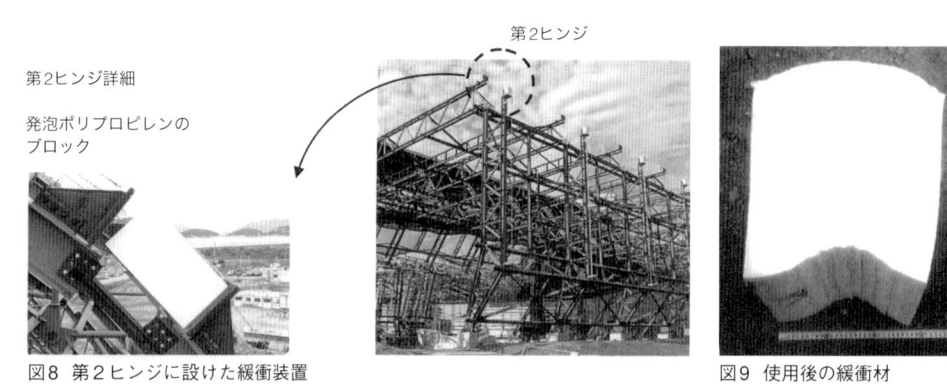

図8 第2ヒンジに設けた緩衝装置

図9 使用後の緩衝材

図10 リフトアップ・プロセス
(a)地切り
(b)揚程9.2m
(c)リフトアップ完了
(d)仕上げ中

　図7は、このドームの、ジャッキ反力(縦軸)とリフトアップによるドーム頂部の位置(横軸)の関係をグラフにしたものである。横軸は、所定の高さまであと何メートルあるかを示しているから、ドームが揚がるに従って、グラフを左から右に見ていくことになる。

　この図から、このドームでは、ジャッキ反力の低下が、リフトアップ終了直前の、極めて短時間内に起こることがわかると思う。これが上に述べた衝撃現象に相当する。

　一般にパンタドーム構法では、ドームが揚がるに従ってジャッキ反力は減少して(軽くなって)いくが、その変化は、もっと緩やかである。

　このような現象が予見されたので、施工者とも協議をして、衝撃を防いで安全に荷重伝達の機構の遷移が行えるような方法を検討した。これにはいくつかの手法が考えられたが、経済性の観点から、第2ヒンジの上弦部(衝撃的に近接する部分)に発泡ポリプロピレンによる緩衝材を挿入することにした(図8)。この方法で、リフトアップの後期から完了までの推移を、安全、円滑に行うことができた。

　図9は緩衝材としての機能を終えたポリプロピレンのブロックの様子である。また、ドーム全体のリフトアップ・プロセスを図10に示す。リフトアップ工事は5日間で完了した。

スペインでの実施例2、自昇式パンタドーム構法
バレンシアの闘牛場 (2007)

図1 リノベーション開始

図2 スタンド拡張工事

図3 屋根構造の提案

　スペインのバレンシア州に、ハティヴァ (Xativa) という古い町があり、伝統的な雰囲気の闘牛場を持っている。1917～19年に建築家デメトリオ・リベス (Demetrio Ribes, 1877-1921) の設計で建てられた闘牛場である。スタンドの段床に、スペインで初めてのプレキャスト部材が用いられた。リベスはスペインの有名なモダニズム建築家で、作品としてはバレンシア駅などが知られている。この闘牛場の施設が老朽化し、手狭になったことと、雨天でもイベントが可能なようにというハティヴァ市の希望で、バレンシアの設計事務所cmd社が設計を担当して改修・改築・拡張工事をすることになり、私に屋根構造の設計依頼があった。

　旧建物は中央に直径49.5mのアリーナをもつ外径77.5mのスタンドとして造られていたが、オリジナルの部分が持っている組石造の雰囲気を壊さないように注意を払いながら、必要な補強を行い、他方、既存スタンドの外側に独立の鉄骨造の拡張スタンドを設けて収容人員を8,000人に増やし、さらに全体に直径102mの屋根を架けるという工事であった (図1, 2)。

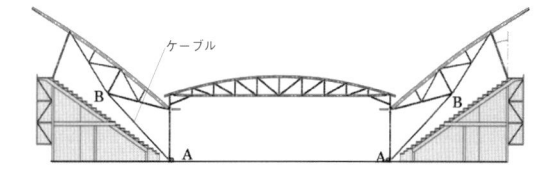

(a) 地組み

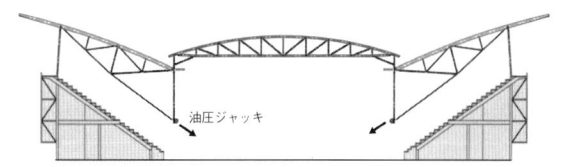

(b) リフトアップ開始

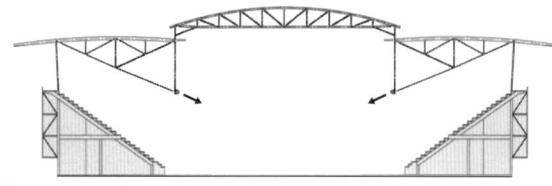

(c) リフトアップ中

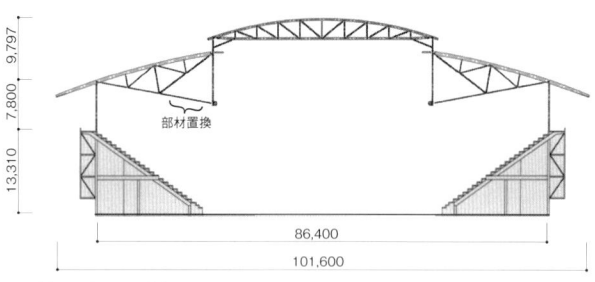

(d) リフトアップ完了

図4 「自昇式」パンタドーム構法（断面）

図5 ジャッキ・ユニット

図6 自昇中の屋根フレーム

　バレンシアの設計事務所cmd社の代表者であるAlberto Domingo氏と協力エンジニアのCarlos Lazaro氏は共にバレンシア工科大学教授で、彼らは上記の屋根新設工事について私に新しい提案を求めて来た。私はパンタドーム構法のひとつの発展の方向と考えて、温めていた「自昇式」のアイディアを提案し、その方向で全体設計が始まった（図3）。

自昇式ドームの提案とメカニズム

　今までのパンタドーム構法は、仮設支柱でドームを押し上げる方法が用いられてきたが、この案では仮設支柱が不要で、ドームはいわば「自分で」空中を昇っていくのである。図4がこのメカニズムを説明している。この図のAの位置に油圧ジャッキがあり、AB間のケーブルを引っ張る。そうすると、ケーブルABの長さは短くなるから、屋根は上昇する。少しわかりにくいかもしれないが、人間の運動になぞらえると、「腕立て伏せ」のときの腕の筋肉の働きに近いかもしれない。

　油圧ジャッキは図5に示すような方法で、44個セットされた。ジャッキが作動すると、AB間のケーブルが短くなり、ドームが上昇を始める。上昇につれて直線ABの傾斜は刻々と変化するから当然ジャッキの方向も変わる。従来のパンタドームのように、地上の固定された位置に、一定の方向にセットされて作動する場合に比べると、かなり高度なジャッキの使用方法になる。このリフトアップを行った会社は、スイスに本部のあるVSLインターナショナルという、世界でも有数の揚重専門業者である。以前に造ったバルセロナのサンジョルディ・パレスも同じ業者によってリフトアップされた経緯があり、会社の中には私を覚えてくれているエンジニアも何人かいた。このため、最初からしっかりした信頼関係ができており、この一風変わったジャッキの使い方についても、彼らは本質を非常に早く理解し、大変スムーズに協議を進めることができた。

図7 リフトアップ・プロセス（外観）　　　　　　図8 リフトアップ・プロセス（内観）

　図6はドームが「自昇」している瞬間を示している。地上には仮設支柱が1本も無いので、屋根の下の空間は非常にすっきりしている。図7は屋根のリフトアップのプロセスを、少し離れた地点から撮影したものである。図8はリフトアップの過程を内部から記録した写真である。リフトアップ作業は2007年2月に行われ、2日間で終了した。

　リフトアップに活躍したケーブルAB（図4-(a)参照）は、完成後のあらゆる荷重状態に対して引張り力しか作用しないので、そのまま本設材として用いても、理論上は何の不都合もないが、この場合は、揚重に使用した部材を本設材とすることはできないという法規上の制約から、リフトアップ完了後、ケーブ

バレンシアの闘牛場 | 137

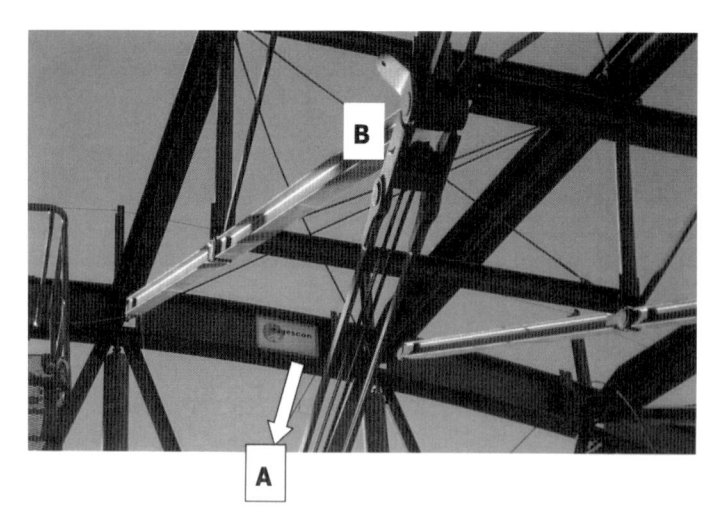

図9 ケーブルABの本設材への置換

ルABを本設材に置換する作業が行われた。図9は部材ABをB節点付近で見た写真である。4本（写真では重なって2本のように見えている）のケーブルを、その両側の2本のフラットバーの本設材に置換するわけだが、この作業は比較的単純で、フラットバー両端のピンを取り付けるのが容易なように、ジャッキをやや余分に引いておいて、バーを取り付けジャッキを緩めれば完了である。この作業は1日で終了した。図はケーブルをはずす前、ケーブルとフラットバーが共存している状態を示している。

この闘牛場の屋根は、中央のアリーナ部分に相当する範囲が開口になっており、この部分は膜屋根の開閉システムとして、設計は完了しているが、バレンシアは雨の少ない地域なので、当面は現状で営業を続け、閑散期に開閉屋根の工事を行うことになっている。

目的に応じて建物の形を変える
パンタドーム構法の着想と可能性

つくり方をデザインする

　建築は完成した状態での造形や機能も、もちろん大切であるが、よりホリスティックな観点から、それがどのような方法で、どのように造られるかという実現プロセスの問題も、非常に重要だと私は考えている。本章の冒頭でも述べたように、建築のつくり方は、その作品の経済性、工期、作業安全性、さらには品質に大きな影響を与えるが、それだけではなく、エレガントなプロセスというのは、人間のあらゆる活動に共通の大切な事柄であると、私は思う。

　結果としての建築だけを目標にして、ものづくりを推し進めて来た結果、建設現場には「3K」といわれる劣悪な作業条件がもたらされ、スキルを持った作業者たちも専門職としてのプライドを示す場が与えられず、かつては大工や鳶職が享受していた職能の粋を示す「建て前」のイベントが、完全に失われてしまったことは、私たちの記憶に新しいところではないだろうか。このような観点からも、「つくり方をデザインする」ことはとても大切なことではないかと、私は思っている。

お祭り広場大屋根の体験

　ここでは、私が大空間構造物のつくり方に関連して開発した「パンタドーム構法」について述べてみた。この構法の根底にあるのは、大空間構造の実現にはリフトアップ手法が非常に有効であるという認識である。この点について私が強い印象を持ったのは、1970年の日本万国博覧会におけるお祭り広場大屋根の建設・解体の経験であったが、このことについては、神戸ポートアイランド・スポーツセンターのリフトアップの例とともに第1章で説明した。これらの2例は、いずれも地上で組み立てた屋根を、そのまま上に向かって平行移動するだけだったが、同じメリットをいわゆるドーム建築にも適用できないだろうかというテーマが、新しい可能性として、私の中に芽生え始めたのである。

　しかし、ドームのような構造を、形を変えさせることで造りやすくしよう、などという発想は、普通は出てくることはない。それは、ドームが構造的にあまりに完璧すぎるからである。ドームの持つ、この「完璧さ」の呪縛からのブレークスルーを私に試みさせたきっかけは、むしろ偶然であったといえる。

第3章で述べた「しわなし最偏平空気膜曲面」は、それまで考えてもみなかった、フープ作用を持たない空気膜ドームの可能性に気づかせてくれたし、その性質を利用して試みた「金属膜エアドーム」は、フープ作用を持たないドームの変形の自由さを、実大建築のスケールで体験させてくれた。

　これらは、パンタドーム構法の思想の根底にある、「ドームを一時的にドームでなくしたら？」という考えに私が到達するのに、不可欠の思考プロセスであったと思う。

　大空間構造のリフトアップを、本章の「はじめに」で述べた昆虫の羽化になぞらえれば、パンタドーム構法は、「危機を伴わないメタモルフォーゼ」のシステムということになるかもしれない。このように、パンタドーム構法は極めて原理的な性格を持っており、したがって、その適用の過程で種々の新しい可能性が出現してくるのは、むしろ当然である。

将来の可能性

　現在までの実施例について見ても、これらの構造は、全てドーム作用をもつという点で共通しているが、その平面、立面形は千差万別であり、それぞれの特徴に応じたつくり方が考案された。特になみはやドームでは「斜めリフトアップ」という、未だ世界に例のない揚重手法が成功裡に行われた。なら100年会館では3列のヒンジラインを全て壁面に配置するという手法を試み、また、「パンタウォール」の導入という考えも試みられた。さらに、後年完成したスペイン、バレンシアの闘牛場では、仮設支柱を一切使用しない「自昇式」のパンタドーム構法を提案し、実行した。

　パンタドーム構法における、リフトアップ中の構造の形態の変化を観察すると、実に千変万化であり、リフトアップの過程では、完成後よりもはるかにダイナミックな形態を示すものもある。これらの様子を見ていると、パンタドーム構法の形態変化がリフトアップ過程のみに限定されているのが、むしろ窮屈な使い方のような気がしてくる。建築が完成した後も、用途に応じて変化し、目的ごとに最適な形態をとる建築、これがパンタドームの次の課題かもしれないと思っている。

第 5 章

木の構造デザイン

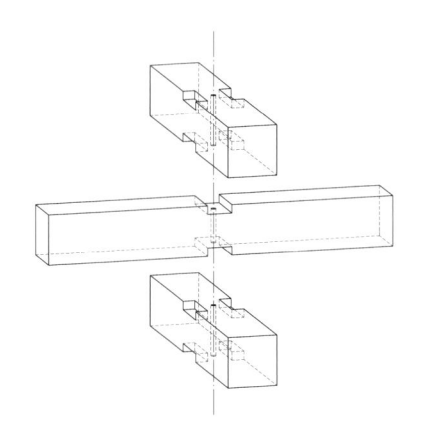

はじめに

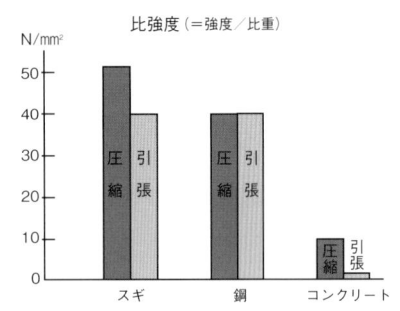

比強度（＝強度／比重）

図1 比強度の例

木の持つ3つの特長

構造材料は鉄、軽合金、コンクリート、木材、レンガ、石…といろいろあるが、この中で、木は他の材料に比べて3つの大きな特長をもっている。

比強度

そのひとつは強度を比重で割った値、「比強度」が高いことである。強い材料でも、自分自身が重いと、「比強度」は小さくなる。これは、自重が大きいと、自分を支えるために強度が費やされて、他の荷重を支えるゆとりが小さくなることを示している。このように比強度は、構造材料として役に立つかどうかを端的に見るのに都合のいい数値で、構造効率の判断基準になる。

木材の「比強度」が具体的にどの程度かをグラフにすると図1のようになる。「比強度」で考えると、木材は圧縮、引張とも、鉄と同じかそれ以上の値をもつ、すぐれた材料であることがわかる。それに比べると、コンクリートは自重が大きいために、効率の悪い材料だといえる。もちろんコンクリートにはそれなりの長所があって大いに役立っているが、比強度という点ではコンクリートは木にかなわないということになる。

質感

つぎに、建築材料としては、木は自然の材料で、柔らかく、暖かい質感をもっていることが挙げられる。したがって、木をじかに表現しても違和感がない。古建築で木の構造がじかに表されていても、冷たい感じ、堅い感じはしない。そのような表現手法と感性を、日本人は伝統的木造建築を通じてしっかりと育んできた。そしてこの感性は、木のデザインにとどまらず、木を表しで使ったような感覚で、コンクリートも表しで造ろうという、現代の日本流の打ち放しコンクリートの概念にまでつながっているといってよいであろう。

燃えにくさ

最後に、大断面の木材は、火災に対しても有利であることが挙げられる。昔は「鉄は燃えないが木は燃える。だから、木造は火災には駄目だ」と言われていたが、避難という点から考えると、木は鉄よりも優れているという認識が出てきた。その理由は、大断面の木は燃えるけれど、支持力を失うまでには、かなりの時間がかかるのに対して、鉄骨構造は燃えないけれど、火にあたるとすぐにグニャグニャになって倒壊の危険があるか

らである。

　以上のような特長を考えながら、木をデザインすることになる。

　比強度の高い木材の応用例としては、たとえば、小さな飛行機なら木でつくることができる(図2)。第二次世界大戦中は、日本でも軍用の木製飛行機がつくられていたことがある。

　オランダの風車も、そよ風で動くように、軽くて丈夫な構造ということで、木製のものが多く使われており、木材の比強度の高さを示している(図3)。

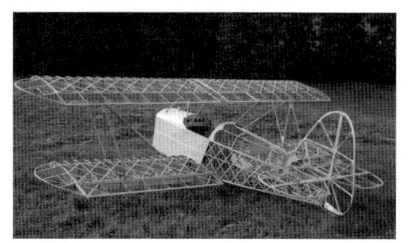

図2　木の応用例(高比強度)：木製飛行機

図3　木の応用例(高比強度)：風車

構造デザイン上の注意

　それでは、上記のような性質をもつ木を使って構造のデザインをするときに、何に注意をすべきかというと、木を材料として考えたときと、部材として捉えたときとでは様子が違うということである。

　材料としての木は、上に述べたように、圧縮にも引張りにも強い、優れた材料である。しかし、構造の部材として考えると、事情はそれほど単純ではない。木造や鉄骨造のような、「プレファブ方式」の建築は、工場で成形した部材を建築現場に運搬し、現場でつなぎ合わせて構造をつくり上げることになるが、その際、接合の位置で、伝達すべき力が圧縮力か引張力かで条件が著しく異なる。伝える力が圧縮の場合は、木と木を単純に突き合わせて押し合うようにすれば、基本的には問題なく力が伝達されるが、引張り力を伝えなければならない場合は、何か別のものの助けを借りないと力が伝わらない。そこのところが木にとっては苦手なのである。

　したがって、部材の接合まで考えに入れると、木は圧縮部材として使用するのが無理がなく、合理的であり、経済的でもある。もちろんこれは一般論であり、特別の工夫をして木の引張り能力を引き出すデザインを考えることを、否定するものではない。

木を単材として使う
木構造 5 作品

図1 東京キリスト教学園チャペル外観

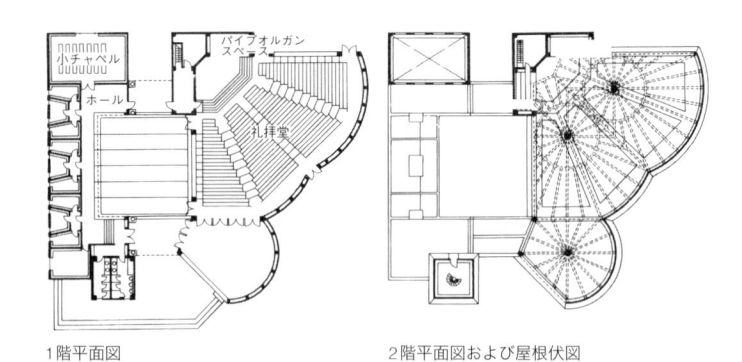

図3 同 平面図
1階平面図
2階平面図および屋根伏図

図2 同 内観

図4 同 頂部リング

　以下、いくつかの木構造の事例を紹介しよう。はじめは、木を単材として使用した5例について説明する。これらは全て、磯崎新さんの建築設計によるものである。

東京キリスト教学園チャペル（1989）

　最初の例は「東京キリスト教学園チャペル」である。外観を図1に示す。天然スレート一文字葺きで、外部からは木造の雰囲気は感じられないが、内部は木の構造が実感できる（図2）。

　下部構造は鉄筋コンクリート造（図3左）で、その上に木造のドームが架かっている（同図右）。木造ドームの構成は、12mm厚の構造用合板と、150mm×400mmの集成材のリブでできた3個の球形相貫体シェル構造である（図2）。

　ドームの構造には、おおむね圧縮力が働いている。構造用合板は面内力を伝達する手段としては、剛性、強度の両面で非常に能率が高く、釘打ちによる接合効率も良好である。

図5 由布院駅舎外観

　図4の写真は、ドーム頂部のリングの近景である。リングに働く力も圧縮力なので、木材で作ることもできるが、接合のやりやすさと経済性を考えて鋼板でつくっている。
　全体として、圧縮に木を使った例で、スケール的にも、木造に適合した、無理のないデザインだと思う。

由布院駅舎（1990）

　次は由布院の駅舎（図5）である。平屋で、建築の構成は単純である。スケールが小さいので、いろいろな構造システムが可能であるが、コンコース上部のタワー（高さ20m）の頂部には、木造のシェル屋根を用いている。9m角の屋根を4枚の扁平円筒シェルの相貫体で覆っている。シェル面は厚さ12mmの構造用合板で、900mmピッチの薄いリブ（40×190mm）に、釘打ちされている。相貫線上の楕円アーチは、せいが300mmで、図6のように、全体として軽快な屋根構造になっている。
　図7は、待合室の屋根架構である。アーチのタイロッドは効いているが、放射状の木は飾りである。無くても構造としては問題ない。
　このように、スケールの小さな構造では、構造をテーマにした遊びのデザインが可能である。

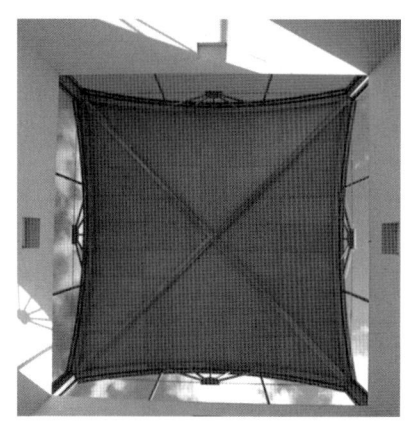

図6 同 コンコース屋根見上げ

図7 同 待合室（イベントホール）内観

ハラ ミュージアム アーク（1988）

　次は、ハラ ミュージアム アークである。群馬県の伊香保グリーン牧場の一角にある。
　平面は長方形が集まった形をしている（図8）。ギャラリーBとCの屋根は由布院の駅舎と同じようなアーチでできている。
　プラン中央のギャラリーAは構造用合板とトラスによる、ピラミッド状の迫り持ち構造になっている（図9）。

木構造5作品 | 145

図8 ハラ ミュージアム アーク平面図

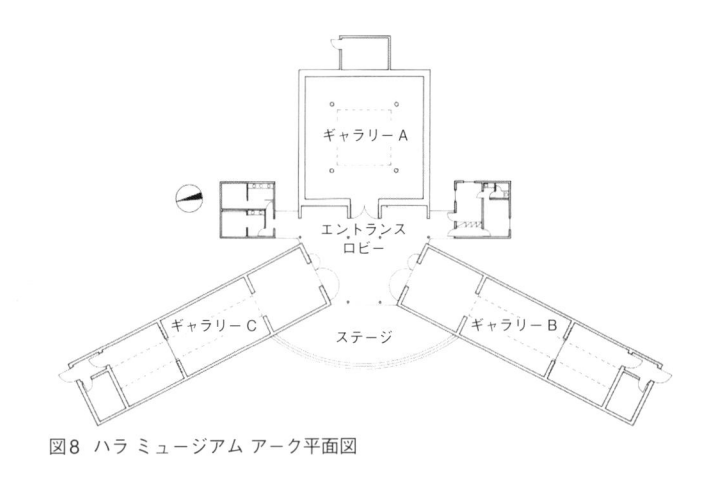

図9 同 ギャラリーA内観

図10 立山博物館の遥望館外観

図11 同 室内から見た風景

図12 同 内観、集成材の登り梁を見る

立山博物館の遥望館（1991）

　次の作品は、立山博物館の遥望館である。

　立山のこの辺りは、仏教伝説の多いところだ。地獄・極楽の民話の言い伝えが数多く残っている。ロジックの世界を離れた、おどろおどろしい世界を感じさせる場所である。この建物の敷地には、かつて立山信仰の舞台になった、おんば堂が建っていたといわれている。そのような場所になじむように、磯崎さんはこの建物を木造で考えたのだろうと思う。

　屋根は天然石貼りで柔らかい感じである（図10）。

　図11は室内から外を見たところであるが、見える景色も伝説上の物語と関連しているようである。

　この地域は積雪3メートルの多雪地帯であるから、雪荷重が構造設計の主要テーマになる。

　架構のシステムは、まず両端のRCコアを利用して、中央部竜骨を走らせる。これは150×900mmの二丁合わせの集成材である。この竜骨に向かって両側からアーチ状の登り梁が900mmピッチで架かっている（図13）。

　図12は、150×700mmの集成材による登り梁の内観である。天井は表しとして、木構造の持ち味を活かしている。民家の化粧屋根裏に近い雰囲気である。

武蔵丘陵カントリー倶楽部（現・さいたま梨花カントリークラブ）（1987）

　単材の木による構造デザインの最後の例は、武蔵丘陵カントリー倶楽部（現・さいたま梨花カントリークラブ）である。

　図14のような外観で、「田園的なるもの」をテーマにしたデザインになっている。ゴルフ場であるから下階に風呂場やロッ

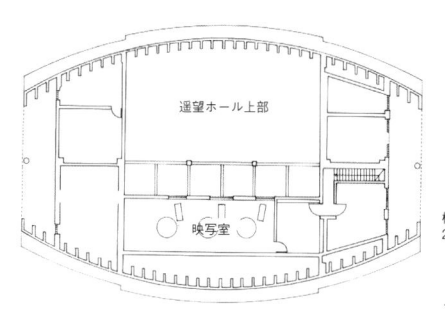

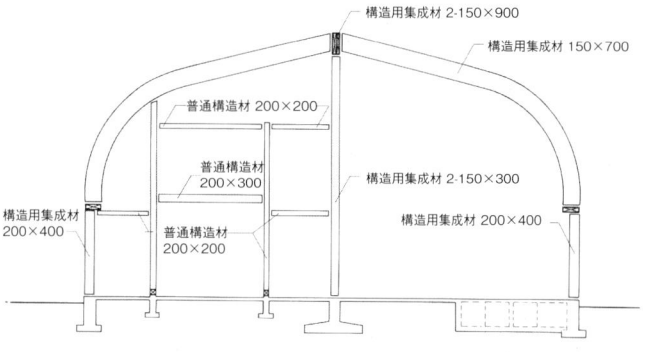

図13 立山博物館の遥望館 平面および断面

図14 武蔵丘陵カントリー倶楽部 外観

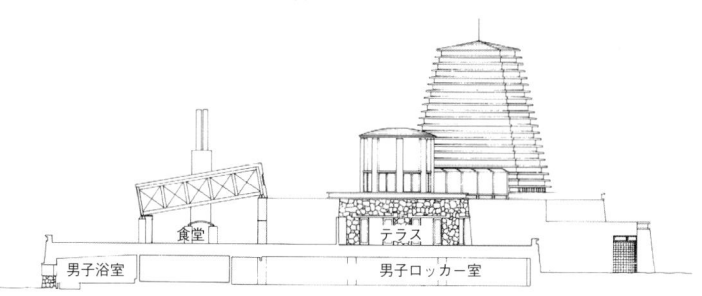

図16 同 断面図

カーなどがあり、上階にレストランやコンペルームなどが配置されている（図15）。

　エントランスホールには象徴的なタワーが立っている。ゴルフ場建設前にこの付近を覆っていた、立派な樹木を象徴するタワーとのことである。

　レストランの上には、傾いたトラス構造が架かっている。この部分はスケール的に見て、トラスが不可欠というスパンでは決してない。デザインも構造も、適当に遊ぶゆとりの多い建物である（図16）。

　このトラスの形式は19世紀に米国で発明された、プラット・トラスで、ややレトロな雰囲気を醸し出している。トラスは木造でつくる計画であったが、法規上の問題からプレキャスト・コンクリート（スパン10.8m）にした。プロポーションは木造のままである（図17）。

　もうひとつ、この建物で遊んでいるのが、エントランスホー

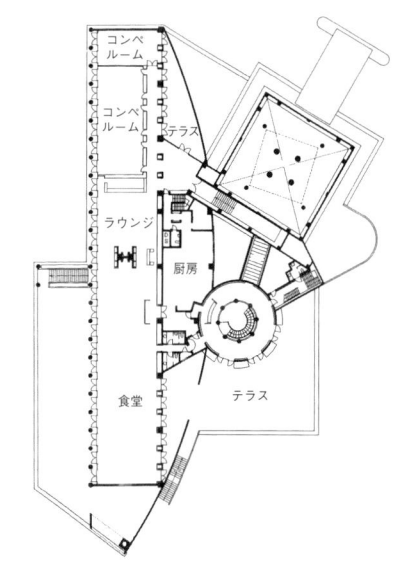

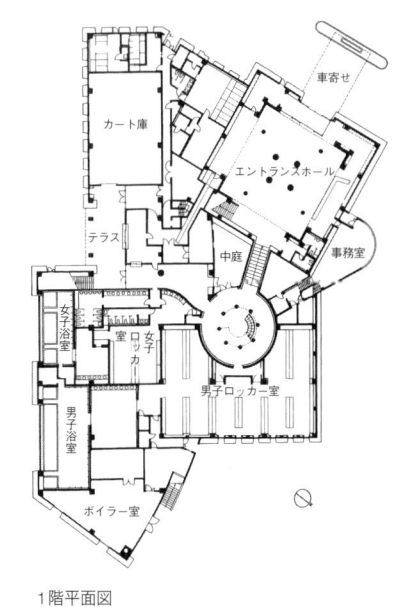

図15 同 平面図

木構造5作品 | 147

図17　武蔵丘陵カントリー倶楽部　食堂の上の
　　　プラット・トラス

図18　同　タワー外観

図19　同　タワー内観

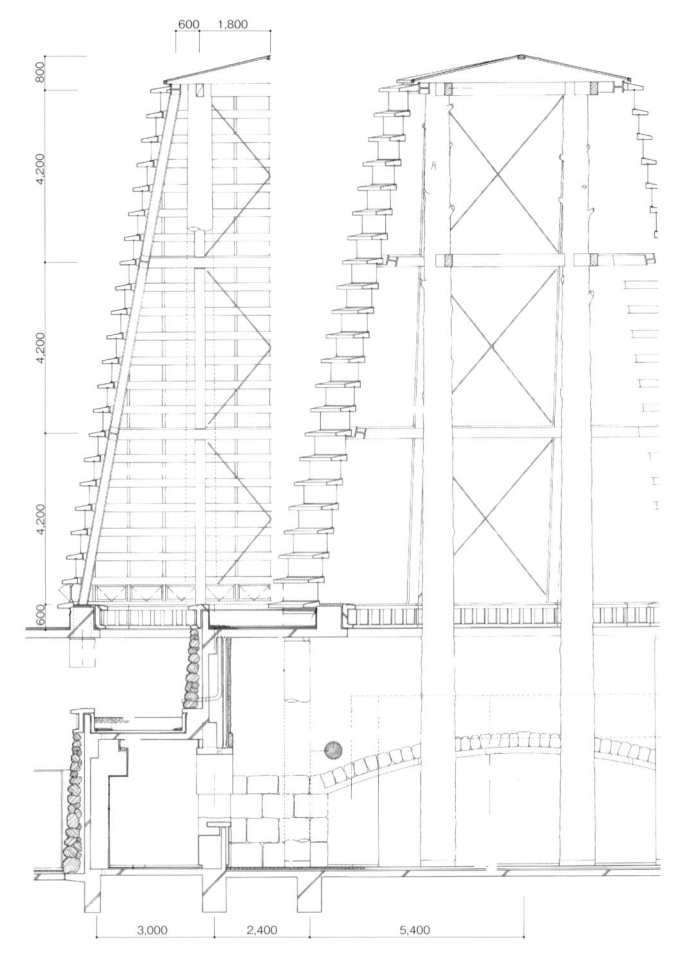

図20　同　タワー断面図

ルのタワー。内側には樹齢300年近い、立派なスギの木が4本立っている。一見すると、この木がタワーを全部支えているように見えるが、実際にはタワーの構造は、外周の鉄骨造骨組みで成立しており、中央の4本柱は、むしろ、それにつかまって振れ止めをしてもらっている（図18, 19, 20）。4本のスギの巨木は、この場所に、かつて立派な木が森を形成していたということを象徴するオブジェである。この建物は構造的に、何かが何かを、大真面目に支えているという種類のものではない。それはスケールがその程度なのだと考えることができる。

木のデザインとスケール

　以上、磯崎新さんとの協働作品の中から、単材としての木を主体とするものをいくつか紹介した。いずれも、木構造の合理性を大上段に振りかざしたデザインではなく、むしろ、建築のスケールを的確に把握した上での、さりげない設計であるといえる。しかし、このようなデザインにこそ、設計者の洗練された造形感覚と、すぐれた判断力が表現されているように思われる。

木とスティールの長所を組み合わせる
T-Sハイブリッド構造

　前節の例では、木材のみで構成した構造の例について述べたが、建物のスケール、その他の条件によっては、木だけの構成では必ずしも合理的でない場合がある。そこで、ここでは、木と他の材料との協働による構造システムの可能性について考える。木に協力する材料は、いろいろ考えられるが、最も一般的な素材として、スティールを考える。ティンバーのTに、スティールのSで、T-Sハイブリッド構造と呼んでいる。

2つの方式

　T-Sハイブリッド構造には、2つの方式が考えられ、木と鉄が一体になっているもの（一体式）と、分離しているもの（アーティキュレーション式）に分けられる。
　アーティキュレーション"Articulation"という語は、本来、言語学の言葉で、音節をはっきり分けて、アー・ティ・キュ・レー・ションなどと発音するようなことを意味している。近年は、この言葉が構造デザインにも使われるようになってきて、構造の機能ごとに、たとえば圧縮と引張の部材をはっきり分けて使用する場合などに使われている。

一体式

　はじめに一体式の例について述べる。一体式には対照的な2つのタイプがある（図1）。スティールをウエブに使ったスティール・ウエブ型と、フランジに使ったスティール・フランジ型である。梁は一般にフランジとウエブでできている。そのどちらを木でつくるか、あるいはスティールでつくるかで、話が分かれてくる。上記はスティールに注目して呼んだ分類である。
　上記2つのタイプのハイブリッド構造を、私が試みた事例について説明しよう。ひとつは、規模の小さい梁を、容易に入手できる材料と簡単な道具で安くつくれないかと考えたときの試作実験である（図2）。それは、たとえば避難用施設とか難民用仮設住居などのように、専門家がいなくても作れることを前提に考えた梁である。スパンも3.6m程度を考えた。フランジが木で、その間に0.3mmの亜鉛メッキのスティール・シート（トタン板）を釘で打ちつけて作る。鉄板が薄いので、あらかじめ孔を開けておかなくても、素人が簡単に釘を打って作り上げることができる。

1. スティール・ウエブ型　｛フランジ：木／ウエブ：鉄｝
2. スティール・フランジ型　｛フランジ：鉄／ウエブ：木｝

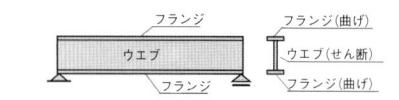

図1　一体式ハイブリッド構造の2つのタイプ

｛フランジ：すぎ、上下とも2x20x50mm／ウエブ：鋼板、0.3mm（釘打ち）｝
設計荷重（並列梁合計）：756kgf

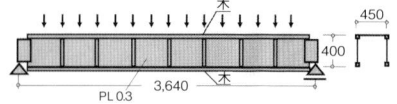

図2　スティール・ウエブ梁の実験

図3 セメント袋による載荷：P＝600kgf

図4 セメント袋による載荷：P＝1,600kgf

図5 破壊荷重：5,450kgf（設計荷重の7.2倍）

図6 孔開きウエブ：P＝1,600kgf

　そのような梁（400×3,640mm）を学生たちと一緒に作って、強さを実験で確かめた。実験しやすいように、梁を平行に2本並べている（間隔450mm）。設計用荷重密度としては、住宅、学校、集会室などを対象に、460kgf/m^2（4,500N/m^2）をとり、したがって、試験体用設計荷重は750kgf（7,350N）程度を考えた。この梁は、材料と簡単な工具があれば、素人でも1～2時間程度で組み立てられる。

実験で検証

　これがどの程度強いか、どのように変形し、どのような壊れ方をするかを見る実験を行った。はじめは設計荷重まで1袋40kgのセメント袋を積み上げた（図3、4）。

　すこし余談になるが、実験の際、セメント袋や砂袋を荷重として積み上げることは多いが、その際は注意が必要である。これらの荷重袋の各列を、相互に分離して積まないと、積んだ荷重の塊の中にアーチ作用が生じてしまい、試験体に正しい荷重が伝わらないからである。縦の列がお互いに寄りかからないように積み上げていく必要がある。現場実験などをやるときにも注意すべき大切な事柄である。

　実験では、こうしてセメント袋を積んでいったが、梁の耐力が想定以上に高く、設計荷重の2倍を超えたあたりから、荷重をこれ以上積むのは作業安全上難しくなったので、セメント袋を降ろして試験体を試験装置にかけ、4点載荷方式で、梁が壊れるまで荷重をかけることにした（図5）。

　荷重を増やしていきながら、ウエブ材のトタン板を観察していると、図5、7のように中央に向かって傾いた皺が現れる。ウエブに働くのはせん断力であるから、最初は八の字の方向に圧縮、逆八の字方向に引張力が働く。しかし、鉄板が極端に薄いので、荷重を少しかけたところで圧縮方向にはたちまち座屈を起こしてしまう。鉄は座屈を起こしたらおしまいのように、よく思われるが、周囲の拘束条件によっては、圧縮方向の力

は失っても引張方向の力は働いている(「張力場」)。張力場が形成されると、一般に、その先は非常に粘り強いことが知られている。飛行機の翼も同じ考えで設計されている。この実験でも、張力場に入ったウエブが、結局、設計荷重の7倍にも達する荷重に持ちこたえた。

併行して、梁の中央に、配管の貫通などを想定した孔を開けた梁も実験した(図6)。この試験体も、同じくらいの強さを示し、この程度の開口は支持力に影響しないことがわかった。

図7の写真は、梁の端部近くで張力場にあるウエブ材が、せん断力を伝達している様子を示している。張力場にある薄鉄板が、いかに粘り強いかをよく示している。大きな皺ができても、引張の方が頑張ってくれており、張力場ウエブが非常に頼りになるシステムであるということを実感させてくれる。

図7 破壊時のウエブの変形

T-Sハイブリッド構造の実施例
鬼石多目的ホール（2005）

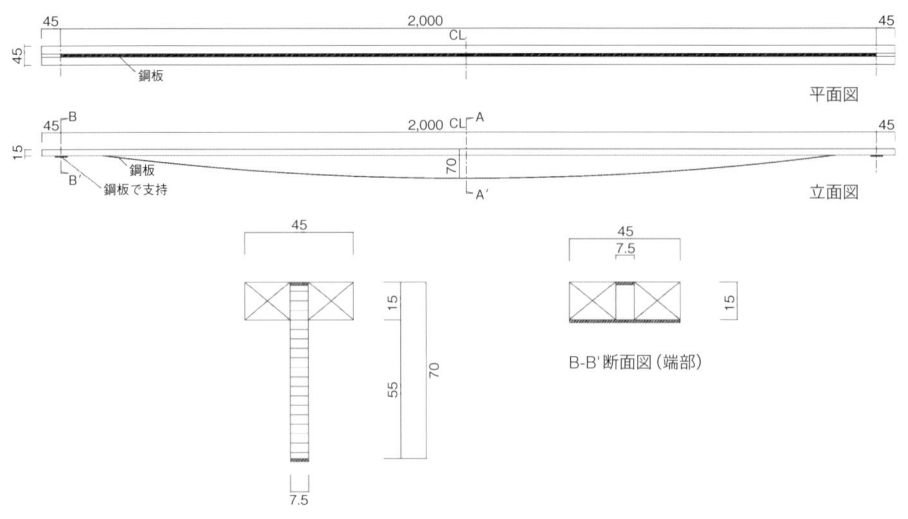

図1 鬼石ホール当初案の1/10模型実験試験体

図2 1/10模型実験概観

　次は、前の例とは逆に、鉄をフランジに、木をウエブに使った、つまりスティール・フランジ型の例である。

　この考えは、RC構造における鉄筋（主筋）と同じ機能を鉄に与える発想なので、私はRT（Reinforced Timber）構造と呼んでいる。具体的には、妹島和世さん設計の鬼石多目的ホールに応用した。このホールは、最初の計画案と実際の設計では、梁の形が上下逆転している。

　最初の梁の案は、上端が水平で、下端が凸の形状をしており、中央で700mmのせいを持つ。図1の断面図の上下にある太線の位置に鉄板が張り付けられて、フランジを形成している。他方、最終案の梁は下端が水平で、上端が曲線で、せいは両端で400mm、中央で900mmという設計になった（図6）。スパンはいずれも20mである。

模型実験

　まず、最初の案に対する1/10模型実験について説明しよう。試験体は上が平らで下が曲線のRT梁である（図1, 2）。図2で梁の下にぶら下がっているのは、1ヵ所にかけた荷重が梁に均等に伝わるようにした載荷装置である。このしかけは、スポーツの試合のトーナメント表に似た形をしているので、載荷用のトーナメント・システム（tournament system）と呼ばれている。梁の上に並んで見えるのは、梁のたわみ量を測るための、ダイ

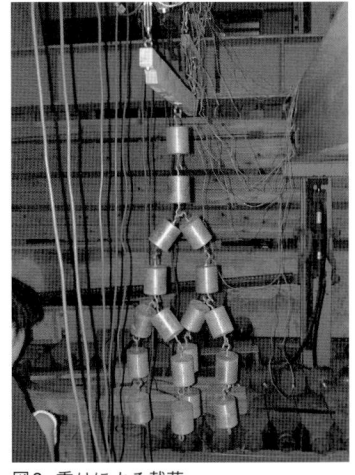

図3 重りによる載荷　　図4 実験終盤の変形状態

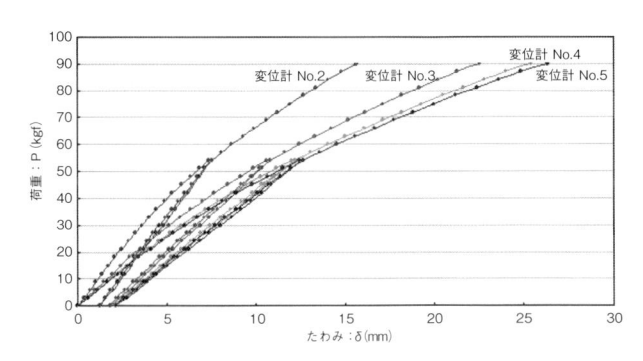

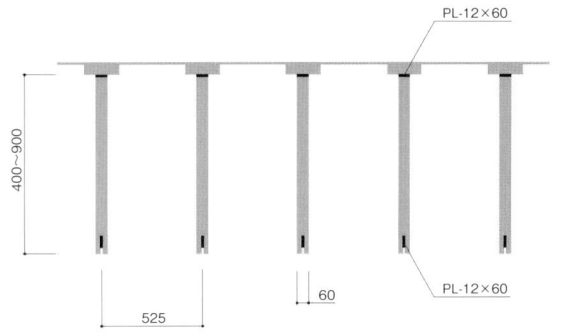

図5 荷重—たわみ曲線　　図6 鬼石多目的ホール実施案　梁断面図

ヤルゲージである。現在ではこのような装置でたわみを測ることはあまりないと思うが、非常にわかりやすく、信頼できる変位計である。

実験では、トーナメント式の載荷装置の最下点中央に、図3のように、1個3kgの重りをどんどん加えていきながら、変形の測定をする。

図4の写真は、最大荷重時の形状を示しているが、梁がこのように大きく変形しても、ねばり強く持ちこたえており、この構造システムの靱性の高さを示している。

図5のグラフは、荷重と各点のたわみを表した荷重—たわみ曲線である。変位計は、写真（図4）の左からNo.1…No.9と番号がつけられており、No.1とNo.9は支点上、No.5はスパン中央である。荷重—たわみ曲線中の「変位計番号」は、これに対応している。梁の耐力は、18kgfの設計荷重に対して90kgf以上の値を示しており、このRT梁構造が非常に優れた構造システムであることがわかる。

実施設計における梁の形は、上述のように、下端が水平で上端が凸の形状のRT構造になった。

図7 せん断実験用短縮模型

図8 外観

図9 レクチャーホール内観

　フランジは、上下ともに、12×60mmのフラットバーである（図6）。下端の鋼板は直線なので、縦使いとし、木造ウエブの中に収まる配置とした。
　この梁は、スパンが20m、中央部のせいが900mmであるから、木造というよりは鉄骨造のプロポーションをもつが、RT構造によって、このスレンダーな形を実現させた。
　図7はこの梁の実大模型実験の様子を示す。梁の曲げ性状に関しては、上述の模型実験の結果、把握できていたので、実大実験では、端部のせん断力伝達の挙動を調べることを目的とし、スパンだけを1/5に短縮した模型を作成した。試験体の形がズングリしているのは、そのためである。この実験で、せん断耐力も設計荷重の4倍以上あることが確認できた。
　図8は完成した建物の全景を示す。図9はレクチャーホールの内観である。鉄骨造のプロポーションをもつRT構造の雰囲気を示している。
　ここまでは、T-Sハイブリッド構造のうち、一体式の例について述べてきたが、木と鉄のハイブリッドらしいデザイン効果が顕著に見られるのは、むしろアーティキュレーション（分離）式のものであろう。次の節では、分離式のT-Sハイブリッド構造の例を挙げて、説明する。

アーティキュレーション式T-Sハイブリッド構造
姶良総合運動公園体育館（2005）

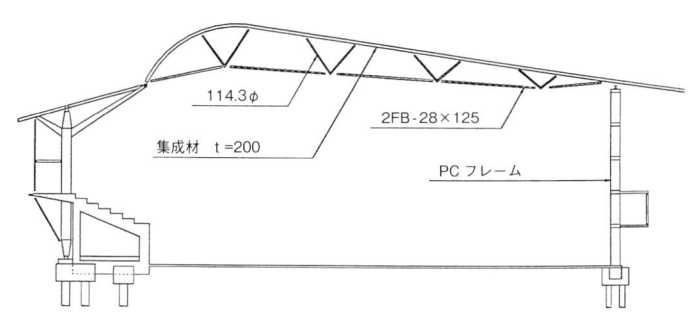

図1 横断面図

図2 外観

アーティキュレーション式

　T-Sハイブリッド構造のうち、アーティキュレーション式の例として、まず、古市徹雄さん設計の姶良総合運動公園体育館を説明しよう。ここでわれわれがやろうとしたことは、木のシェル構造とスティールとのハイブリッド構造である。

　この建物の屋根は、厚さ200mmの集成材で形成され、スパン方向に非対称アーチ状の曲線を描いている（図1, 2）が、アーチのような「線材」ではなく、桁行き方向（紙面垂直方向）にも同じ200mmの厚さで、100mにわたって連続している曲面構造である。この集成材のシェル面と、スティールのフラットバー（28×125mm 2枚合わせ）による下弦材、およびラチス材（鋼管114mm）で、ハイブリッド構造を構成している。

　下弦材はテンション部材であるからケーブルを用いてもかまわないのであるが、フラットバーを用いた「チェーン構造」にしてある。それは、この方が経済的で剛性が高く、かつ造形上も存在感があると考えられたからである。

　木のシェル構造は、これまでもたとえば東京キリスト教学園のチャペル（p.144 図1～3）や、由布院駅のコンコース屋根（p.145

図3 内観

図5, 6)などに使ってきたが、これらの前例ではスケールも小さく、構造形式も古典的なシェル構造の概念に収まるものだったので、しっかりした境界リブ構造の中に、構造用合板を貼るという在来型のシェル工法を使ってきた。

これに対して姶良体育館では、スケールも大きく、また、いわゆるシェルのための境界構造も古典的な定義には当てはまらない構造システムなので、よりラジカルにシェルの本質に迫る手法を考えた。

木造シェルの可能性

シェル構造は、一般に、次の2つの特徴をもつ構造システムである。

まず、形の上では、曲面状の板でできているということ(英語のShell Structureに対応する日本語は「曲面板構造」である)。上記の形状と合理的な支持方法によって、シェル構造の2つ目の特徴である、主に面内を流れる力により荷重が支持されるという力学的な性質が得られる。

姶良体育館の集成材屋根は、上記の2条件をともに満たすから、立派なシェル構造である。この体育館の屋根面には平らな部分もあるが、その部分もスティールとのハイブリッド構造にすることで、集成材屋根面の力の流れは主に面内に保たれている。

この屋根の集成材の構成は、200mm厚のベイマツ(構造材)の下に18mmの姶良産スギ(天井材)を貼っている。合計218mmの厚さをもつこのシェルは、一見贅沢そうに思われるが、シェルとしての構造的機能のほかに、断熱、遮音、吸音、テクスチュアなどの屋根・天井機能を併せ持っており、ホリスティックな意味で十分経済的である。屋根自重は約100kgf/m²(約1,000N/m²)

図4 直線部材の搬入

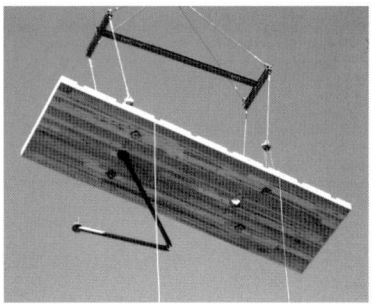

図5 直線部材の吊り上げ

図6 湾曲部の吊り上げ

図7 湾曲部材のセット

図8 現場組み立て概観

図9 現場組み立て近景

である。

　図3は体育館の内部空間を示す。木はシェル屋根として連続している。繊維はスパン方向に流れているが、集成材の板は桁行き方向にもつながって、一種の異方性シェル構造を形成している。木造シェルのハイブリッド構造という点で、ひとつの新しい試みだと思う。

施工計画

　この屋根のシェルパネルは、スパン方向5分割、桁行き方向40分割とし、1ピースを8×2.5m（重量約2トン）の大きさで工場

姶良総合運動公園体育館 | 157

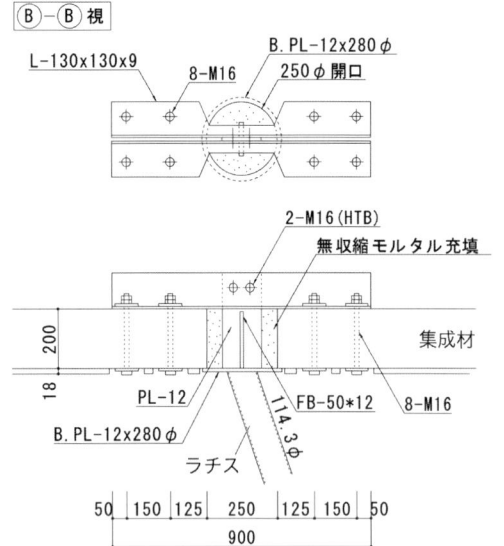

図10 シェルとラチスの鋼管の接合部詳細図

図11 シェルとラチスの鋼管の接合部見上げ

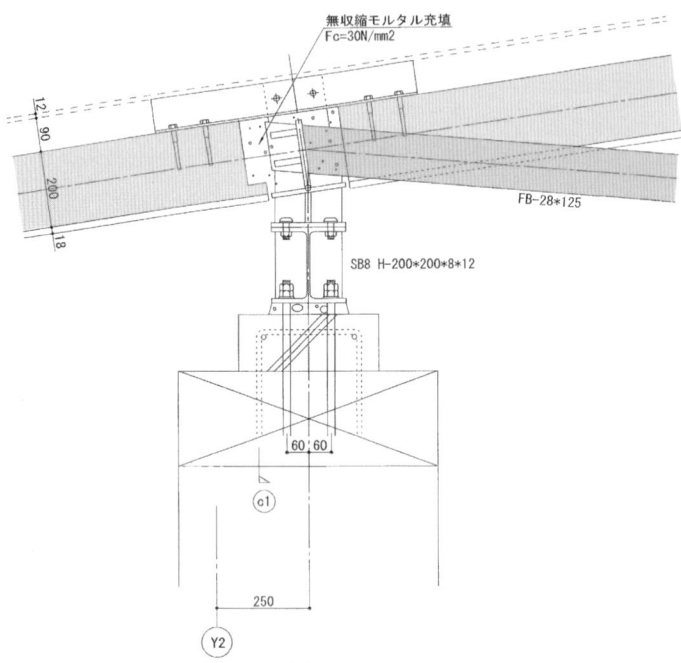

図12 フラットバーとシェルの交点詳細図

製作し、トラックで運搬して、現場の仮設足場上で組み立てた（図4〜9）。

集成材シェルは、基本的に圧縮応力状態になるので、約8mごとのスパン方向現場継手は、突合せを基本とし、幅2.5mに対してM20ボルト3本による簪（かんざし）ジョイントを設け、接合面には、相互のなじみのために、ウレタン系接着剤を塗布した。この現場継手は、隣のアーチユニットとは半コマずらし、破れ目地状の配置とした。

図10、11に、集成材シェルとラチス鋼管の接合部詳細図、および見上げ写真を示す。図12には、フラットバーとシェル交点の詳細図を示す。

T-Sハイブリッド構造で駅舎をつくる
日向市駅（2008）

図1　建物概観

図2　ホーム内観

　アーティキュレーション式のT-Sハイブリッド構造の例として、次に挙げるのは、JR日向市駅の駅舎である。建築設計は内藤廣さん。

　新駅舎は鉄道の高架化に伴って設計され、地上レベルで可能になる東西の自由交通に合わせて、駅舎自身も東西に透明感を与えようというのが、建築デザインの基本的な考え方のひとつであった（図1、2）。

　他方、この地域は台風銀座とも呼ばれ、暴風の影響頻度が高いので、建物は当然、風に対して頑丈でなければならない。この、造形上要求される透明感と、耐風強さの両条件を満たす構造として、アーティキュレーション式のT-Sハイブリッド構造が採用された。

杉を生かした構造

　宮崎県の耳川の流域は、昔から林業が発達していた場所である。特に杉が豊富なので、地元からは、当然県産材の杉を使ってほしいという要望がある。しかし杉は、よく知られているように、決して強い材料ではない。特に南国の杉は成長が早く内部が密実ではないため強度が十分でなく、これを集成材にしてもあまり強度は出ない。それをどのようにして満足できる構造にしていくのかが、課題のひとつであった。

　この計画には、以前から土木計画やまちづくりの専門家たちによるデザイン会議が組織されており、市民たちの意見を吸い上げながら、どのようなデザインが良いのか議論されてきた。透明感のある軽快なデザイン、県産材の使用、ホームだけを覆うのではなく線路も含んで全体を覆う駅舎が望ましいなどの意

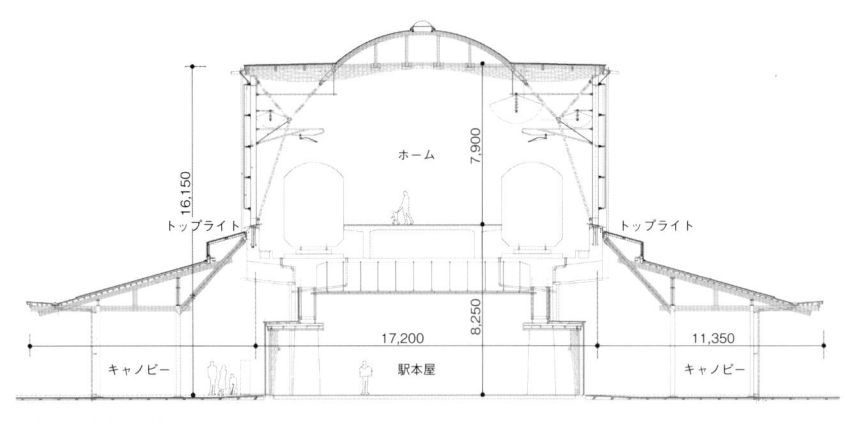

図3　駅舎断面図

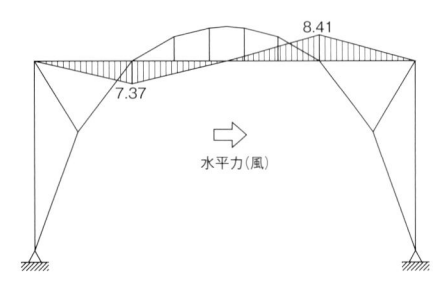

図4　風による曲げモーメント(tf・m)

見が検討され、これらの議論、スタディを経て、図3のような駅舎断面が提案された。

すなわち、スパン17.2m、長さ110mの屋根で、ホームの両側にある線路を含めて、高架部全体を覆ってしまう。そして、東と西にはキャノピーを設けて、市民達が利用しやすい空間を作るという案である。

使用する木材は、宮崎県産の杉の集成材で、あまり強くないから、木材にできるだけ大きな負担をかけない構造システムを考えた。すなわち、木材は梁部分に使用し、立体的に立ち上げた鋼管柱との間で、スパン方向のラーメン骨組みを構成した。一方、東西両サイドのキャノピーはスケールが小さいので、木を主体とする構造とした。

先に述べたように、この地域はよく知られた台風の通り道であるので、風の影響は十分に把握しておく必要があり、風洞実験も行った。

集成材の梁

常時荷重に対しては、この骨組みは主に軸力系で処理できるようになっているので、大した応力は生じないが、風、地震の場合は、梁に大きな応力が生じる。特にこの建物では風力も受圧面積も大きいから、風の影響の検討は重要で、風による横力は梁に大きな逆対称曲げモーメントを生じさせる(図4)。したがって、梁の形状としてはこの逆対称曲げモーメントに対応できるものが望ましい。しかし、曲げモーメントの形にピッタリな形の梁を木でつくるのは難しいし、あまり意味もないから、曲げモーメントの分布形に対応しつつ、木造らしい形を持った梁を、どのように実現させるかを考えた。

その結果、図3の断面図に示すような形の梁が候補に上ってきた。木造の梁としては一見、変わった形のように見えるが、つくり方を工夫すれば素直な方法で製作できそうだし、逆対称曲げにも、概略、対応している。この程度のスケールでは構造

製造過程

S字形湾曲集成材を製造する

中央部で2分割する

外層部ラミナーを2次接着し、圧縮余剰箇所の切断

現場組立

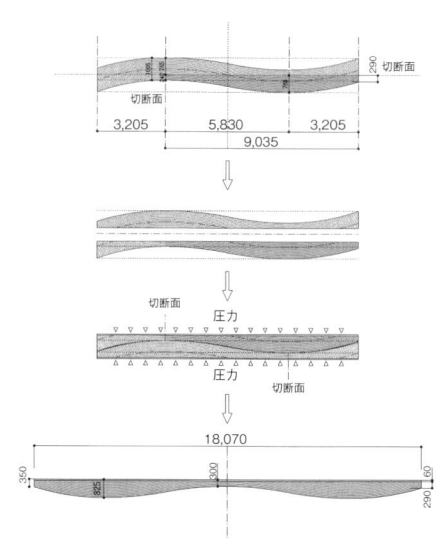

図5 断面梁の作り方

図6 ラミナーを貼り付けて切断部を保護

図7 地上レベルでの集成材による梁の組み立て

図8 鋼管柱のセッティング

図9 梁のリフトアップ

　部材の姿が外力の影響にピッタリ適合している必要は、必ずしもなく、合理性の範囲である程度の遊びの幅があるのが当然である。

　この幅の範囲の中で、木の性質に見合った、デザイン的にも許容できるつくり方を見つけようということで、いろいろな試行錯誤を行った。

　その結果、次のような方法が選ばれた。

　まずS字形の集成材を作る。集成材はラミナーと呼ばれる薄い木の板を、接着剤を挟みながら重ねて作っていくので、S字形の部材は比較的容易に形成できる。でき上がったS字状の集成材を中心に沿って縦に切ると、図5のような形になる。図中、グレーに塗った部分を、梁の半分として用いる。切断部分では繊維が切れているので、保護のために、ラミナーを追加接着して、外層部がフランジとして機能できるようにする（図6）。

　でき上がった梁は、幅120mm、最大せい825mmで、これをペアで使用する（図5、6）。

図10 梁と鋼管の接合

図11 梁と鋼管の接合部

図12 ハイブリッド骨組みの完成

図13 妻側から見た構造

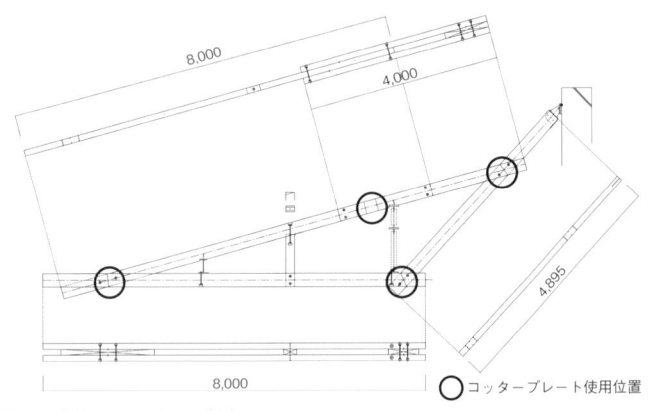

図14 木造キャノピーの構成

施工概要

現場では、まず地上レベルで集成材を組み立てる(図7)。

次に、側面の鋼管柱を所定の場所にセットする(図8)。鋼管の柱列ができたところで、木造梁を吊り上げて(図9)鉄骨に載せ、ジョイントする(図10, 11)。

骨組みができると厚手の野地板を葺いて屋根を構成する(図12)。ほぼでき上がった構造を妻側から見ると図13のようになる。

キャノピー

駅舎の東西両側にあるキャノピー(図3)は、木を主体とする構造で設計された。

キャノピーの骨組みは三角形トラスであるが、部材相互の接合は、せん断ジョイントで設計している(図14)。ここで試みたせん断ジョイントは、薄い鉄板を介してせん断力のやりとりをする手法である(図15)。

(a) ボルト接合の場合 　　(b) コッタープレートの場合

せん断力の伝達
→ ボルト部分に集中

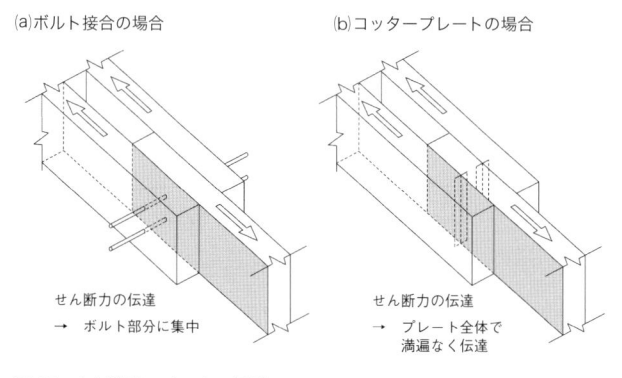

せん断力の伝達
→ プレート全体で
　満遍なく伝達

図15　せん断ジョイントの原理

図16　コッタープレートによるせん断ジョイント

図17　木造キャノピー

　この鉄板はせん断力(シアー)を伝達する役割をもっているので、シアープレートと呼んでもよいのだが、シアープレートという名称は既に木造のジベルの一種として使われているので、われわれはコッタープレートと呼んでいる。

　コッタープレートによるせん断接合は、具体的には、伝達したい力の方向と直角に木にスリットを入れ、そこに鉄板(コッタープレート)を打ち込むのである。そうすると木にとって無理のない伝達方法で能率よく力をやり取りすることができる(図15)。

　図16は、キャノピーのジョイント部を見上げた写真で、上から叩き込んだコッタープレートの下端が見えている。

　キャノピーの木組みの概観は図17のようである。

日向市駅交流広場ステージ

　日向市駅の西口の交流広場に建つ、T-Sハイブリッド構造の休憩施設である。

　このステージの構造は、約10×29mのプランをもつ、集成

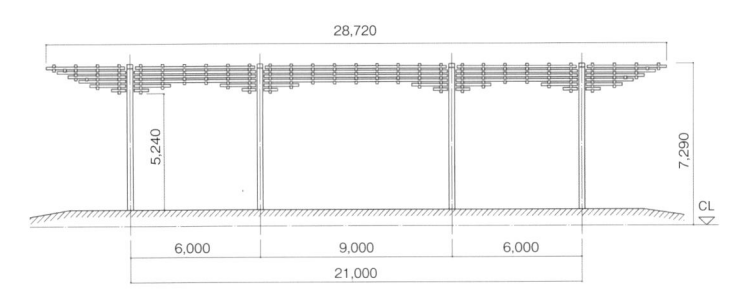

図18 ステージ構造軸組図

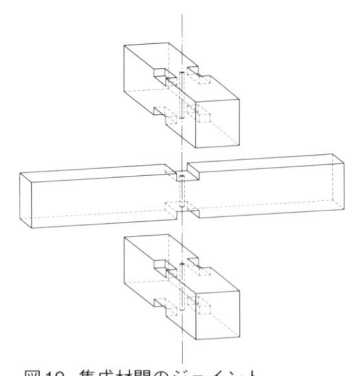

図19 集成材間のジョイント

図20 ステージ内観

図21 ステージ外観

図22 柱頭近景

材持ち送り構造のグリッド屋根を、8本の鋼管柱で支持している（図18）。高さはGL上、約7.3mである。集成材は120mm角のスギ材で、梁間方向7段、桁行き方向6段に重ね、集成材同士はわたりあごジョイントにして上下にボルトで締めている（図19）。柱の鋼管は直径267mm、厚さ9.3mmである。集成材と鋼管のジョイントは、各段ピン接合になっている。

解析上は集成材によるグリッド架構が立体的なフィーレンデール構造を形成し、鋼管と一体となって立体ラーメン構造を形成している（図18, 20）。

この屋根の、集成材による持ち送り構造は、表現上、木材としての存在感がある。一方、柱は、これも鋼管の代わりに木で造ることはもちろん可能であるが、鋼管よりもはるかに大げさな構造になり動線の妨げにもなる。

柱を鋼管で構成することで、表現もすっきりし、動線上の障害も少なく経済的でもある（図21）。ハイブリッド構造の長所は、このような点にもあるのではないかと思う。図22に柱頭のディテールを示す。

164 | 第5章 木の構造デザイン

T-Sハイブリッド構造でアーチをつくる

高知駅（2008）

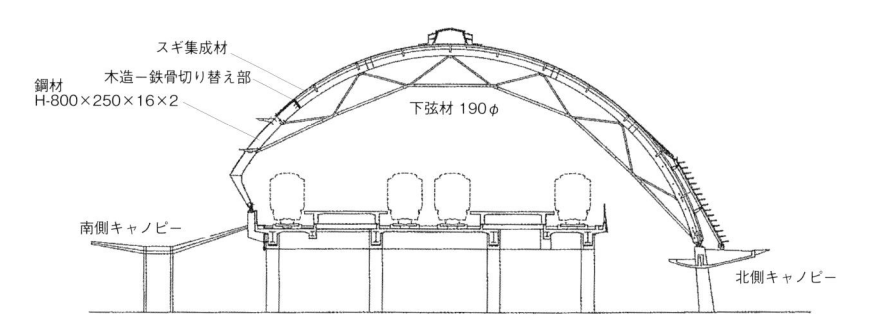

図1　断面図

　T-Sハイブリッド構造の特徴ある例として、JR高知駅舎を挙げる。建築設計は内藤廣さん。

屋根形状の検討

　高知もまた台風銀座なので、風が構造デザイン上の主要なテーマのひとつであった。

　高知駅の特徴は屋根のかぶせ方にある。当初は、左右対称の上屋を高架の上に載せる案であったが、実施案では、次に述べるような2つの理由から、図1のように非対称の断面になった。

　1つは、北側のコンコースでは、アーチを大きく跨がせて、アーチの下にアトリウム状の空間があった方が良いということである。では南側も同様にするのが良いかというと、南側には地上レベルに在来線が走っていて、在来線を走らせながら工事をすることが前提であったため、そこではアーチ脚部を高架上に載せることになった。その上で、新しい四線の空間を高架上に確保するため、図1のような非対称な断面になった。

図2　木造－鉄骨切り替え部

　南側のアーチ脚部付近は力の流れが複雑で、ハイブリッドでは必ずしも合理的ではないため、この部分では鉄が主役を果たすように断面構成を変化させている（図1, 2, 8, 12）。このためアーチ自身も鉄と木のハイブリッドを構成しながら、下弦材にアーティキュレーション式のラチス構造をもつハイブリッド構造にしたのである。

　前述のように、高知も台風の通り道で、風には十分対応しなければならないので、風洞実験を行って風の影響を把握した。

　他方、木造アーチの火災に対する安全性を検証する実験も行った。これらの耐火実験からの要求は、構造デザインにフィー

鋼管の肉厚制限
　下弦材：23mm
　斜　材：15mm

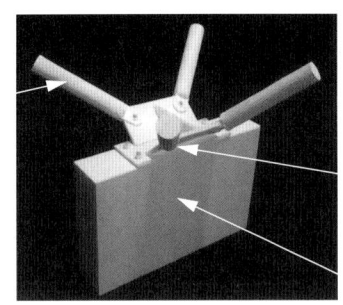

ベースプレートの裏に
モルタルを詰める

集成材の密着使用

図3　耐火実験からのフィードバック

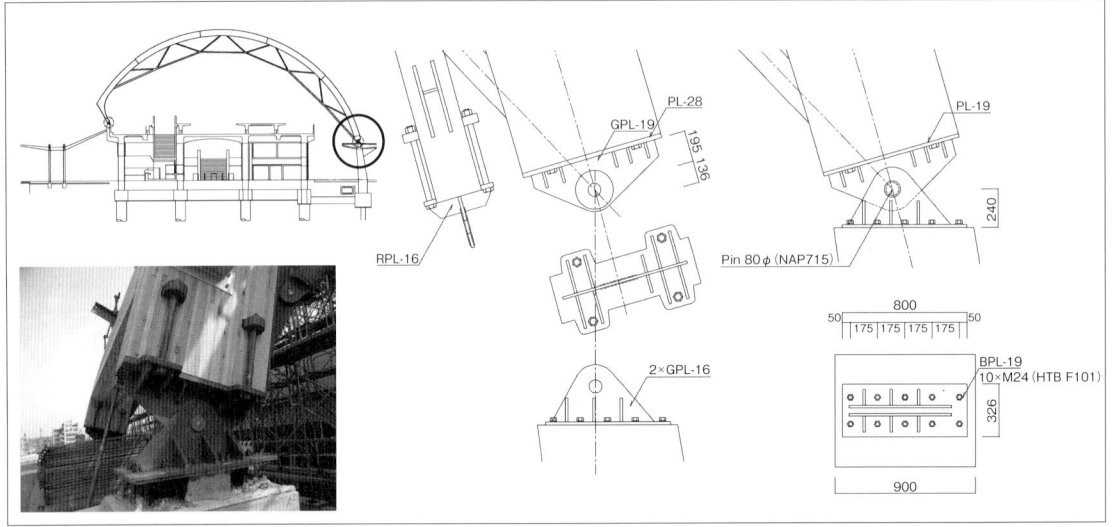

図4　北側柱脚詳細

ドバックさせた（図3）。

　1つは、アーチリブの真ん中をすかせて、合わせ梁のような表現にしようというのが当初のデザインであったが、その案では火災の際に火が2枚のアーチリブの内面で反射しあって、中が燃えやすくなるという実験結果が出たので、中が詰まったソリッド梁に変更した。また、鉄と木との間で火災の時に熱のやり取りがないように、両者の間にモルタルの層を作ってほしいという要望が出た。この要求に対しては、われわれは必要性に疑問を感じたが、それほど面倒なことではないので、とり入れることとした。

アーチ端部のデザイン

　人間の目に近い位置にあって構造上も重要な場所は、図4の左上図丸印をつけたアーチの端部で、アーチ部材の中で一番力が集中する部分である。

　その部分のディテールは、図4のようにした。簪ジョイント式のディテールになっている。アーチの端部であるから普通は圧縮力を受けているが、風の影響が大きいので、ここが浮き上

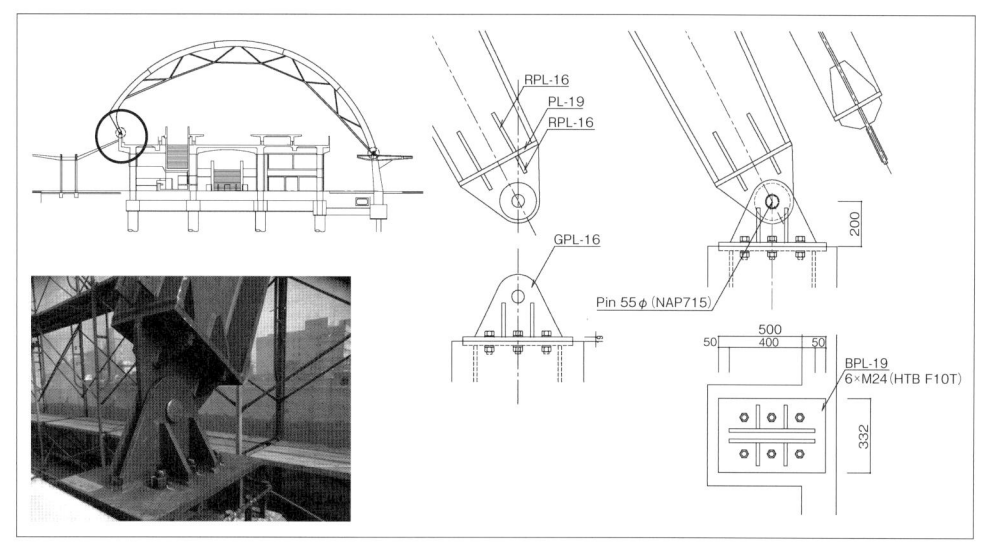

図5 南側柱脚詳細

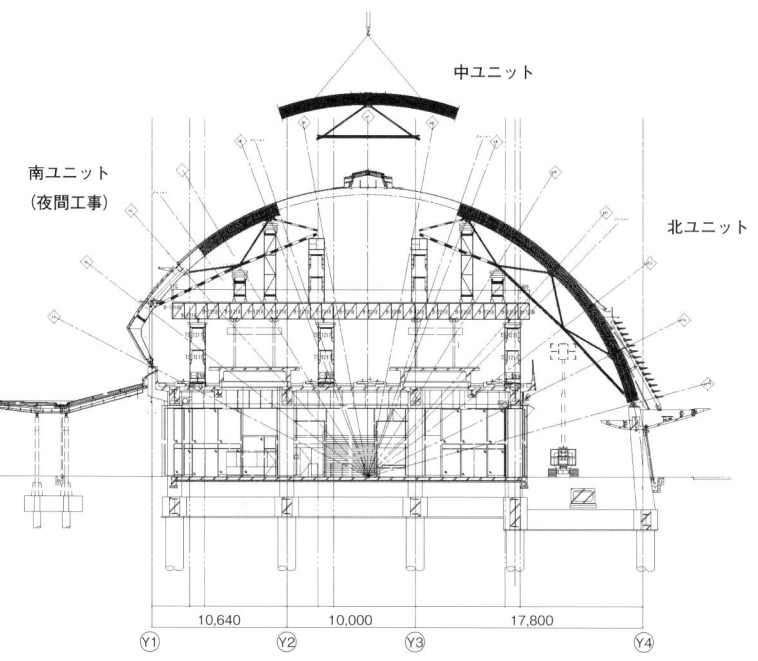

図8 アーチフレーム建て方計画

図6 鋳鋼ジョイント

図7 アーチ、鋼管ジョイント詳細(頂部)

図9 アーチ頂部パーツの運搬

がる応力状態になる場合もある。

そこで、アーチ脚部の集成材に鉄板を貫通させ、その両側をボルトで引っ張って、柱脚ジョイントに固定しているのである。

その他の主要なディテールを示せば、次のようである。

図5は南側柱脚詳細で、左上図丸印部分のディテールである。図6は鋼管同士のジョイントで、鋳鋼で作っている。図7はアーチの頂部である。下側の鋼管は、あらかじめ接合されている。

建て方は図8の要領で行った。アーチ両側を地上からベントで支持しておいて、中央をクレーンで吊り上げて取り付け、アー

図10　南側構造概観

図12　南側鉄骨フレーム脚部

図11　屋根架構内観

図13　北側アーチ脚部

チを完成させる手法である。

　図9は、アーチ頂部の、キー・ストーンに相当する部材であるが、木のアーチ部材に鋼管が取りついたものを運んで現場で納め、アーチを完結させる手法がとられている。

　図10は、完成間近い駅舎の南側の様子である。駅舎部分に大屋根が架かり、両袖のホーム部分には小さな円筒屋根が架かっているのがわかる。

　図11は、屋根架構の内観である。

　図12は、南側鉄骨脚部(図5参照)。鉄骨に取りついている白い板は耐熱版。ここはまだディーゼルカーが走っているので火災に対してはかなり神経質で、鉄骨に対する火除けのカバーである。図13は、北側のアーチ脚部(図4参照)を示す。キャノピーの上のレベルで、RC構造にピン支持されている。

現代ならではの木の使い方を考える
木の構造デザインについて

　以上、この章では、私が現在までに行った設計の中から、木造の建築を選んで、その構造デザインについて記述してみた。

日本人と木の文化
　日本は、古くから世界有数の森林国であり、また農業国でもあったから、日本人の生活は、木、わら、紙、土などに密着して営まれてきた。特に、木の恩恵は大きく、土の壁を持つ木の家に住んで、木の箸で食べ、草履や草鞋や下駄を履いて歩くという生活が、千年以上にもわたって続いてきた。これは、石の家に住んで、手とナイフで食べ（フォークの出現は最近である）、革の靴を履いて歩いてきた西欧人とは、まったく対照的である。

　この間に、木造建築の技術は、日本独特の徒弟制度の中で熟成し、木割り法、規矩術など、伝統建築の大工術や、日本固有の大工道具などが完成したのは、周知のとおりである。

　しかし、それだけではなく、日本特有のいくつかの大切なデザイン思想も生まれてきた。

　それは、たとえば、「野」と「化粧」という、互いに対立する概念に見られる。

　「野」は、見えない（見せない）部材や空間、「化粧」は見える（見せる）ものを意味する。前者は、和風建築の用語の中で、たとえば野屋根、野垂木、野縁など、後者は化粧屋根裏、化粧垂木、化粧庇などのように使われている。これは、日本の大工たちが、建築の実体とその見せ方を極めて大胆に分離し、自由に意のままにコントロールしてきた独特のデザイン・コンセプトを示していると思う。これらの概念は非常にホリスティックで、底の浅い現代合理主義では直ちには理解できないような奥行きをもっている。

　一方、これらのデザイン思想や感性は、長い間に日本人のDNAを構成する要素になっていて、われわれが特に意識しなくても、自然とそのような発想が生まれてくるところまで、われわれの身についているのではないかと思う。

　日本の木造技術は、また、多くの優れたディテールを生み出してきた。これらは、それを作り出す大工技術のスキルとともに、日本の伝統建築の大きな財産になっていると思う。

現代の木造文化
　ただ、私は、われわれの先輩たちがつくり上げたこれらのディ

テールを、われわれの構造デザインに直接使うことには、それほど興味はない。それよりも、もし彼らが現代に生きていて、集成材もスティールも自由に使える立場にいたとしたら、彼らはいったい何をしようとするだろうかを考えることに、より大きな関心がある。先輩たちは、木の性質を熟知していて、木に無理な要求を強いることなく、木が最も得意とする特性を引き出すような構造システムやディテールを考えるに違いないと思うのである。

　こんなことを考えながら、私は木の構造デザインを試みている。

第 6 章

眼前にひろがる
構造デザインの世界

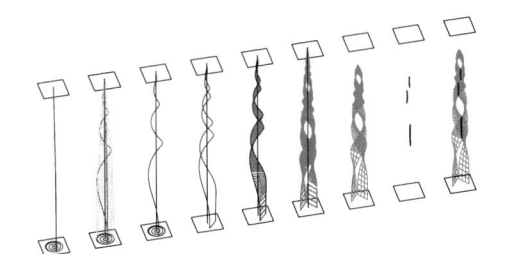

はじめに

　私たち構造エンジニアは、日常の業務では、建築家との協働という形で仕事に携わることが多い。したがって、業務の対象も、多くの場合は建築の構造である。しかし、時には、建築でない構造の設計をしなければならない場合もある。建築の設計であれば、元来、建築家がするような判断を含めて、全ての仕事を単独でやらなくてはならない場合も、まれにはある。

　建築でない構造というと、橋とかタワーとかという土木構造物や工作物が多く、建築に比べると要求される機能は複雑ではない。中には、そのような機能すらもたず、モニュメントや遊びのためだけの構造物もある。

　また、建築の構造であっても、個々の建築デザインとの関連が小さく、構造プロパーのテーマとして考えられる対象もある。たとえば、新しい免震手法やこれまで試みられなかった構造システムの開発などである。

　翻（ひるがえ）って、19世紀、20世紀に活躍した先輩エンジニアたちの活動に着目すると、彼らは自分の活動の世界を建築に限定するようなことはせず、運河、橋梁、タワー、トンネル、港湾、ダムから巨大船舶に至るまで、およそ構造物と呼べるものの設計・実現には、果敢に挑戦し、優れた活動の跡を今に残している。

　その後、専門職域の分化が進んだため、われわれの日常の活動範囲は、上記の先輩たちに比べれば、著しく狭隘なものになってしまったが、それは決して、われわれの構造デザインの能力が低下したことを意味するものではないことを、はっきりと認識・自覚する必要があると思う。

　建築からやや離れた構造物の設計・開発・実現に携わることは、われわれの眼前に拡がる、このような広大な構造デザインの世界に気づかせてくれる絶好のチャンスでもあるように思う。

　そこで、本章のテーマを「眼前にひろがる構造デザインの世界」と名付け、そのような観点から、私の体験した若干の事例について説明し、われわれの活動を待っている大きな構造デザインの世界の可能性を垣間（かいま）見てみたいと思う。

橋1

自然石の橋

イナコスの橋（1994）

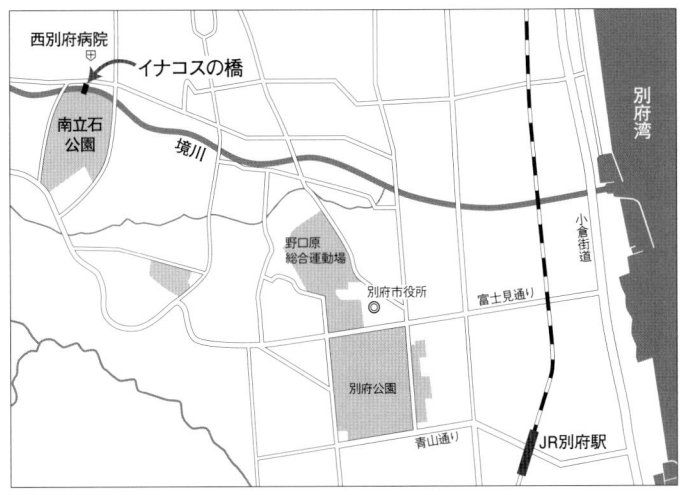

図1　別府市地図

　この橋が位置する大分県別府市の東には別府湾が開け、西には名峰鶴見岳（1,375m）がそびえる。町は西に向かって緩やかに高くなっている。鶴見岳から別府湾に注いでいる川の1つに境川がある。

橋のデザイン
　イナコスの橋は、この境川の河口から約3キロの位置に架かっている（図1）。
　橋の北側には国立西別府病院という、筋ジストロフィーなどの難病治療を専門とする大きな病院がある。境川を隔てた南側には緑の美しい南立石公園があるが、病院と公園の間の連絡が悪くて、患者さんの散歩も上流か下流の橋に迂回しなければならないため、病院からもっと簡単に公園に行けないかという要望が市役所に寄せられ、懸案になっていた。
　というわけで、そこに架ける橋の設計をしてほしいという依頼が別府の市長さんからあった。橋は私も好きなので、話を聞かせていただくことになった。
　この橋の設計に関して、市長さんからの注文は3つあった。
　1つは、「世界に2つとない橋」をつくってほしいということ。
　また、市長さんは吊り橋が好きなので、「どこかに吊り橋の原理」を使ってほしいというのが2つ目の注文であった。
　1つ目に関しては、私は橋が好きで、世界の主要な歩道橋は

図2 別府市内の歩道改修工事

ほぼ全部知っていると思っていたので、世界に2つとない橋を造ることは可能だろうと思った。

2つ目の注文は、吊り橋そのものを造るのでは形が決まってしまうが、どこかに吊り橋の原理を使うということなら、これもできるだろうと考えた。

難問は3番目の注文であった。市長さんはジャーナリスト出身で、物事を観念で理解するのに長けている方のようであった。良い橋というのは「渡っていると、ものを考えずにおられなくなる橋」だと自分は思うので、そのような橋を造ってほしいと言うのである。しかし、そう言われても、橋はいろんな人が渡るものだし、良い橋なら渡る人の誰もが、ものを考えずにおられなくなるのかどうか、私にはわからないので、この条件は勘弁していただいて、せめて「別府らしい橋」を目標にしましょうということで納得してもらった。

ところが、この「別府らしい」というのが、実はたいへん難しくて、それを探るために何度か別府の町に行った。しかし別府は、温泉では非常に有名だけれど、それ以外にこれが別府だというものは何も見つけられない。困り果てて、町の中をうろうろしていたときに、偶然歩道の舗装取り替え工事の現場にぶつかった(図2)。よく見ると、新しい舗装に使っている石が、素晴らしく緻密で良質のように思える。そこで「この石はどこの産か？」と職人さんに聞いてみたら、中国の山東省の花崗岩で、煙台という港から輸入していることがわかった。煙台市と別府市が友好都市であるということは聞いていたので、私は興味をもった。その石をいくつかもらって帰って、実験室で潰してみると、ものすごく強い。コンクリートの3倍くらいの圧縮強度があった。

そこで、この石を使って橋を造ってみたいという願望が湧いてきた。山東省の石を使うと、別府市と煙台市との友好を増進するのにも役立ちそうなので、間接的ながら別府らしい橋といえるかもしれない、とも考えた。

その結果できたのがこの橋である(図3〜5)。橋の上弦材を構成しているのは厚さ250mmの花崗岩のブロックで、仕上げは施さず、人はこの石をじかに踏んで渡る。下弦材は、チェーン状のフラットバーによるテンション材で構成し、上下弦材の間にラチス材を配置している。

この橋は、時刻によって表情を変える。

図3は夕景だが、午後遅い時間や朝には、橋の側面に陽が当たるので、このように橋全体の構造の仕組みがよく見える。昼間には陽が高くなり、橋の下が陰って、ラチスやチェーンが目立たなくなり、上弦の薄い石造アーチの線が強調されて見える

図3 夕景、橋の構造がよくわかる

図4 昼景、薄い石のアーチ・ラインが強調される

図6 手摺のデザイン

図5 朝景(逆光)、手摺子のモアレ・パターンが面白い

(図4)。また、朝早くに山側から見ると、橋はシルエット状に見え、歩きながら眺めると2列の手摺子の相互干渉によるモアレ・パターンの変化が楽しめる(図5)。

　橋のシンプルな形をデザインとして表現したいときに大事なのは、手摺のデザインであろう。手摺に凝りすぎて、これを見てくれと言わんばかりの手摺を持つ橋の例も散見されるが、それでは橋全体の造形が死んでしまう。手摺は過度の自己主張をしないで、しかもそれ自身美しいものであってほしいと私は考えた。

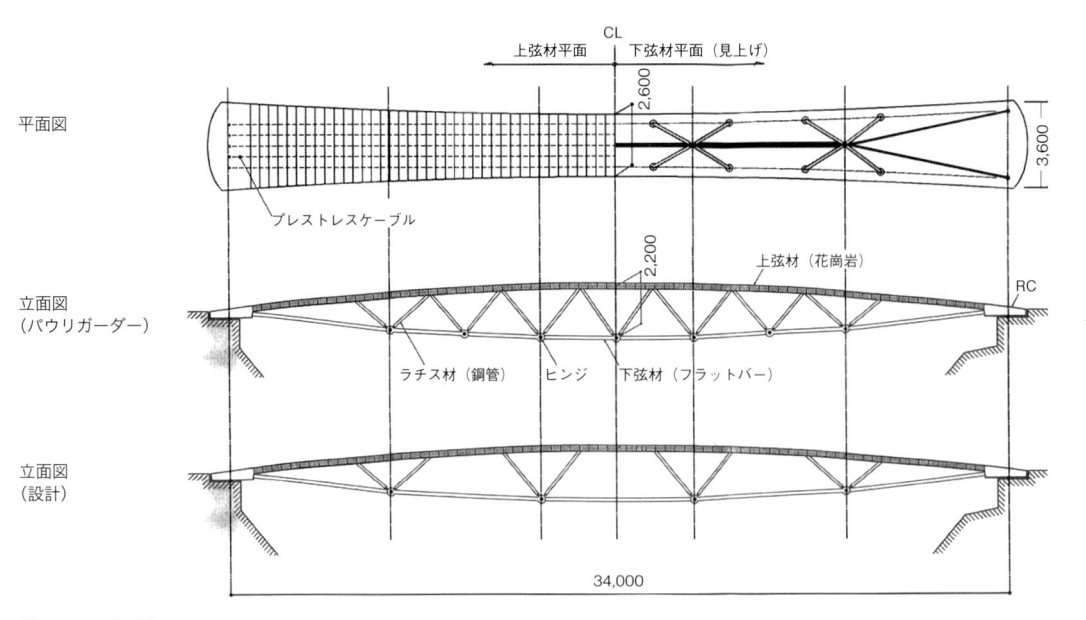

図7 スタディ図

これはとても難しい注文だと思ったが、法政大学の永瀬克己さんに手摺のデザイン、および橋の両端の取り付き部分の外構の設計を依頼した。

この協働は成功だったと思う。永瀬さんのデザインによる手摺は、私の注文に十分に応えてくれ、橋全体の造形に見事な調和を見せてくれた(図6)。

構造のデザインプロセス

以下、この橋の構造デザインのプロセスについて、やや詳細に説明しよう。

図7は設計時のスタディ図である。同図の平面図が示すように、橋の幅は一定でなく撥形に設計した。これは人が渡るときに、パースペクティブに雰囲気が変わっていくことを意図したものである。

同図の下の2図は立面図(2案)である。上弦面に圧縮材としての花崗岩があり、下弦にはフラットバーの引張材があって、この間にラチスを組めば構造になる。そこで、中段の図のように、完全なトラスになるようにラチスを入れ込むと、パウリ(Pauli)ガーダーと呼ばれる梁になるが、この規模の歩道橋としては、全体が何となくうるさい感じがする。

その理由を考えてみると、この場合、上弦材(アーチ)、下弦材(チェーン)、ラチス材が、三者それぞれに荷重を両端の支点に運ぶ能力をもっており、同じ機能を果たす部材が重複しているからではないかと思われた。

第6章 眼前にひろがる構造デザインの世界

図8 実施案

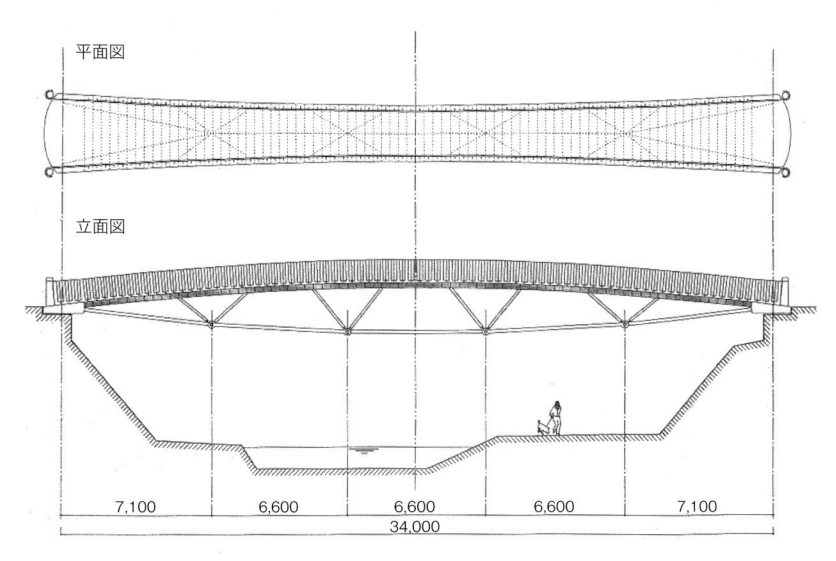

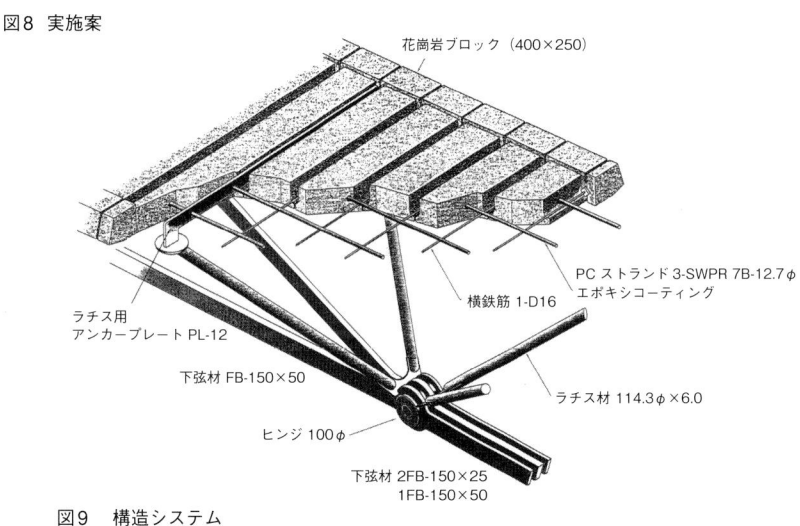

図9 構造システム

　そこでラチスを間引いてみた(図7下段)。そうすると全体の形がすっきりするだけでなく、ラチスの材料も施工の手間も大幅に減って経済的になる。さらにラチス材と上弦材のジョイントのディテールもずっと単純になる。そのようなことを考えて、この案で設計を進めることにした。この橋はトラスに似ているがトラスではなく、私はこれを「不完全トラス」と呼んでいる。実施案の概略一般図を図8に示す。

　この橋の構造の成り立ちを見取り図風に説明すると(図9)、厚さ250mm、幅400mmの花崗岩のブロックを並べ、このブロックには、あらかじめ、橋軸方向にプレストレス用のストランドのための孔を5ヵ所開けておく。これらの孔にストランドを通し、並べた石の間隙(20mm)にドライモルタルを詰めて硬化を待ち、最後にストランドをギュッと締めると、上弦面全体が一枚岩(monolith)の部材になる。PCストランドは、万一のグラウティング不良に備えて、素線にエポキシコーティングを施した

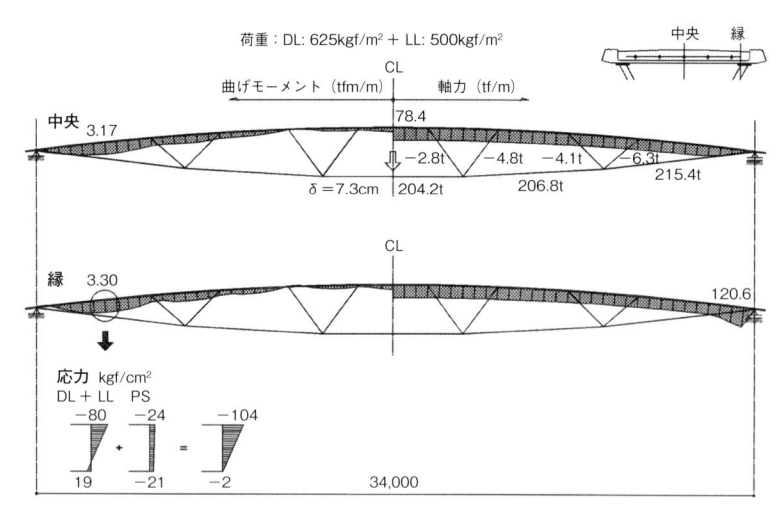

図10 石に生じる応力

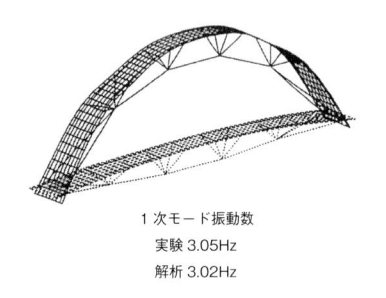

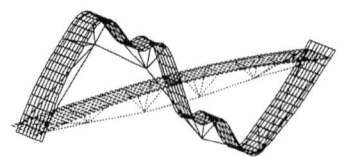

図11 振動性状（実験、解析）
1次モード振動数
実験 3.05Hz
解析 3.02Hz

2次モード振動数
実験 5.07Hz
解析 4.64Hz

ものを用いている。

　一方、材料が自然の石であるから、プレストレスの方向と直角の方向にも、何かのはずみで割れが入るかもしれないので、それを防ぐための鉄筋（D16）が目地ごとに入っている。

　こうしてできる一枚岩と、下のラチスとを連結するためのアンカープレートが、花崗岩ブロックの目地の位置に挿入されており、ラチスから来た力を、石に無理なく伝える役割をしている。

　ラチスの下のテンション材は、チェーン構造になっており、フラットバーの両端に開けた孔にピン（100φ）を差し込んで、鋼板同士を連結している。この部分は、隅田川に架かる清洲橋の吊り材と同じ考えである。

　本来のトラスでは、ラチスが連続しているのだが、それを間引いたのだから、石には本来のトラスなら起こらない小さな曲げモーメントが生じる。曲げモーメントは図10の左半分に示すような分布になる。このような曲げモーメントが生じても不都合を生じないように、石にプレストレスを導入しておくわけである。

　図10の右半分には軸力が描いてあるが、分布が一様で、経済的であることがわかる。

　完成後、現場において人荷重起振による振動実験を行った（図11）。対称変形時の振動数は、実験と解析がよい一致を示している。一方、逆対称変形に対しては、実物のほうが少し「かたい」傾向を示しているが、全体として橋の健全性は十分検証された。

タッチ・アンド・フィール・モデル（Touch & Feel Model）
　一般に、構造デザインの過程では、まず全体の構造のシステムを案出し、それに対して解析・計算を行う。しかし、実際の

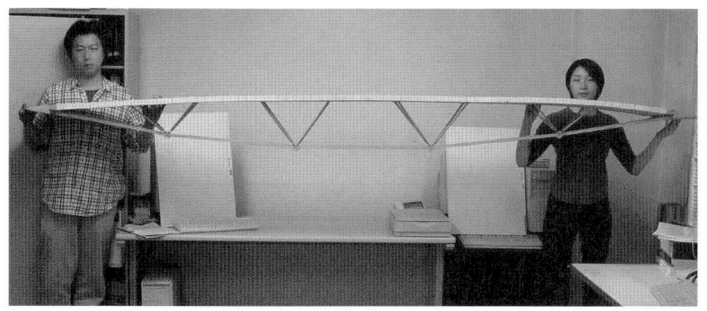

図12 タッチ・アンド・フィール・モデル

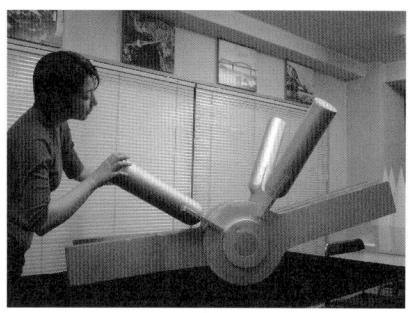

図13 ワークマンシップ・モデル

構造物が計算通りの「ふるまい」をするかどうかは、最終的に設計者が判断するべきことである。この目的に資するよう、私の事務所でいつも試みているのが、タッチ・アンド・フィール・モデルによる検討である。

軟らかい材料で模型を作り、手で触って、押したり引いたりしながら模型の反応を感じ取り、コンピュータの結果が納得できるものかどうかを理解・判断するのである。図12の模型は10分の1であるから全長3m程度だが、スタッフは、自分の気になる方向からいろいろな力をかけてみて、そのときの手応えや変形を実感し考えるのである。

図13は別の目的で作ったジョイントの原寸模型である。ジョイントにはどんな材料を使うか、工場でどのように作るか、運搬はどうするか、現場ではどこをどのように接合するか、ジョイントのディテールはどのように見えるかなどを検討する、ワークマンシップ・モデルと呼んでいる模型である。

橋のディテール

完成した橋のディテールを眺めてみよう。

図14は橋の下からチェーンのジョイント部分を見上げたところである。2枚と3枚のフラットバーが相互にピンで綴じられている。

端部のジョイント(図15)では、フラットバーのテンション材が左側でY字形に分かれている(図7, 図9も参照)。これが橋のねじれ変形を防いでくれる。

図16は、同じ部分の竣工11年後の写真である。この橋は、特別なメンテナンスは何もされていないが、健全な状態が保たれているのがわかる。

図17上部に見えているように、チェーンのジョイント部には、陶板の「釘隠し」(計8個)が埋め込まれており、朝日、夕日を浴びて優雅な光を放っている。これは、この橋唯一の「装飾材」ということができる。前述の永瀬克巳さんの陶芸の師匠である

図14 チェーン・ジョイント詳細(一般部)

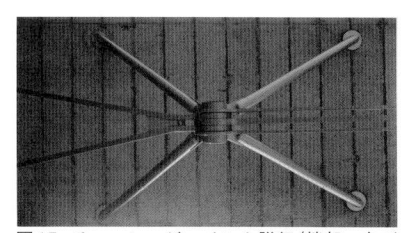

図15 チェーン・ジョイント詳細(端部、左が橋端方向)

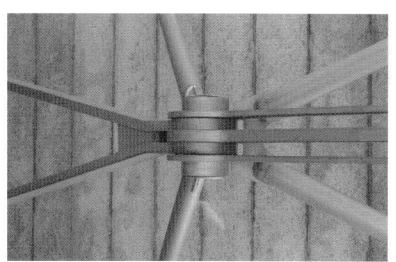

図16 チェーン・ジョイント詳細(同上部、竣工11年目)

図17 橋下を通して鶴見岳を望む

イナコスの橋 | 179

図19 竣工11年目のイナコスの橋

図18 川辺の人と橋

図20 IABSE会員名簿表紙
図21 IASSワーキンググループ誌表紙

桜井基就さんに制作を依頼したものである。遠景は鶴見岳。

図18は私が好きなアングルの写真である。境川周辺は親水空間になっている。川辺に人がいて、橋があって、手摺があって、ジョイントの「釘隠し」が見えている。

「歩道橋」のデザイン性

一般に歩道橋は、車両交通を対象とする通常の道路橋に比べると、デザイン性が高いといわれる。その理由は、スケールと荷重によるものであるが、詳細はここでは割愛する。

イナコスの橋は、スパンが35mの小さな歩道橋であるが、竣工した年に土木学会の橋梁部門の賞である田中賞を受賞した。翌々年には日本建築学会の作品選奨、竣工11年後の2005年には、土木学会の景観デザイン賞を受賞している。景観デザイン賞というのは、土木学会が2001年に創設した表彰制度で、竣工後2年以上の公共建造物について景観上の評価を行うものである。図19は竣工後11年のイナコスの橋であるが、川辺に草が茂って、橋が周囲の景色になじんできている感じがする。

この橋は外国でも有名になり、IABSE（国際構造工学会）の会員名簿（1996）の表紙に図18の写真が使われた（図20）。また、IASS（国際シェル・空間構造学会）の構造の形態を研究するグループのニューズレター（1994）でも、表紙に同じ写真が使われた（図21）。

イナコス（INACHUS）という名前は、橋の竣工後に市が愛称を募集し、小学校6年の男の子が付けてくれた名前である。ギリシャ神話に出てくる川の神様の名前だそうである。

180 第6章 眼前にひろがる構造デザインの世界

橋2

橋、渡るだけでなく

天津市永楽橋 (2008)

観光客を集める橋とは

　中国天津市に造った「永楽橋」(Yong-Le Qiao)について述べる。2003年の国際コンペで当選、実現したものである。

　天津市は北京の南東約100kmにあり、人口1,000万人強の大都市で、東に渤海湾を持ち、北部中国随一の港湾都市でもある。

　架橋位置は、天津市北部の新開発地域である（図1）。天津市内には海河という河が流れている。川幅が100mくらいで、北西から南東に市中を蛇行して流れ、遠く渤海湾に注ぐ。この海河に新しく架ける橋の国際コンペが、天津市政府主催で行われた。われわれは、このコンペへの応募を決めたとき、橋は町にとって象徴的な存在なので、天津市のために良いアイディアをぜひ提案したいと思った。

　また、スケールから判断して、構造は斜張橋が妥当だろうと考え、斜張形式を基本にいろいろな橋のデザインを考えた。

　しかし、これならば絶対いけるという感じがする案は、なかなか出てこない。

　そこで、振り出しに戻ってもう一度、募集要項をはじめから読み直してみた。要項の冒頭には、この橋がどのようなものであってほしいかについての、天津市政府の熱い思いが書かれている。これは前文のようなものであるから、私も最初はあまり熱心に読まなかったのだが、改めて読んでみると、そこには天津市の海河を、将来はロンドンのテムズ川、パリのセーヌ川に匹敵するような存在に整備して、世界中から観光客を呼びたいという天津市政府の願望が、切実に書かれていたのである。

　もし天津市がそのようなことを本当に考えているのであれば、単に渡るための美しい橋を架けたというだけでは、世界の目を天津に向けさせることはできないだろうと思った。では何が大事なの

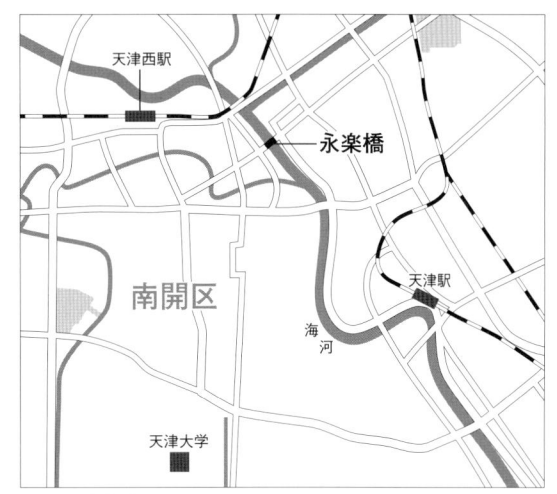

図1　天津市地図

図2　概観

図3　歩道レベル　歩行者通路、観覧車乗り場、コーヒーショップなどがあり、両岸の親水プロムナードを結んでいる

かということで、ロンドンやパリが景観の面で行ってきた、これまでの工夫を調べてみた。その結果注目したもののひとつは、ロンドンにあるロンドン・アイという名の観覧車であった。これは英国航空が経営しているのだが、英国航空発行のブレティンを読むと、開業2年間で850万人以上がこの観覧車を利用し、今や観光都市ロンドンの代表的な存在になっていると書いてある。

このブレティンの報告中、一番のポイントだと思ったのは、ロンドン・アイができたことで、英国に来る観光客が年間220万人増加し、ロンドンの観光収入の1.5％を生み出しているという統計資料であった。これは観覧車がもっている魅力だということを強く感じ、橋と観覧車をドッキングすることにより、画期的な案が得られるのではないかという発想が生まれた。

ロンドン・アイは岸辺で川に沿って回っているだけであるが、われわれは川を横切るような観覧車を考えて、橋とドッキングさせる。どのようにして両者をドッキングさせるかというと、斜張橋では橋を吊るための足掛かりとなる点（三角形の頂点）は、どのみち必要なので、それを上方に延ばしてピボットを作ると、そのまわりに回転する観覧車が成り立つのではないかという考えである（図2）。

このアイディアを軸にして考えていくと、いろいろと面白い可能性が出てきた。それは、車は上、人は下と、利用空間を完全に分離して、歩行者は車の騒音、排気ガス、ほこりに煩わされずに河を渡ることができ、両岸では目下、天津市が川沿いに整備中の親水空間とつなげる。この歩行者用デッキは、橋を渡るだけのものではなく、観覧車乗降用プラットフォームや、レストラン、コーヒーショップ、ブティックなどの機能をもたせて、全体として楽しい空間を創出しようと考え、このような案を作ってみた（図3）。

図4 観覧車は車道の中央分離帯に設けたスリットに沈み込み、湧き上がる

観覧車と橋をドッキングする

　これはひとつの賭けであった。

　というのは、コンペ要綱では橋を設計しろとは言っているが、観覧車をつけろなどとは言っていないので、このような案が評価されるかどうかわからない。むしろ逆効果で、一目ではねられるかもしれない。では、なぜこのような案を出したかというと、世界中におびただしい数の橋が存在する現在、いかに美しい橋を設計しても、それが渡るためだけの橋では、市政府が望むようなインパクトが得られるとは思えない。駄目かもしれないが、このような、まったく新しい複合機能をもった橋の案を提案しようと考えたのである。

　結果は、幸い、天津市側がわれわれの案の意味を認めてくれ、当選した。

　車道の中央分離帯を観覧車が割り込んで、わき上がったり、沈みこんだりするので、車道を高速で走る車中の人と、観覧車に乗っている人との間に、非日常的なインタラクションが生まれる（図4）。このような経験は、今までどこにもなかったのではないかと思う。

やむを得ない設計変更

　設計は順調に進み、中国流に初歩設計、拡大初歩設計、施工図設計（この部分は現地設計院が行う）を経て施工に入ったのであるが、その途端に大変な「事件」が起こってしまった。中国での鋼材価格がいきなり2倍に高騰したのである。鋼材量を減らす設計変更も試みたが、2倍のコスト上昇に対応できる変更案は不可能で、われわれも施主も諦めた形で、現場は止まったままになってしまった。

図5　追加支柱部

　そして、約1年が過ぎた頃、突然、施主から連絡が入った。「海河は、法律上は2ヵ所までは河中に支柱を立てることができる。これを利用して鋼材を減らす方法はないだろうか？」という問い合わせであった。これには驚いた。われわれもコンペの段階で、河中の支柱についての法規制が上記のようであることは知っていたが、コンペの質疑応答でも、施主は橋のスパンの途中には支柱を設けないのが望ましいと明言していたし、われわれを含めて応募案は全て、海河を一跨ぎにするものばかりで、スパンの途中に支柱を設けるような案は皆無であった。

　確かに、スパンの中間に2ヵ所も支点を設けることができれば、橋桁の鉄骨量は大幅に減らすことができる。しかし、それでは私が考えた構造システムのシナリオが、根底から崩れてしまう。先にも述べたように、私は橋のスパンを、中間支点なしの120mとした上で、橋桁を吊る斜張ケーブルのための支点を頂点とする三角形のフレームを考え、次いで、その点を鉛直方向に伸ばして観覧車の軸受けとする案を考えたのである。すなわち私の案の構造上の特徴は、橋の両側面にある一対の三角フレームが、橋と観覧車を共に支えている点にあったのだ。スパンの中間に2ヵ所も支持点を設ければ、橋桁を吊る必要は、もはやなくなり、三角形フレームは観覧車だけを支えることになって、上記の特徴はなくなってしまう。

　この選択は大変苦しいものであった。もし、この変更を受け入れなければ、永楽橋は私の案では実現せず、まったく別の、経済的に実現可能な、変哲もない橋になるであろう。しかし受け入れれば、上述のような不本意な内容になってしまう。

　しかし、いろいろと考えた結果、変更の提案を受け入れることにした。というのは、原案と変更案を比較したとき、設計全体の価値は、「構造の筋」に対するこだわりを除けば、何も損なわれないことに気づいたからである。2層レベルによる人車分

図6 竣工した永楽橋(2008年)

離も、両岸の親水空間と歩行者の関係も、車道を割り込んで上下する観覧車の演出も、機能上失うものは何ひとつない。造形上の変化も、専門家でなければ気づかない種類のものである。

結局、橋のスパンの中央に2ヵ所の支持点を設けることと、観覧車の直径を原案の140m（当時世界最大）から115mに縮小することを盛り込んだ設計変更をすることで、予算とコストが折り合い、実現の運びとなった。図5は、この設計変更部分を示している。橋下に2列の中間支持材が見える。また、橋桁も、やはり経済性の観点から、図に示すように当初のフィーレンデール架構からワーレントラスに変更した。

施工難度の高かった大リングの組み立て

施工上のポイントとなったのは、観覧車の大リングの組み立てであった。この観覧車の大リングは、ロンドン・アイと同様、回転軸から、ケーブル（引張材）のみで放射状に保持される設計にしてある。

これは、一般の観覧車に比べて透明感が高く、すっきりした感じを与える（図6）が、施工上は注意が必要である。というのは、施工中はリングが閉じていないため、ケーブルに有効な張力を与えることができないからである。つまり、この構造はリングが完結する瞬間までは不安定なのである。中国では、このようなケーブル型の観覧車を造ったことがないので、施工計画をつくってほしいと施工者が言ってきた。そこで、放射状の仮設部材を使って、施工中の安定を確保しながらリングを完結させる施工要領書をつくり、それに従って工事が行われた。

図7は、観覧車リングの組み立てプロセスと、仮設材のパター

(a) リングの組み立て開始

(b) リングの組み立て終盤

図7 観覧車リングの組み立てプロセス

図8 空から見た永楽橋

図9 レストラン、通路

図10 観覧車から見た車道

ンを示す。

　図6は、2008年5月、竣工時の写真である。また、図8は2010年、上空から見た永楽橋である。上流、下流の橋も見えている。

　図9は、レストランのテラスとその外側の歩行者通路を示している。

　図10は、車道面をよぎって昇降する観覧車のゴンドラから見た車道の光景である。

　この橋の設計・実現のプロセスでは、多くのことを学んだ。特に、前述の設計変更の段階で、中国人のもつプラグマティズムの健康な面に気づかされたことは、自分の思考の幅を広げるという面で私にとって非常に有意義であったと思っている。

橋3
ゲートとしての橋
リゾートビラ富津の陸橋（2008）

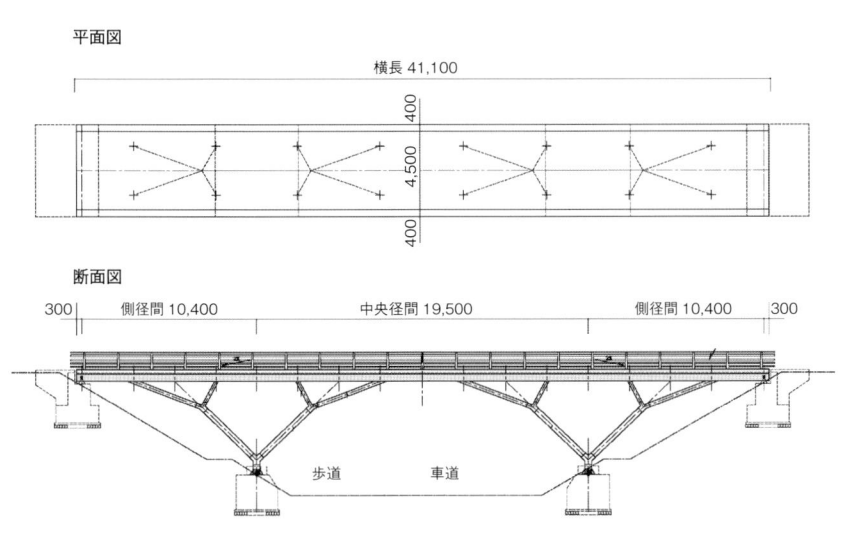

図1　一般図

景観と機能を考えたツリー構造

　橋のもう1つの例として、「リゾートビラ富津」のゲート・ブリッジについて説明しよう。リゾートビラ富津は、千葉県の富津に改修・新設したゴルフ場で、アメリカ風にゴルフ場の中に住宅も造って分譲する企画で、渡辺真理さんのコーディネーションによる計画である。

　そのゴルフ場の入り口に架かる橋の設計である。これは歩道橋ではなく、人も車も通る一般道の橋であるが、来場者の車は、この橋をくぐる形でゴルフ場にアクセスするので、ゲートにふさわしい橋をつくって欲しいという注文であった。

　私は、周囲の景観とゲートとしての機能を考えて、ツリー(tree)構造を用いるのがよいのではないかと考えた。ツリー構造は文字通り樹木のように枝分かれする骨組み構造で（図1）、それ自身は世界的に見て珍しいものではないが、ここでは、私流の設計手法を用いてみることにした。

　まず橋とその直下の道路との関係から、基礎はスパンの4分の1あたりがよいという判断をした。そこから鉛直に柱を建て上げると、ちょうど橋の半分の荷重（最終的にこの柱脚が支持する荷重）の真ん中を支えることになる。柱は、それが支える部分の重心の位置に向かっているから合理的である。この柱は少し上で枝分かれをするが、その際も枝の伸びて行く方向は、その

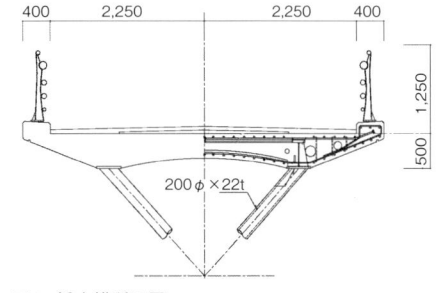

図2　橋床横断面図

図3　鉄骨仮組み検査（工場）

図4 鉄骨仮組み（現場）

図5 完成した橋（外構工事中）

枝が支えるべき部分の重心を狙う。以下、同じ手法で何段でも枝分かれを繰り返すことができる。枝分かれをさせる位置（高さ）は自由に変えられるので、形のバリエーションはかなりあるが、いずれの場合でも、各部材は常に自分が支えるべき荷重の重心を指しているという意味で一種の最適パターンになっている。この考えは、橋のような線的な構造だけでなく、屋根のように面的なひろがりをもつ構造にも同じように適用できる。

構造概要

　図2は橋の横断面である。スラブは鉄筋コンクリートで、これを支えるツリー構造は鉄骨で造ることにした。この橋は歩道橋ではなく、一般の車両も通るため荷重が大きく、また、構造部材は全て十分な疲労強度をもつ必要があるので、建築構造を見慣れた眼には、ややごつい感じの断面になる。

　図3は工場での仮組み検査の様子である。工場では逆さにした方が安定がよいのでこのような状態で組み立て、検査を行った。柱は鋼管で構成し、ジョイント部分には鋳鋼を使っている。

　図4は現場での仮組みの状況である。

　図5は橋の完成時の写真。この時点では道路はまだ工事中で未完成であるが、ゲートウェイらしい雰囲気にはなっているのではないかと思う。

タワー1
タワーの造形と構造システム
グローバルタワー（1995）

図1 ビーコンプラザとグローバルタワー

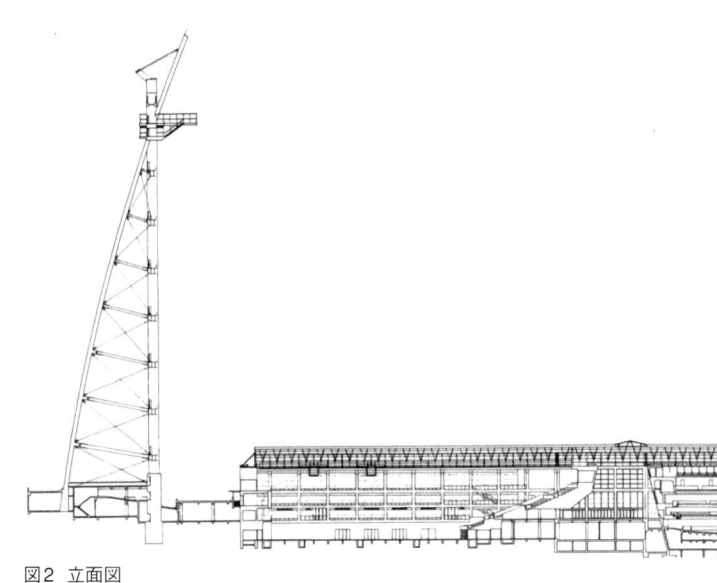

図3 タワーの構造

図2 立面図

　グローバルタワーは、別府市の市民施設、ビーコンプラザに付属する高さ125mのタワーである。ビーコンプラザはコンベンション・ホールを中心とする市民のためのコミュニティセンターで（図1, 2）、建築設計は磯崎新さんである。

　ここではタワーに絞って説明する。タワーの敷地のレベルは

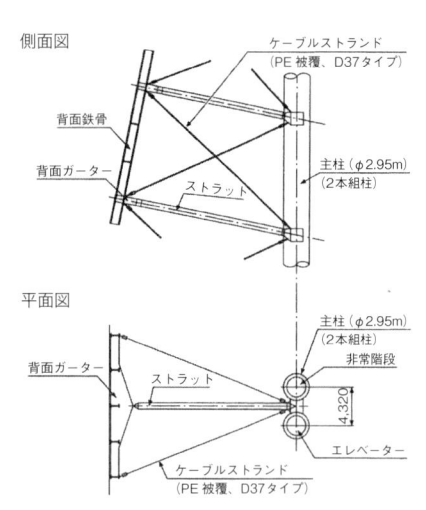

側面図
ケーブルストランド（PE被覆、D37タイプ）
背面鉄骨
背面ガーター
ストラット
主柱（φ2.95m）（2本組柱）

平面図
背面ガーター
ストラット
主柱（φ2.95m）（2本組柱）
非常階段
4,320
エレベーター
ケーブルストランド（PE被覆、D37タイプ）

図4　フレーム構成図

図5　タワー概観

図6　ブレースケーブル取付詳細

海抜75mだが、別府公園の中心、海抜0mの点を中心とする直径1キロメートルの仮想球面の一部が、このタワーの表面を構成している。

表面はチタンクラッド鋼のパネルで被われているが、パネルは球の緯度・経度で割り付けられ、構造のストラット（圧縮材）も、球の半径（表面の法線）方向に配置されている（図3, 4）。

タワーには高さ100mの位置に展望台がある。展望台のためのエレベーターと避難階段が、それぞれ直径2.95mの鋼管内に納められている。これら2本の鋼管と上述の球面骨組みとは、仮想球面の中心から1.5度きざみで配置された鋼管ストラットで連結され、これにケーブルを立体的に構成してプレストレスを導入すると、一種のスペースフレームができる（図3, 4, 5）。2本の大径鋼管柱同士は、ボックス断面の短い梁で連結される。図6は2本の大径鋼管、ストラット、およびブレースケーブルの接合部を示す。

タワーは、建物と違って、自然風の中に孤立して立つので、強風の影響を考えることが重要で、風の力による静的な影響だけでなく、風とタワーの変形の動的な相互作用を検討する必要がある。したがって、このタワーでは通常の風洞実験のほかに、動的模型を用いた実験も行い、空力不安定現象が起きないことを確認した。

強風に備えた制振装置

タワーの頂部には展望台があるので、強風によって利用者の快適性が損なわれないように、塔頂近くに揺れのエネルギーを吸収する制振装置を設けた（図3）。図7は制振装置の機構を、図8は展望台レベルからこの装置を見上げた様子を示している。

制振装置は、一対の錘を持つ振子とバネで構成されている。バネを調整することによって、振子の周期を変えることができる。そのような装置をTMD（Tuned Mass Damper）という。最も効果的な制振作用が得られるように、振子の固有周期をチュー

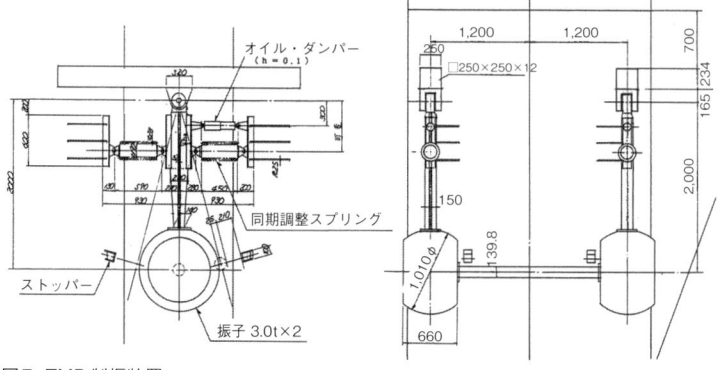

図7 TMD制振装置

図8 TMDの近景

ニングするわけである。

　TMDの役割を簡単に説明しよう。一般に、振動のエネルギーを吸収するダンパーに用いられる原理は、4種類くらいある。粘性ダンパーは車のショックアブソーバーなどのように、粘り気のあるオイルとか、液状プラスチックの流動抵抗で揺れを制御する。摩擦ダンパーはこすられるときの抵抗によって揺れを減らす。履歴ダンパーは金属が降伏した後に、曲がったり延びたりして塑性変形の「履歴」をつくることによってエネルギーを吸収する。上記3種類のダンパーは、いずれもエネルギーを熱のかたちで消費する。したがって、これらが働いているときは、その部分の温度が上がる。

　他方、TMDは一風変わった効き方をする。それは、親子の関係に近い。全体の構造を親とすると、それに子供に相当する小さな振動の仕掛けを取り付け、親構造の振動周期と同調させておく。すると、何らかの理由で親構造の振動が大きくなろうとしたとき、子供が振動を先取りして揺れ始め、エネルギーが親から子供に移って、親の揺れを制限してくれるのである。子供の揺れのエネルギーは、小型のオイル・ダンパーで制御する。

　このタワーは対称面外の変形成分が大きく、かつ動きが複雑なので、TMDはこの方向の振動に有効なように設置した。

タワー2

二重らせんの構造

ゲノム・タワー（2002）

図1 SPring-8

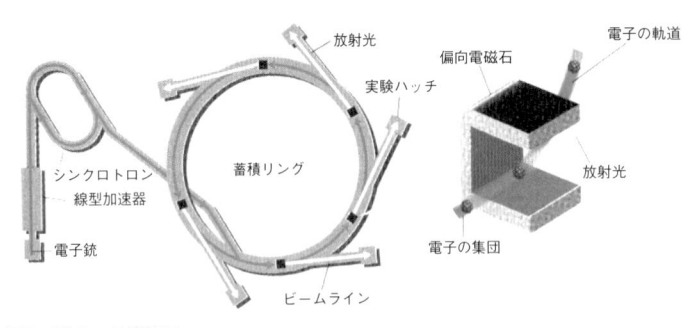

図2 SPring-8機能図

　兵庫県南西部にある西播磨地域の行政中心として、西播磨県民局がある。この地域では「播磨科学公園都市」と称する新しい都市機能を備えようという試みがなされている。

　この町では、著名な建築家やランドスケープ・デザイナーの指導の下に、都市機能と景観を重要視した都市・建築のデザインが行われている。

　また、ここには世界最大の放射光施設SPring-8（図1）があり、光のスピードまで加速された電子ビームを使って、医学、生命科学、物質科学の分野での先端的な研究が盛んに行われている（図2）。

　SPring-8の近くに建った西播磨県民局の庁舎は渡辺真理さんの設計であるが、その建物に隣接して防災無線塔が必要だということで、このタワーのデザインを依頼された。タワーの高さは約30mである。

DNAの二重らせん構造をデザイン要素に

　設計を行った年の前年2000年に、生命科学の分野では、ヒトゲノムのドラフト配列の解読に成功するという世界的快挙があった。この記念すべき出来事のタイミングと、タワーがSPring-8に近接して立つという地理的な関係から、私は、この鉄塔の構造デザインには、なにか生命科学的なテーマを組み入れるのがよいのではないかと思った。

　そのような観点から見て、最も象徴的なのは、DNAの二重らせん構造(図3)ではないかと考え、二重らせんを重要な構造要素とするタワーを設計してみることにした。

　図が模式的に示すように、DNAの構造は、一対のらせんと、これらを結合する塩基対からなっている。二重らせんは、どの部分をどの方向から見ても、一対の斜め成分を持った線材で構成されているから、うまく使えば有力なせん断抵抗部材として起用することができそうだと考えたのである。しかし、らせん自体はバネであるから、バネのようにビヨンビヨンしたものが、直ちに構造になるはずはない。

追加部材で伸びなし変形を拘束

　そこで作戦である。バネのビヨンビヨンの原因である「伸びなし変形(inextensional deformation)」を拘束するような、追加の部材を立体的に配置してみる(図4)。図中、太線はらせんと塩基対、細線が追加の拘束材である。これらの部材にはプレストレスを導入し、どのような荷重条件でも引っ張り状態を保つように設計すれば、追加部材はテンション材で構成でき、これらの部材の過剰な存在感を避けたデザインが可能であろうと思われた。こうすると、二重らせんは立派な構造材として働いてくれるはずである。

　解析をしてみると、上記の方法によって安定で十分な剛性を持った構造が得られることがわかった。

　以上の検討により、横荷重による水平せん断力は、二重らせんがしっかりと対応してくれることがわかったから、あとは曲げを処理するための鉛直フランジ材を組み込めばよい。フランジの設計は2種類試みた。心柱を設けて周辺の8本の鉛直ケーブルにプレストレスを与え、タワーの曲げを、これら8本の鉛直ケーブルで処理する設計(図5)と、心柱は設けず、周辺の鉛直部材を圧縮も受けられるような鋼管で構成した案(図6)である。図には、これら2案について、それぞれCGとスタディ用模型の写真を示してある。

　これらの案を検討した結果、周辺をケーブルとする案(図5のゲノム(1))のほうが、DNAの表現にふさわしく、また透明感も

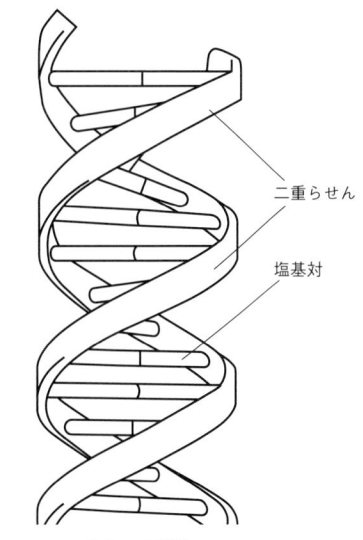

図3　DNA二重らせん構造

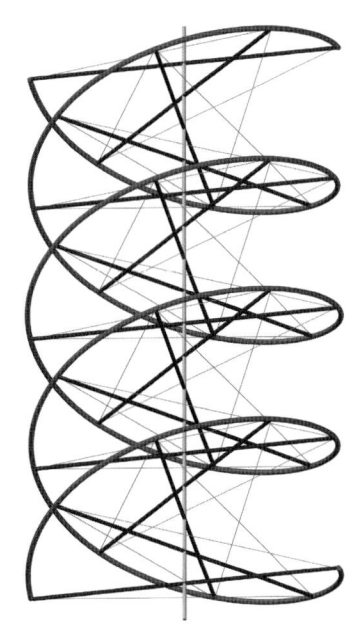

図4　ゲノムタワーの構造要素(細線は拘束材)

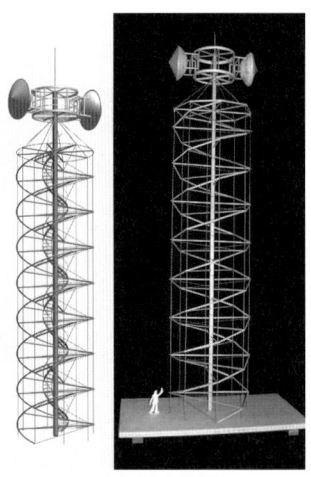

図5 ゲノム(1) CGと模型　　図6 ゲノム(2) CGと模型

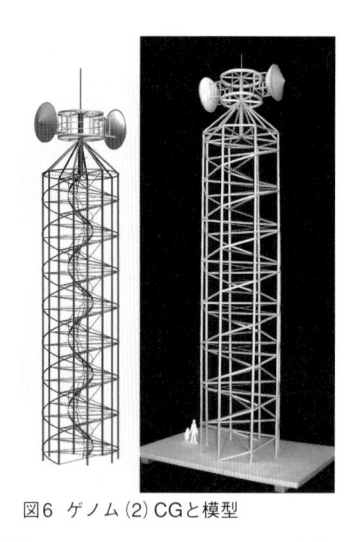

図7 エレクション

図8 竣工

あり軽快なので、これを採用することにした。心柱は周囲の部材により横変形を拘束されるので、座屈を心配する必要はない。

　図7は現場で建て方中のタワー、図8は完成したタワーの全景を示している。

　この塔は小さな構造物であるが、二重らせんを主要な構造部材として活用した世界で初めての例である。

　このタワーに類似の外観をもつものとしては、シュツットガルトの展望塔があるが、そこでは風荷重の影響は全て外皮のネットワークが処理している。二重らせんの階段はこのネットワークで支えられているだけで、主体構造には全然貢献しておらず、本タワーとはまったく別種の構造である。

タワー-3

パラメトリック・デザイン

天津モニュメント「四海同心」(2005)

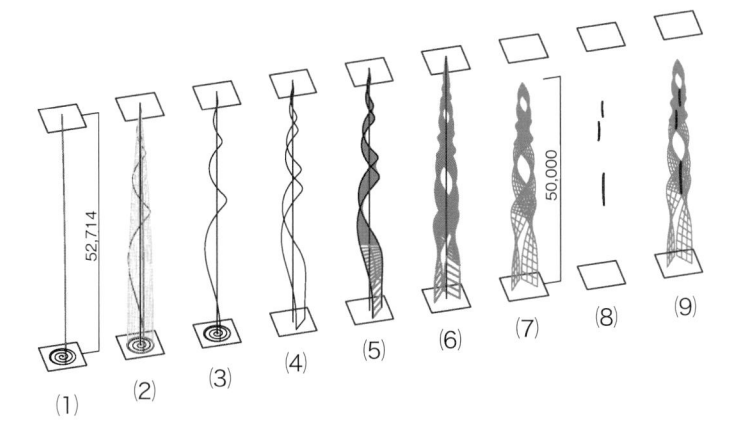

図2 タワー形状の定義

次のタワーの例は、中国の天津港の近くに建てたモニュメント「四海同心」(図1)。デザインは磯崎新さんである。高さは50mで、鋳鋼の厚板のブロックを現場で溶接する方法で造った。設計はコンピュータで形を決め、それを成立させる構造を求めるという手法を用いた。

形の決め方(図2参照)は、まずベース面に渦巻きを描く。渦巻きの中心に鉛直軸を立て(1)、その周りにひとつの曲線を回転させて、紡錘状の曲面を作る(2)。次にその紡錘曲面に渦巻きを下から投影すると、立体の渦巻きができる((2)-(3))。フェーズをずらして同様なことを行うと少しずれたところに同じ曲線ができる(4)。この2つの曲線を水平な直線で結ぶと、1つの曲面ができる(5)。次に鉛直軸を含む鏡を立てて鏡像により対称な形を作る(6)。それを欲しい高さ(この場合は50m)でカットすると形ができ上がる(7)。

このような手法で形を決めていくのをパラメトリック・デザインと呼んでいる。使用する曲線を定義するパラメータを変化させると、無限の形のバリエーションが可能である。この作業はコンピュータ上でやるので、意匠も構造も、データを直接共有することができる。したがって、あらゆる段階でオンラインで解析を進めることができる。

このようにして形は決まってくるが(図3左)、それが構造的に優れているのかどうかはまったく別の問題である。これを構造側のコンピュータで計算しながら何が足りないか、どうすれば構造的に合理的に成り立つかを見つける。できるだけ構造

図1 モニュメント「四海同心」

図3　構造検討

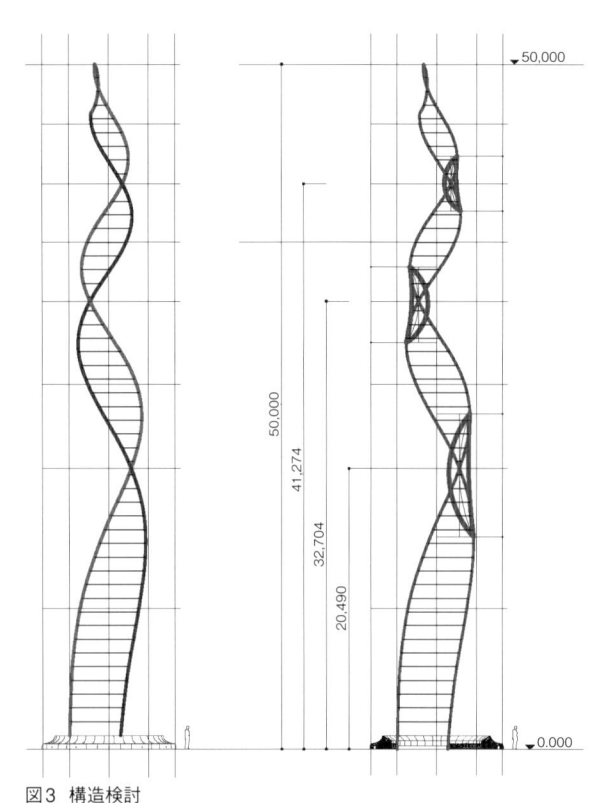

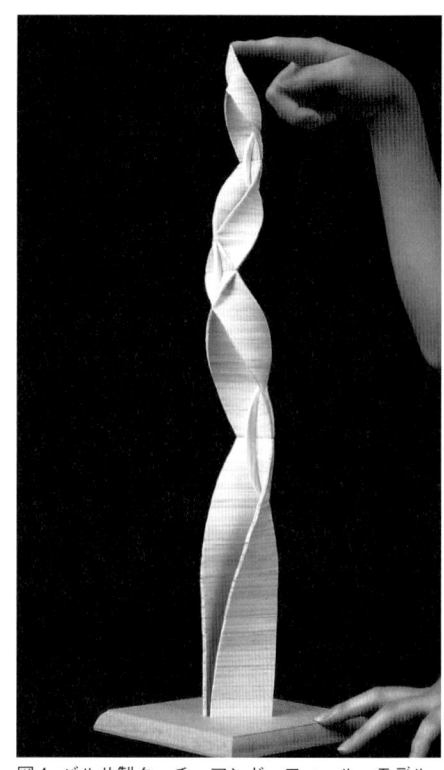

図4　バルサ製タッチ・アンド・フィール・モデル

図5　竣工した「四海同心」仰観

的に付け加える部材が少ないように元の形を選ぶ。この場合は、3ヵ所にスティフナーを追加すると合理的な構造が得られることがわかった(図2(8)、図3右)。

　そこまでは計算上でのことであるから、それなりの結果が出るが、このタワーが実体としてどのようなふるまいをするかを実感するために、別途バルサで模型を作って検討した(図4)。タッチ・アンド・フィール・モデルである。模型を押したり引いたりして、この手応えなら大丈夫だろうということを感覚的にも確かめてから最終的な設計に移った。

　図1,5が実際にできたタワーである。かなりややこしい曲面になっているので、高さ2.5mごとに切って鋳鋼で作っている。工場で製作した鋳鋼のブロックを、現場で溶接して組み立てる。一番下では厚さが150mmある。日本でこれだけのものの溶接をしようとすると、溶接棒は、余熱は、層数は、養生はと、現場は大騒ぎになる。しかし、中国の溶接工はあまり難しいとは言わない。平然として造っている。溶接工の技量はかなり高いと思われた。日本と違って、原設計者が監理する義務はないが、心配なので聞くと、溶接部はあらゆるテストに合格したという報告が来た。

第6章　眼前にひろがる構造デザインの世界

タワー-4

鋳鋼でタワーをつくる
天津タワー (2012)

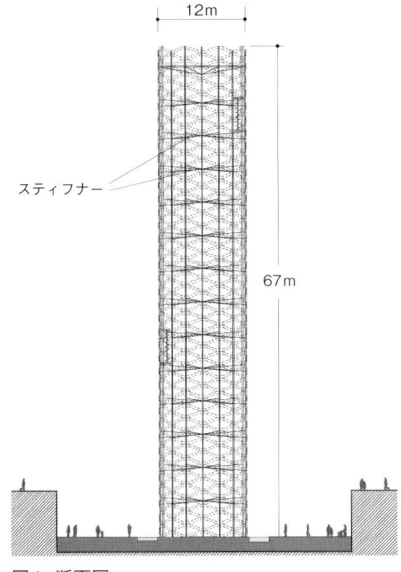

図1 断面図

図2 天津市博物館と天津タワー

　第1章で述べた天津市博物館（現・天津自然博物館）を含む広大な敷地は、その後多くのすぐれた文化施設が整備され、一大文化地区を形成してきたが、最後の仕上げとして（施主の表現によれば「画竜点睛」）、広場の一画にモニュメントとしてのタワーが要求され、いくつかのプロポーザルの中からわれわれの案が採用された（図1, 2）。デザインはイースタン建築設計事務所である。

　われわれが設計したタワーは、高さ67m、直径12mの円筒形で、表面をサイン・カーブを描く鋼部材の積み上げで構成したものである（図3）。設計をしながら、この形は形鋼を曲げて構成するよりも、直接鋳鋼で作る方が自然でいいねなどと話をしていたのだが、図らずもそのとおりになった。

　理由は、中国の特殊事情によるものであった。施主が、いつまでも方針を決めないでいて、決まると今度は1日も早く実現しろというのは中国では珍しいことではないが、今回はかなり極端で、経済の高度成長期ということもあって、中国では鉄の需給が逼迫しており、設計開始前の段階で形鋼のロール発注がすでに手遅れという状況であった。このとき、施工者から鋳鋼を使ったら、という提案があった。

図3 タワー近景

　毛沢東の「大躍進政策」の名残で、中国にはある時期まで中小の製鉄業者が林立し、主に鋳物を製造していた。これらは、粗悪品と大気汚染の元凶ということで取り締まられ、淘汰、改

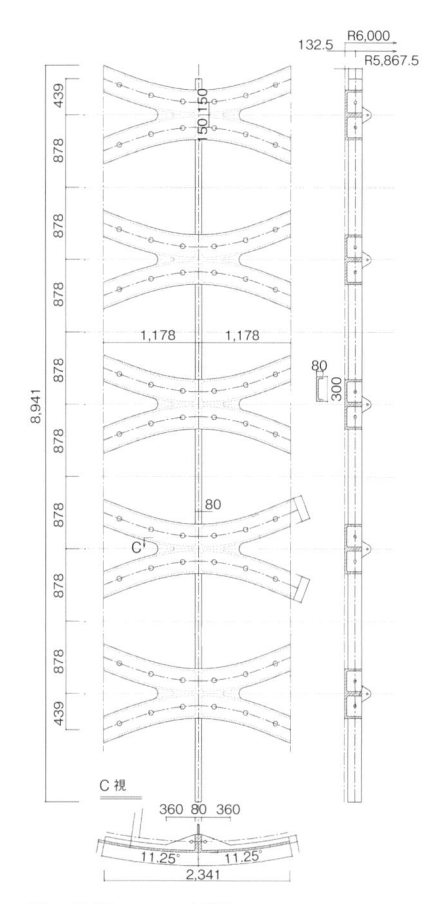

図4 鋳鋼エレメント詳細

図5 紙製のタッチ・アンド・フィール・モデル

善が進んでいたが、当時もまだ多くの鋳物業者が存在していることは、われわれも知っていた。

　確かに鋳鋼は形鋼と違い、巨大なマーケットの流れの中でロールの順番を待たなくても、鋳造工場が材料さえ持っていれば、明日にでも製作に着手できるから、時間的に有利であることはわかるが、コストに関しては、形鋼でできるものを鋳鋼で製作すれば絶対に高くなるというのが、われわれ日本人の常識である。しかし、コストも鋳鋼を使って予算内に収まるということがわかったので設計はスタートした。

　鋳鋼部材は、安心して製作を任せられる範囲で、できるだけ薄くという判断から厚さを30mmに決めた。サイン・カーブ部分の標準断面は、見付が300mm、歯が80mmの溝形とした。縦リブ(柱材)は205×80mmで(図4)円周上に16本配置する。このようにしてできたラチス構造は、直径、高さに比べて非常に薄く、ペラペラの円筒シェル構造である。

　このような構造では、円形断面の形が崩れる(ovaling)ことによる不安定現象に気をつける必要がある。このタワーでは、4m強の間隔でスポーク式のスティフナーを設けている(図1)。このスティフナーの効果を含めて、全体的および部分的な手応えを確かめるため、1/100の紙製の「タッチ・アンド・フィール・モデル」(図5)を作成し、挙動を検討した。

新しい構造システム1
バックステイ不要の吊り屋根構造
ハイブリッド吊り屋根構造

はじめに

　日常、構造デザインの作業をしていると、時折、既存の構造システムでは形態の自由度が足りないとか、在来のシステムは合理的とは思われないとかいう不満を感じることがあり、それらが契機となって、それまでになかった新しい構造システムを案出・開発したいと考えるようになる場合がある。

　ここでは、そのような構造システムの例2題について、発想の端緒と開発のプロセス、および得られた結果について述べてみたい。

　第1章で、代々木競技場第一体育館の大屋根構造について述べた際、吊り屋根面にある程度の曲げ剛性を与えることによって、合理的に屋根曲面の形態を調整できることを説明した。このセミリジッドの概念は、形態の調整だけでなく、力の流れの道筋を合理的に誘導する手法としても使えるのではないかという期待が、この開発の発端となった。

在来型吊り屋根構造の問題点

　吊り屋根構造は、いうまでもなく大空間構造をつくるための最も有効な手段のひとつである。吊り屋根構造では、屋根荷重は吊り材の引張り力によって境界構造まで伝達されるから、このプロセスに関する限り、吊り屋根構造は他の構造システムに比べて際立った合理性をもっている。

　しかし、屋根境界に到達した引張り力を、その先どう処理するかということは、全ての吊り屋根にとって大きな課題である。これは、造形的な意味を含めて吊り屋根構造の性格を大きく左右する事柄であり、従来から多くの工夫がなされてきた。

　既往の例について、これらの工夫の跡をたどってみると、まず、最も直接的な処理方法として挙げられるのは、いわゆるバックステイ方式である（図1A）。この方式を採用している吊り屋根は数多く存在する。しかしこの方法では、建物の両側に大きな専有空間を必要とし、また、地盤に到達した張力をどうするのかという問題が残る。

　いまひとつの方法は、屋根両端にカンチレバー状の柱を設けて吊り材からの引張り力を柱頭に預け、柱の曲げモーメントの形で地盤に伝達する方式で、ワシントンのダレス空港ターミナルビルが代表的な例であろう（同図B）。この手法は、柱に生

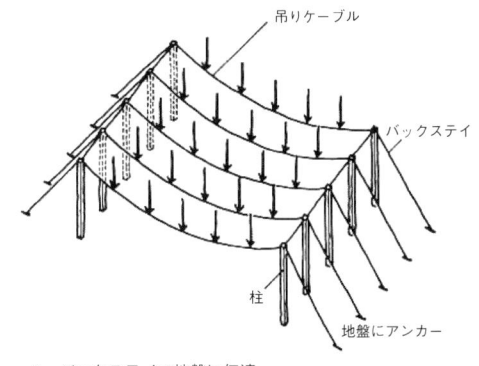

A　バックステイで地盤に伝達

B　柱の曲げモーメントで伝達

C　縁梁の曲げで両端に伝達

図1　1方向吊り屋根構造の張力の処理法

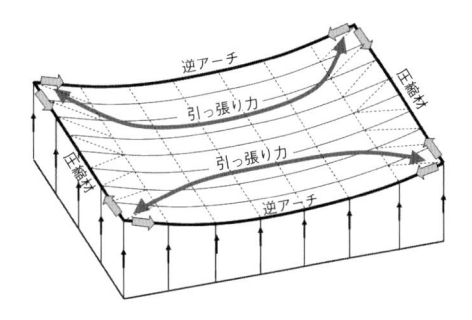

図2　ハイブリッド吊り屋根の力の流れ

じる大きな曲げ、および地盤に到達した軸力と曲げの処理に、多大の努力が要求される。

また、屋根端部に強剛な縁梁を設けて、吊り材の端部張力を縁梁の曲げ抵抗で梁の両端まで運ばせ、そこで、反対側の水平梁端部を結ぶストラット（圧縮部材）を通じて力を相殺させる方式もある（たとえばサンフランシスコのスーパーマーケット、同図C）。この方法も水平梁の曲げという能率の悪い方法に頼っており、また、水平梁が巨大になるとその重さの処理も問題になろう。

これら、いずれの方式を見ても、吊り材端部の大きな引っ張り力の処理には、大きなスペース、大量の資材、多くの作業量が必要で、そのため、せっかくの吊り屋根構造の合理性・経済性が食いつぶされている感が否めない。

力の流れを変える

上記諸例の発想過程を検討してみると、いずれも、まず屋根荷重を懸垂原理によってケーブル端部に運び、そこで、さてこの大きな張力をどうしようか、という思考順序をたどっている。

ここで、発想を変えて、荷重をむやみに一方向だけに吊り上げるのではなく、途中で力の流れの向きを誘導して、屋根の隅角部に向かわせたらどうなるだろうか、を考えてみる（図2）。「誘導する」といっても、力は元来、一番頼りになる点に向かって流れる性質をもっている（このことは、とても大切である）から、特別なレールを準備する必要はなく、力が自分で最適な道筋を選択できるような「道路網」を用意してやればよいのである。ただし、この道路網はケーブルネットでは構成できない。セミリジッドの出番である。

ところで、屋根の隅角部は、それほど頼りになる点なのだろうか？……答えはイエスである。

図2が示すように、屋根の隅点に到達した引っ張り力は、そこで逆アーチと、それに直交する水平材の圧縮力により、しっかりと受け止められる。これら2種類の部材は、外壁面、および屋根面自身によって立体的に拘束されるから、大きな圧縮力を受けても座屈に悩まされることなく設計することができる場合が多い。結局、屋根荷重の主要な部分は、逆アーチ直下の柱列によって無理なく支持される。

セミリジッド材には、現実には鉄骨部材が使われるから、この屋根は見かけ上、通常の鉄骨構造と変わらないが、力の主な流れは吊り屋根の本質を保っている。そこで、鉄骨構造と吊り構造のあいの子という意味で、「ハイブリッド吊り屋根」と呼んでいるのである。

屋根伏

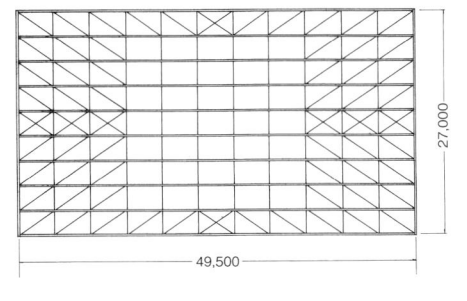

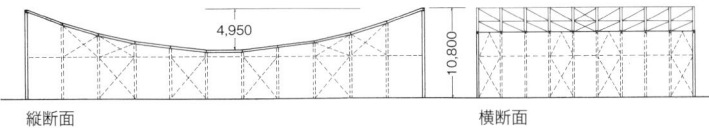

図4 架構図

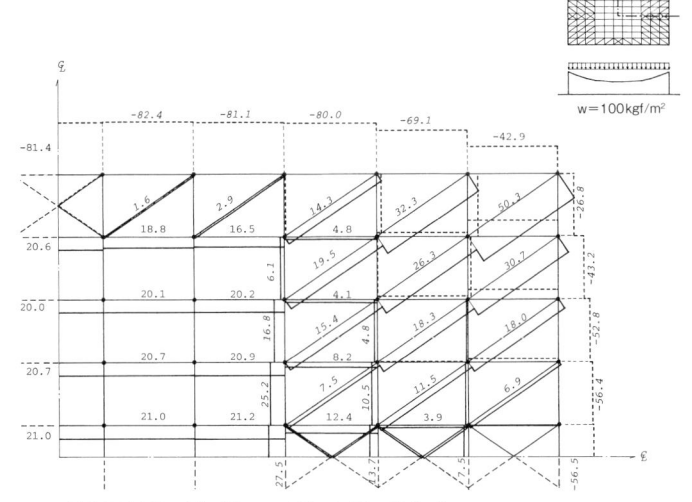

図5 軸力図(実線：引っ張り 破線：圧縮、単位tf)

図3 大阪屋配送センター外観

図6 紙製のタッチ・アンド・フィール・モデル

大阪屋配送センター(1983)

　鹿児島市の総合食品会社大阪屋の本社社屋を兼ねる、同社の配送センター(図3)で、建築設計は永野宏さんである。

　建物は平面が27×49.5m(図4)で、用途は倉庫建築である。建物の性格上、経済性が最優先された。そこで、ハイブリッド吊り屋根を試みることにした。吊り材にはH形鋼、つなぎ材には山形鋼、斜材には鋼管を使用している。

　力の流れは図5の解析結果が示すように、平面の隅角部に向かって誘導されている。解析の結果、屋根荷重の約90％が最終的に逆アーチ沿いの柱列で支持されている。鉄骨量は28kg/m²と少なく、かつ屋根面以外の工事が皆無で、目標の経済性が十分達成された。

　屋根の挙動を確認するために、解析と並行して紙製のタッチ・アンド・フィール・モデルを作り検証を行った。図6はトーナ

図7 すさみ町大型共同作業場外観

図8 同 鉄骨現場

図9 幕張総合高等学校メインアリーナ外観

図10 同 メインアリーナ内観

図11 同 工事中の吊り屋根

メント載荷システムを用いてモデルに等分布荷重をかけている状況を示す。

　紙モデルは、部材に生じる応力の種類(引っ張り、圧縮、曲げ)が、視覚的にはっきりと現れるので、構造デザインの判断の手段として、非常に有用である。

すさみ町大型共同作業場(現・紀の誉食品)(1985)

　和歌山県すさみ町につくった工場で(図7)、建築設計は久保井建築設計事務所。

　大阪屋配送センターより一回り大きい、54×72mの工場空間をカバーする。

　ハイブリッド吊り屋根システムの利点のひとつは、製作、現場において、作業者たちは普通の鉄骨を、普通に組み立てれば構造ができ上がるということで、特殊な技術や職種を必要とせず、また、特別な作業足場や段取りも不要な点であろう。

　図8に、この吊り屋根の施工現場の写真を示す。

幕張総合高等学校メインアリーナ(1996)

　千葉県立幕張総合高等学校は生徒数2,200人を収容する総合選択制高等学校として、計画・設計された。建築設計は木島安史さんの主導で始まったが、木島さんが急逝された後、橋本文隆さん、杉本洋文さん、計画・環境のスタッフの方々の協力の下、榎本建築設計事務所の榎本雅夫さんの担当で完成した。

　この学校の総合的で大規模な教育コンプレックスのうち、体育館は36×58.5mの長方形プランを持つ重層の建物で、その最上階(3階)にメインアリーナがある。この高さも考慮して、メインアリーナの屋根にはハイブリッド吊り屋根が適しているということで採用になった。図9に外観、図10にメインアリーナの内観、図11に工事中の屋根の様子を示す。

新しい構造システム2

構造効率・経済性の高い新しいドームの提案
サスペンドーム

図1 ソウルオリンピックのケーブルドーム（フェンシング場）

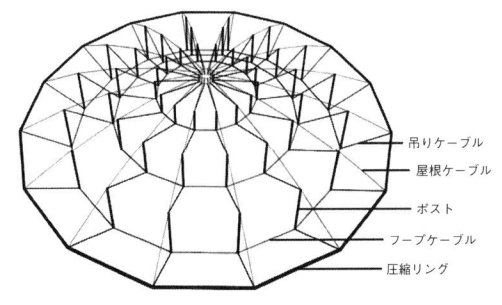

図2 ケーブルドームの構造
吊りケーブル
屋根ケーブル
ポスト
フープケーブル
圧縮リング

ケーブルドームへの疑問

　1988年のソウルオリンピックに向けて、米国のD・ガイガーはソウル市内に、同じ構造システムをもつ2棟の屋内競技場を造った。1つは直径118mの体育館、いま1つは直径89mのフェンシング競技場（図1）である。これらの屋内競技場に用いられた構造システムは、ケーブルドーム（Cable dome）と呼ばれ、図2に示すような部材構成になっている。

　ガイガーは、よく知られているように、1970年の日本万国博アメリカ館で低ライズの空気膜構造を提案した後、北米地域を中心に低ライズ型大規模エアドームをいくつか建設したが、これら一連のエアドームに相次いで起きた重大事故を契機にこの方式を諦め、空気を用いない膜ドームということで、B・フラーの方式を改良して開発したのがケーブルドームである。

　このドームでは、圧縮材（ポスト）がテンション材（ケーブル）の中に浮いている部材構成になっているので、テンセグリティの定義を部分的に満たすということから、テンセグリック・ドームと呼ぶ人もいる。

　名称はさておき、ケーブルドームは以下に述べるように、テンセグリティに本来不可避の、構造効率の悪さを共有している。

　図3に示すように、ケーブルドームではプレストレスの導入が不可欠である。導入すべきプレストレスの大きさは、その後の荷重状態によって異なるが、荷重によってケーブル張力が失われるとドームは不安定になるから、設計で想定されるあらゆる荷重状態に対して張力を喪失するケーブルがないように、十分な大きさのプレストレスを与えておく必要がある。

　プレストレスの段階では、尾根ケーブルと吊りケーブルは同

部材構成

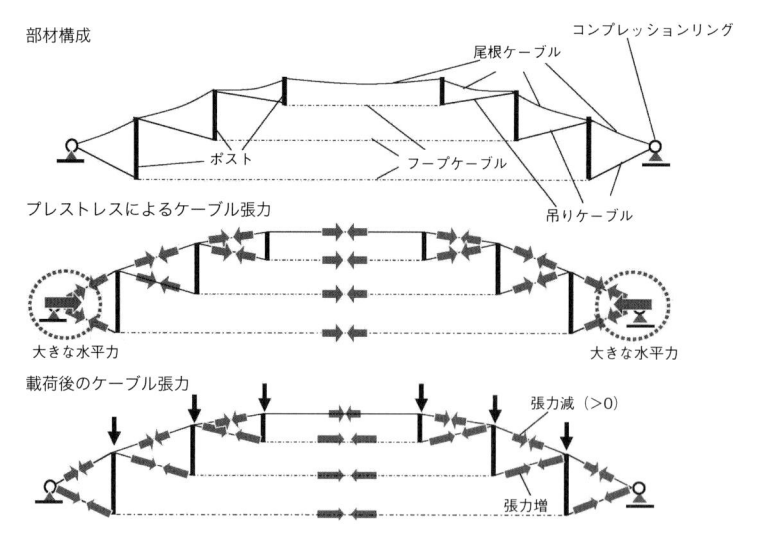

図3 ケーブルドームのメカニズム

じオーダーの張力になるから、端部の支持位置における水平合力は大きな値になる（図3中段）。この水平力は、多くの場合コンプレッションリングで処理されるから、コンプレッションリングの負担は非常に大きい。

また、ケーブルドームはフレキシブルであるから、大きな変形による仕上げ材の損傷を避けるために、屋根材料としては膜が主に用いられる。しかし、屋内外の環境・演出上必要な屋根面の遮音、断熱、遮光などの性能を保つには、膜は必ずしも適切な材料とはいえない。

テンセグリティは造形上の面白さはあるが、一般に構造効率が悪く、構造デザインの視点から眺めた場合に、どうしてそこまでテンションを欲しがるのか、という疑問を感じさせることが多い。ケーブルドームを見たときにも、私はそのような疑問を否定できなかった。そこで、もっと素直で合理的な構造システムがないかと考えてみた。

サスペンドームの発想と特徴

その結果、案出した構造システムがサスペンドームである。「サスペンドーム」という名称は、1960年にP・シェラッツィが提案した「サスペンアーチ」の概念の延長上で命名したものである。

サスペンドームのメカニズムを図4に示す。大空間のための構造システムとして従来から用いられているものに、単層ラチスドームがある。このシステムは非常に効率がよいが、座屈の懸念が大きいシステムである。このため、ドームを2層構造にして面外曲げ剛性を高め、座屈耐力を高める手法（複層ラチスドー

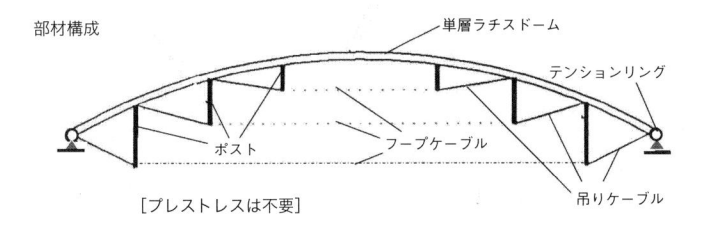

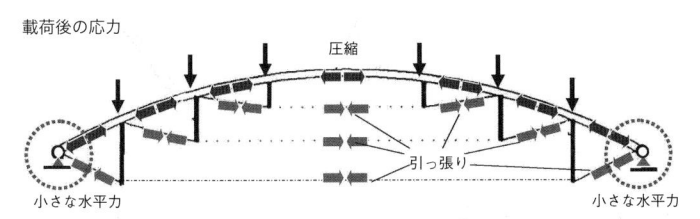

図4 サスペンドームのメカニズム

図5 サスペンドームの模型実験

ム)が多く用いられるが、単層ドームに比べて材料、工数、工費が大幅に増大する。

　サスペンドーム構造は、このような事情にかんがみ、単層ラチスドームに、ケーブルドームの下部要素と同様の、吊りケーブル、フープケーブル、ポストを「補剛材」として組み込んで一体化し、比較的簡単な方法でラチスドームの座屈耐力を大幅に向上させようというシステムである。

　サスペンドームでは、プレストレスは必須ではないが、プレストレスを導入することにより、ドームの圧縮応力を大幅に減少させることができ、また、境界位置でのドームのスラストを相殺してテンションリングの負担を顕著に軽減することができる(図4下段)。

　以上のような構造上の利点を考えると、サスペンドームの経済性は高いと考えられる。

　また、サスペンドームの上面は在来型の単層ラチスドームであるから、十分な剛性をもっており、任意の屋根材料を用いることが可能で、遮光、断熱、遮音など、ドーム内外の環境・演出面での要求に対応しやすい。

模型実験

　サスペンドームに関する上記の性質は、解析でもほぼ確認されたが、弾塑性域を含む性状を十分に把握するため、模型実験を行った(図5)。模型の寸法はスパン3.0m、ライズ450mmで、座屈促進のため弾性係数の低い真鍮製のチューブで構成、補剛なしの単層ドームとサスペンドームの2種類の試験体を作成し、比較実験を行った。

　その結果、サスペンドームの補剛効果により座屈荷重が大幅

図6 光が丘ドーム概観

図7 同左内観

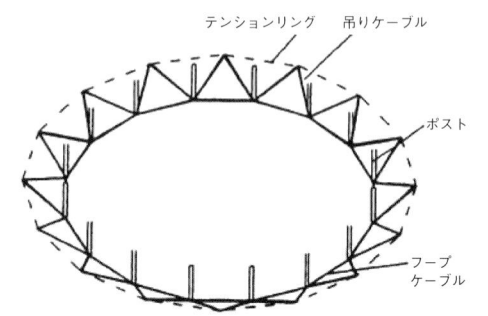

図8 光が丘ドーム　補剛システム

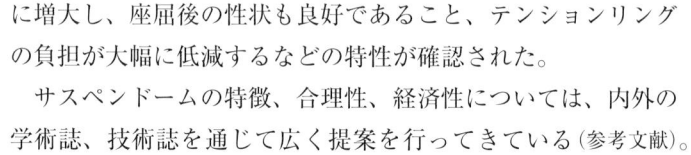

図9 ふれあいドーム内観

に増大し、座屈後の性状も良好であること、テンションリングの負担が大幅に低減するなどの特性が確認された。

サスペンドームの特徴、合理性、経済性については、内外の学術誌、技術誌を通じて広く提案を行ってきている(参考文献)。このシステムは特許申請を行っていないので、誰でも自由に使用できる。

サスペンドームの実例、普及について以下に述べる。

サスペンドーム国内の2例—光が丘ドーム(東京1994)ふれあいドーム(長野県山形村1997)

光が丘ドーム(図6, 7)はサスペンドームの実例第1号である。このドームは直径35mの平面を持つ体育館で、規模から判断して、補剛材は最外周1列のみに設けている(図8)。

光が丘ドームは、このシステムの最初の適用例であったため、構造体が完成した段階で、床スラブの重量を反力源とする実大実験を行った。加力は屋根ラチス節点と床スラブの間に張ったワイヤロープを油圧ジャッキで緊張し、ドームに鉛直荷重を与える方式をとり、全面載荷と半面載荷を行った。

実験の結果、サスペンドームでは単層ドームに比べてラチス材の圧縮力が低減し、テンションリングの引張力も大幅に減少するなど、初期の結果を確認することができた。

また、起振器2台を用いた振動実験も行い、解析結果とのよい一致が認められた。

山形村のふれあいドームは直径46mで、光が丘ドームよりやや大型の体育施設である(図9)。

上記2件のドームは、ともに前田建設工業の設計施工である。

名　称	場　所	完成年	規　模
① 天津保税区国際貿易センター	天津	2001	直径35.4m
② 昆明柏联ビルトップライト	昆明	2001	直径15.0m
③ 天津自然博物館貴賓室	天津	2003	直径18.5m
④ 鞍山市体育中心	遼寧省	2003	60m×40m
⑤ 武漢体育中心	武漢	2007	130m×110m
⑥ 北京工業大学体育館	北京	2007	直径93m
⑦ 常州市体育館	江蘇省	2008	120m×80m
⑧ 安徽大学体育館	安徽省	2008	六角平面 径97.2m
⑨ 済南奥体中心体育館	山東省	2009	直径122m
⑩ 重慶市渝北体育館	重慶	2010	一辺81m（三角平面）
⑪ 葫芦島体育館	遼寧省	2010	127m×109m
⑫ 連雲港市体育館	江蘇省	2011	直径94m
⑬ 三亜市体育中心	海南省	2011	直径76m
⑭ 深圳坪山体育館	深圳	2011	直径72m
⑮ 常熟体育館	江蘇省	2011	直径90.4m（欠円）
⑯ 太原煤炭交易中心	山西省	2011	直径58m（欠円）
⑰ 荏平体育文化中心	山東省	2012	直径108m
⑱ 営口五輪中心	遼寧省	2013	133m×82m
⑲ 大連市体育館	大連	2013	145.4m×116.4m
⑳ 東亜運動会自転車館	天津	2014	126m×100m
㉑ 紹興体育中心	浙江省	2014	126m×86m
㉒ 楽清体育中心	浙江省	2014	148m×128m
㉓ 天津宝抵体育館	天津	建設中	118m×94m

図10　サスペンドームの中国での実施例（2014年現在）

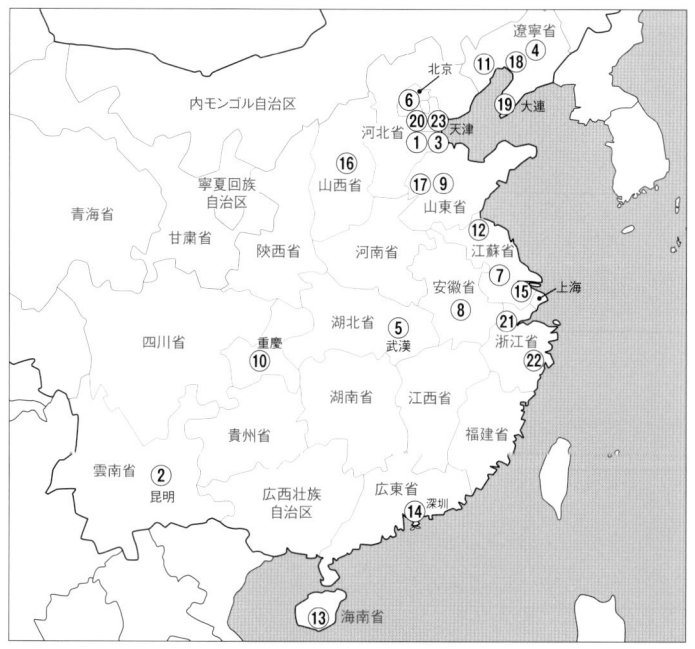

図11　サスペンドームの中国での実施例（地図）（図中数字は図10の整理番号に対応）

中国での普及

　サスペンドーム・システムの日本国内での実施例は、今のところ上記の2件であるが、近年の中国におけるこのシステムの

図12　武漢体育中心体育館　外観

図13　同左　内観

図14　北京工業大学体育館　外観

図15　同左　内観

普及は実にめざましい。

　中国天津大学の陳志華教授は、その著『弦支穹頂結構』(2010年刊)(参考文献参照)の中で、中国における15件のサスペンドームの実施例を紹介している。その後の陳志華さんからの情報を加えて、現時点で中国に存在するサスペンドームの概要をまとめると、図10(表)、11(地図)のようになる。

　中国におけるこれらの実例はいずれも大規模で、かなりのものがスパン100mを超える平面をカバーしている。

　以下にいくつかの実例の概要を述べる。

武漢体育中心体育館(図12, 13)

　2007年の全国都市対抗体育競技大会の主会場として建設されたもので、屋根構造は武漢市建築設計院の設計。屋根の平面は長径130m、短径110mの長円形である。屋根面の構造は、3方向部材による単層ラチスドームで、外縁3周に補剛システムを組み込んで、サスペンドームにしている。

北京工業大学体育館(図14, 15)

　2008年の北京オリンピックにおけるバドミントンおよび体操競技会場として、北京工業大学のキャンパス内に建設された。

　直径93mのドームおよびその周辺の構造を含めて、長軸

図16 済南奥体中心体育館 外観

図17 同左 内観

図18 安徽大学体育館 外観

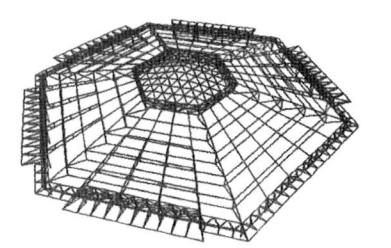

(a) 構造概要図

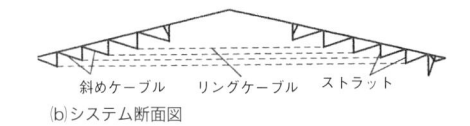

(b) システム断面図
　斜めケーブル　リングケーブル　ストラット

図19 安徽大学体育館 屋根構成

141m、短軸105mの屋根を構成している。サスペンドームは中央の球面屋根部分で、3方向単層ラチスドームに5周の補剛システムを廻らせたサスペンドームになっている。設計は中国航天規画設計研究院。

済南奥体中心（オリンピックセンター）体育館（図16, 17）

2009年の全国体育競技大会の主競技施設として建設された体育館で、屋根の設計は中建国際設計コンサルタント社による。屋根は直径122mの円形で、3方向単層鋼管ラチスドームに3周の補剛システムを組み込んで、サスペンドームを構成している。

安徽大学体育館（図18, 19）

この体育館は安徽大学の新キャンパスのための総合体育施設として建設されたもので、屋根構造は同済大学建築設計研究院の設計。屋根平面は対頂径97.2mの正六角形である。補剛システムは六面体の稜線上に設け、平面部分はラチス梁で持たせている。

サスペンドームの普及を考える

以上、サスペンドームという新しい構造システムの発想から原理、特徴、実験、実施例について述べた。前述のように、このシステムについては特許申請を行わず、誰でも自由に採用で

きることを前提に、国内外で提案を行ってきた。

　一方、このシステムの実施例としては、国内では自らが指導を行った中小2例が、これまでのところの「実績」であるが、あるとき、中国における目覚しい普及の報告を受けて、大変驚いたというのが実情である。

　もっとも、中国における実施例のうち、最初の2、3例については私も知っていた。最初にサスペンドームを利用した人たちは、そのことを国際会議や学術誌などに発表し、その中で設計の原点として私たちのオリジナル論文を引用していたからである。この傾向は今も続いているが、普及が進むにつれてオリジナルに対する意識は薄れてくる。これは当然の現象である。

　このことを示すエピソードをひとつ紹介しよう。

　2013年にポーランドのヴロツワフで開催されたIASSのシンポジウムで、ある中国のグループが自分たちの行ったサスペンドームの設計例を報告していた。その中で、彼らはこのシステムをSuspended domeと呼んでいた。私は若干のいたずら気もあって、「このシステムの名前は固有名詞で、Suspen-domeというのだけれど知っているか？」と質問した。

　これに対して、発表者は何を訊かれているのかよくわからないという表情で、「このシステムは、最近の中国ではよく用いられている新しいシステムで、名前はSuspended domeの方が文法的に正しいと思う」と回答した。

　私はこの答えに非常に満足した。システムの名前が何であろうが、発案者が日本人であろうが、中国人であろうが、システム自身が社会に広く定着して、健全に使用されれば、それこそが私の願望するところである。

　私がこれまで行ってきた構造デザインの活動の中でも、自分の案出した構造システムが、これほど目覚ましく普及したという経験は初めてである。個々の構造のデザインにおいても、自分の設計した構造物が所期のプロセスを経て、健全に竣工したときの喜びは大きいが、自分の提案した構造システムが多くの構造設計者によって採用され、広く社会に貢献してくれることは、個々の構造デザインの成功に比べて一回り大きな満足感を与えてくれるものである。

　今のところ、顕著な普及は中国に限られているが、プラグマティズムの旺盛な中国での普及は、このシステムの経済性を保証しているといってもよいであろう。また、上記の具体的実施例が示すように、個々の構造設計者の工夫によって、応用のバリエーションも数多く試みられている。

　今後、世界の他の地域を含めて、サスペンドーム・システムが更なる広がりを見せてくれることを心から願っている。

応用範囲が広く可能性の大きな免震機構
並進振子免震

　地震国日本に住むわれわれ構造エンジニアにとって、耐震・制振・免震の問題は最も重要な研究テーマのひとつである。私は振動の専門家ではないが、構造エンジニアのひとりとして、機会あるごとにこの問題を考え、設計への応用も試みてきた。

　そのひとつが免震システムである。現在最もポピュラーな免震システムは、積層ゴムタイプのアイソレータを用いる方式である（図1）。この方法は、すでに数千例近い実績があり、特性の評価も部品としてのマーケットも、一応確立している観がある。私もいくつかの設計やレトロフィットにこの方式を採用している。

　しかし、免震構造の概念は比較的新しいものであり、現在は、ひとつの手法にとらわれずに、新しい可能性を追求する試みが、積極的に行われるべき発展段階にあると考えている。

振子の可能性をさぐる

　積層ゴム型のアイソレータは、支持する荷重の大きさMとゴムの剛性Kによって効き方（周期）が定まる（図1）。

　これに対して、振子（単振子）は、吊り材の長さだけで固有周期が決まり、その他の要素はまったく入り込まないという、単純・明快さをもっている（図2、3）。これは、400年前にガリレオが発見した現象で、「振子の等時性」と呼ばれていることは周知の通りである。したがって、振子の原理に立脚した免震手法があれば、重い荷重、軽い荷重ということで思い悩む必要はまったくない。また、アイソレータの材料の性質や経年変化にも左右されることがない。したがって、この振子の原理を用いた免震の可能性を探ることは、大変魅力のある仕事のように思われる。

　しかし、単振子では錘がひとつの点（質点）でなければならず、建物のような3次元的な広がりをもつものについては、振子の原理をそのまま当てはめるわけにはいかない。

　広がりのある物体に適用できる振子を考えてみると、一般に次の2種類がある。

　1つは「物理振子」（1点吊り、図2）、もう1つは「並進振子」（図2、3）である。このうち物理振子は、建物の重さの他に回転の性質が建物の揺れ方に影響するので、せっかくの振子の原理の単純さが失われるだけでなく、揺れに伴って建物の床が傾斜す

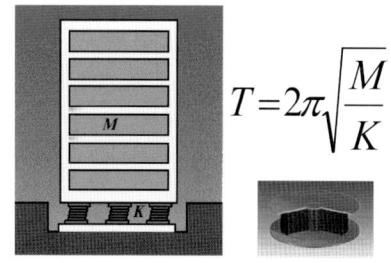

$T = 2\pi\sqrt{\dfrac{M}{K}}$

図1　ゴム免震の原理と周期

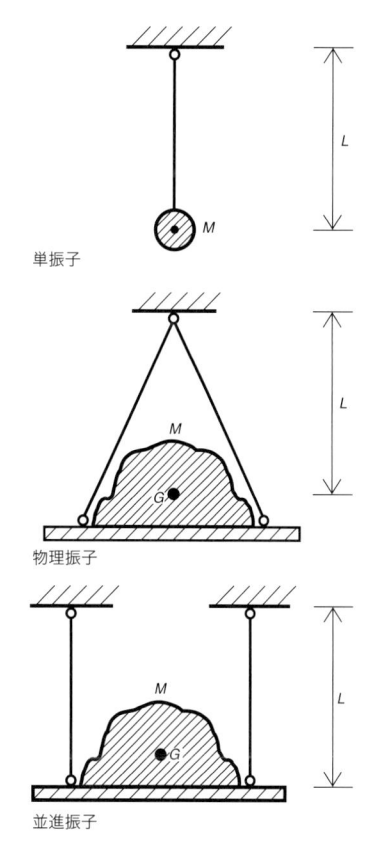

図2　いろいろな振子と特徴

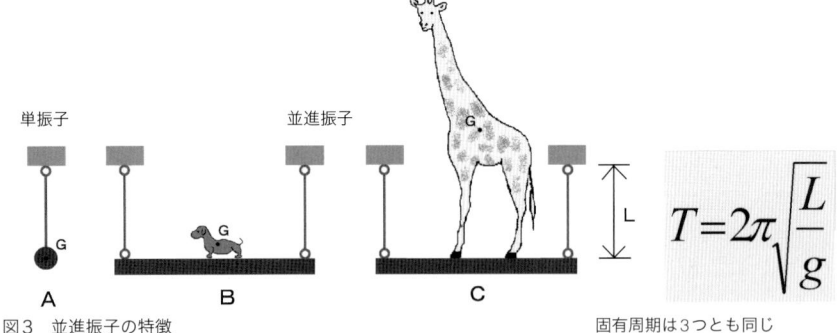

図3 並進振子の特徴　　　　　　　　　　固有周期は3つとも同じ

$$T = 2\pi\sqrt{\frac{L}{g}}$$

るという大きな欠点があるので、このままでは使い物にならない。他のメカニズムと組み合わせて建物が傾斜しないようにすると、結局、次の並進振子型の原理に帰着する。
(物理振子の応用については、後節「揺るぎ石」を参照されたい)

「並進振子」の特徴

「並進振子」（公園にある遊動円木のイメージ）は、2つ以上の単振子の間に床を架けたものであるが、単振子の単純明解な原理を保っているだけでなく、振動時に床が傾斜しないという利点があり、直接建築構造に組み入れることができる。

さらにこの免震機構は、もっと面白い性質ももっている。それは、この床の上に載せた物体の重心がどの高さにあっても、この仕掛けは錘が最下点(床面)にある単振子とまったく同じ揺れ方をするということである(図3)。だから、この床の上に平屋の建物を建てても、重層建築を建てても、両者はまったく同じ周期で揺れるのである(重層建築自身の振動の影響は、別途考慮する)。これは、単振子の性質から直接には得ることのできない特筆すべき性質であり、並進振子のメカニズム特有の利点である。

吊り材の長さは、建築計画に適合する範囲で任意に決めることができるが、たとえば4m(建物の1階分程度)にすると、載せるものの重さや高さと無関係に固有周期は約4秒に定まり、良好な免震効果を期待することができる。

以上のように、振動の性質が吊り材の長さだけで定まり、他の要素(重さや材料の性質など)は一切入ってこないというのがこの手法の特徴である。われわれが種々の力学原理を構造に応用する際に、留意すべき最も大切なことのひとつは、原理が単純で関与する要素の数が少ないものほど信頼性が高いということである。その意味でも、並進振子の原理は、頼りになる免震手法を与えてくれると思われる。

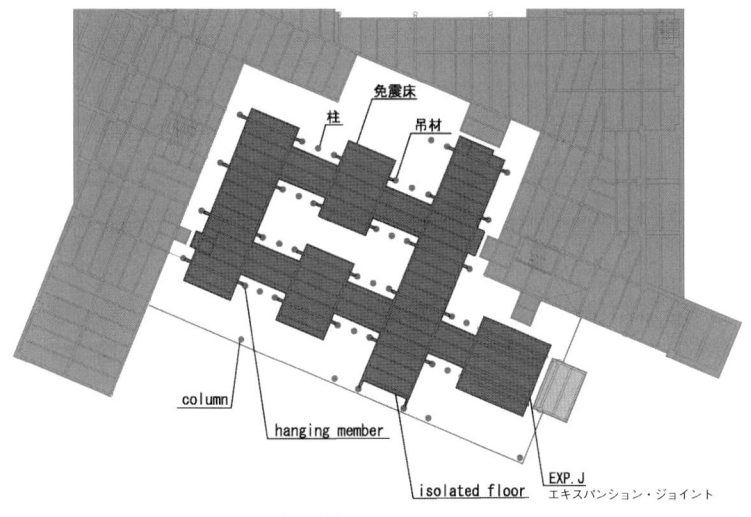

図4 セラミック・パークMINO 免震対象フロア伏図

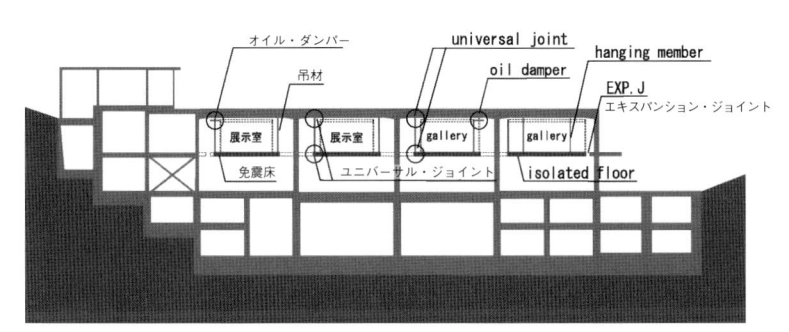

図5 同 断面図

図6 吊り材とユニバーサル・ジョイント

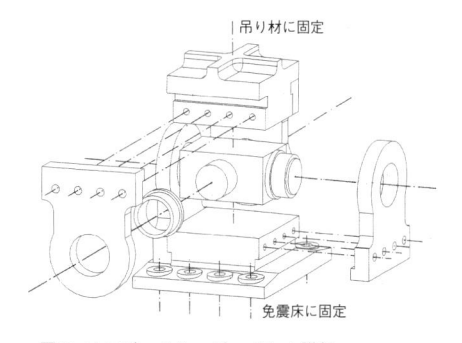

図7 ユニバーサル・ジョイント詳細

セラミック・パークMINO（2002）＝並進振子の応用

　機会があったらぜひ試みたい、と考えながら温めている新しいアイディアを、エンジニアは常にいくつかもっている。私の場合、上述の「並進振子免震」も、そのひとつであった。

　磯崎新さんからセラミック・パークMINOの構造設計依頼があり、その中で、大空間に浮かぶ陶芸品のための主展示スペースの計画案が示された。

　当然のことであるが、陶磁器の展示スペースは割れやすい展示品の性質から、地震に対して特段の配慮が必要である。そこで、この展示フロア全体を主架構から振子状に吊り下げる（図4,5）並進振子型の免震システムを提案したところ、それは素晴らしいということで、採用されることになった。

　約900m²の常設展示スペース全体が免震になるので、展示品ごとに免震機構を備えた高価な展示ボックスを購入する必要はない。この建物の場合、階高の条件から自然に決まる振子の長さは約4.7mで、これにより定まる固有周期は約4.35秒と、理想的な値が自然に得られた。

　主架構からの鉄骨吊り材は、上下端にユニバーサル・ジョイ

図8 実大実験
並進振子免震実大実験（東大生産研究所千葉実験場）

ントを備えている（図6）。ユニバーサル・ジョイントの詳細を図7に示す。直交2軸型の単純なメカニズムである。

　減衰機構としては、展示室パーティションの頂部レベルに、オイル・ダンパーを配置した。

　この免震システムの効果を確かめるために、上下動、水平動を同時に与えることのできる振動台の上に、実大（振子長）模型を組み立てて実験を行った（図8）。オイル・ダンパーは実際の建物ではパーティション頂部に設けるので、実験ではこれに対応する位置として、床面から三角形の骨組みを立てて、その先端に取り付けた（図8右上）。実験結果は良好で、過去の記録地震波に対して最大加速度を地動の約10分の1程度に減らせることが確認できた。

　建築現場では展示フロアの一部約180m^{2}に対して水平3方向にそれぞれ自由振動実験を行い、固有周期およびダンパーの効果を検証し、解析とよい一致を確認できた。

　ここで採用した、主架構から特定のフロアを吊り下げる並進振子（遊動円木）型の免震機構は、次のようないくつかの利点をもっている。

　まず、この手法の第一の魅力は経済性である。振子はもともと必要な吊り柱の上下にヒンジを設けるだけで得られるから、特別な免震装置（アイソレータ）は一切必要ない。

　また、このようなフロアは一般に屋内空間にあるから、風によるゆれの対策やトリガーも不要であり、また、ダンパーも軽微なもので済む。

　さらに、この免震システムの恩恵は、免震フロアだけにとどまらず、これを吊り下げている主架構も、吊りフロアからの地

震力がほとんど伝わってこないから、骨組み全体の設計が経済的になるなどの利点がある。

　この手法は、すでにできている建物の中にも比較的容易に免震フロアをつくりだすことができるので、既存建物の部分床免震という面でも応用範囲は広いと思われる。

「並進振子型」の免震構造の実現は、わが国では本例が初めてである。並進振子型の免震機構は、上例のような屋内での「吊り下げ」タイプだけにとどまらず、重層建築全体を「吊り上げる」ことも同じように可能であるので、通常の免震機構としての用途も、今後考えられる。

振動・免震2

「起き上がり小法師」型振子（転動振子）の可能性

パドル型免震

図1 岡隆一の免震装置

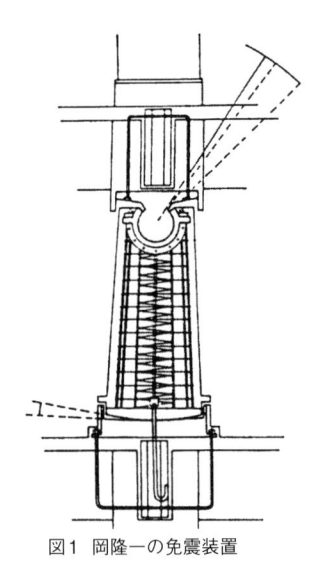

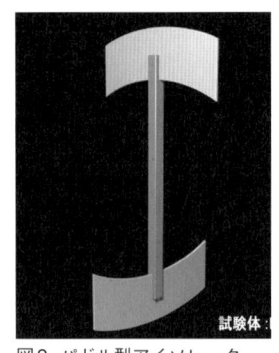

図2 パドル型アイソレータ

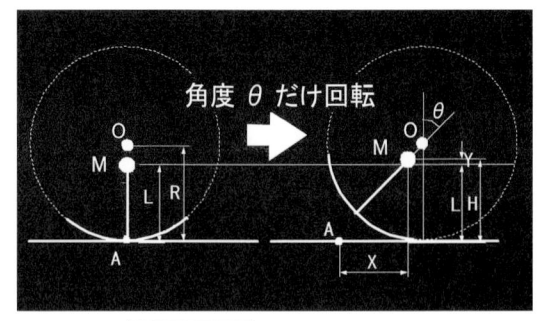

$$T = 2\pi \sqrt{\frac{L^2}{g(R-L)}}$$

図4 転動周期の原理

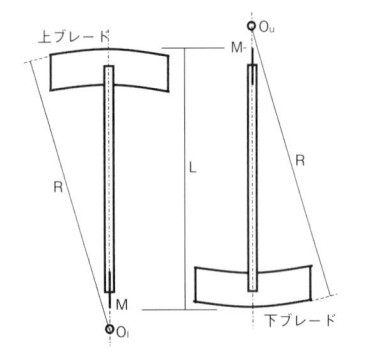

(a)上ブレード面内の回転 (b)下ブレード面内の回転

図3 パドルの回転成分

　吊りの長さを決めると揺れ方が一義的に定まるという並進振子は、非常に頼りになる免震手法であるが、もしも、揺れ方を一定に保ちながら部材の長さを自由に変えられるようなメカニズムがあったら、さらに便利ではないだろうか？という考えが湧いてくる。

　そんな振子は存在しない、もしもあったら振り子の等時性を発見したガリレオ先生に叱られる、という読者もおられるかもしれないが、実は、そのような振子が存在し得るのである。それが、「転がり振子」（転動振子）で、もっと身近な呼び方をすれば、「起き上がり小法師」型の「振子」なのである。

　昭和初期に岡隆一氏が考えた免震基礎は、このタイプの装置であった（図1）。これは、大変画期的なアイディアであった。その原理は、短い柱の下端を球面に加工し、上端にヒンジを設けた、「起き上がり小法師」の原理そのままのアイソレータである。

パドル型免震機構

　しかし、現実の建物で柱の下端に大きな球面を精度よく作るのは、経済的でないし、デッドスペースも大きい。

　そこで私は、この免震装置の転がり機構を直交2方向の回転成分に分けて、X方向を柱頭、Y方向を柱脚で転がらせる装置を考えてみた。その形がカヤックのパドル（櫂）に似ているので、「パドル型」の免震機構と名付けた（図2, 3）。

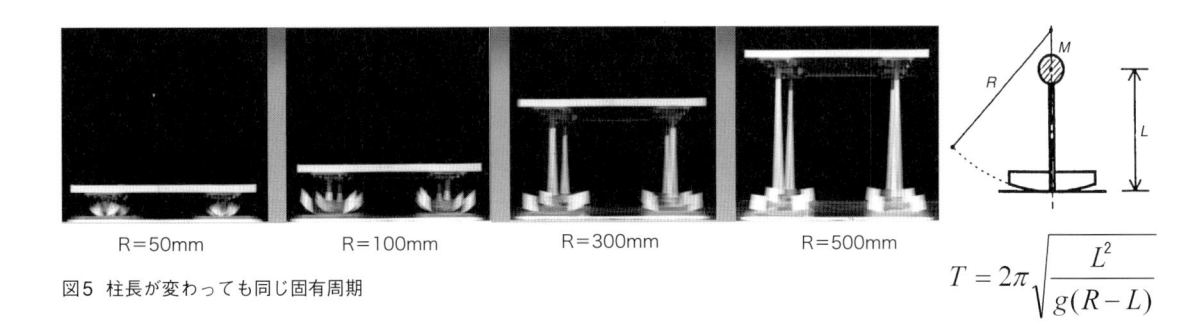

R=50mm　　R=100mm　　R=300mm　　R=500mm

図5　柱長が変わっても同じ固有周期

$$T = 2\pi \sqrt{\frac{L^2}{g(R-L)}}$$

　この免震機構の大きな特徴は、固有周期を柱長さ（L）と転がりの半径（R）の組み合わせで、自由に調整することができるということである（図4）。だから、たとえば、1階分の高さ（4m）をもつパドルと、1mに満たない高さのパドルが同じ固有周期をもつように両者を設計することも容易にできるのである（図5）。

　図6は、柱の長さが大きく異なる2つの免震台が、同じ免震効果をもつことを示す模型実験の動画である。

　図5, 6の写真は、いずれも下端パドル面方向の振動を示しているが、この転動振子は任意の振動方向に対して同じ効果を持っている。

　起き上がり小法師の原理に基づいたパドル型の免震機構は、今のところ実験室レベルの検証段階にあるが、有望な結果を示しており、実用化の可能性も高いと思っている。

実験動画（短柱）

実験動画（長柱）

図6　異なる長さの柱が同じ免震効果をもつ

振動・免震3

物理振子の遊具
揺るぎ石 (1985)

図1 子供が動かせるエキスポセンターの「揺るぎ石」(36トン)

図2 コロラド渓谷の「揺るぎ石」

図3 チェコ山中の「揺るぎ石」

　本章では、主として建築でない構造の話をしてきたが、とはいえ、これまでは橋とかタワーとか、何らかの社会的機能をもった構造物の話であった。ここではそのような機能すらもたない、つまり、遊びの対象にしかならないような構造物について述べようと思う。

　そのひとつは「揺るぎ石」(Rocking stone) である。

　図2は米国コロラド渓谷にある揺るぎ石で、実際には揺れないが、揺れそうに見える。

　図3はチェコのジゼラ (Jizera) 山の揺るぎ石である。このような自然のいたずらともいえる石が世界各地に見られ、観光の対象になっている。日本でも揺るぎ石はいろんな場所にあると思う。泰然自若としているべき巨石や岩が動くということの意外性が興味の対象になるのであろう。

　さて、この揺るぎ石を彫刻として人工的に作りたいという人が現れた。著名な石の彫刻家、半田富久さんである。半田さんは、1985年につくばで行われた国際科学技術博覧会の政府出展モニュメントとして、子供でも簡単に動かせる揺るぎ石を、花崗岩で造りたいと考えた。場所は筑波研究学園都市、エキスポセンターの正面入り口の脇である (図1)。

　この彫刻の重量は36トンあるが、それを子供でも動かせるように造りたいということであった。この場合は、構造デザイ

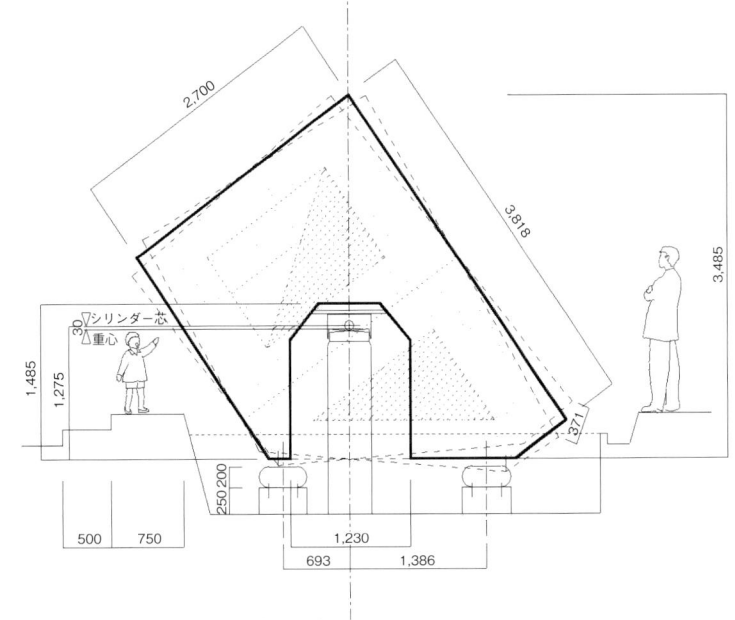

図4 揺るぎ石のしかけ（断面図）

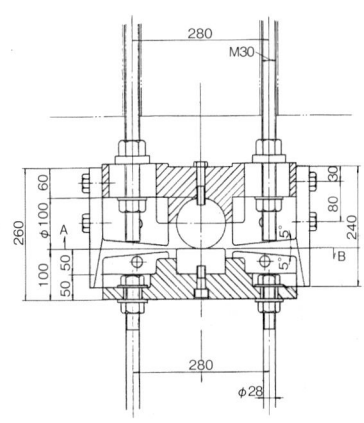

図5 ピンのディテール

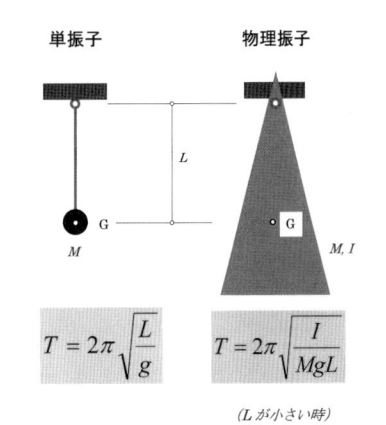

$$T = 2\pi\sqrt{\frac{L}{g}} \qquad T = 2\pi\sqrt{\frac{I}{MgL}}$$

（Lが小さい時）

図6 2種類の振子と固有周期

ンといっても、強度の問題は主テーマではなく、子供でも危険なく動かして遊べ、地震が来ても問題を起こさないようなものを設計するということであった。

　子供が動かしたとき、この巨大な石が簡単に揺れるように考える。その仕掛けとしては、石の底から孔を開けて、重心の少し上でピンを介して柱で支えるように設計した（図4, 5）。

　図5はピンのディテールで、ステンレスの棒状のピンが、ステンレスの板の上で転がるようになっている。しかし、それだけでは地震のときなどに外れる危険性があるので、回転は許すけれども、ずれないようなストッパーをつけてある。

　また、振幅が大きくなりすぎて危険な状態にならないように、水面下にゴムタイヤをボルト止めし、ショックアブソーバーの機能を与えている。

単振子と物理振子

　上に述べたように、この彫刻の重さは36トンであるが、それが周期13秒で動くように設計した。この周期は、子供でも動かせて、しかも巨石が揺れているという実感を伴うような動きを、と考えて定めたものである。

　振子には単振子と物理（実体）振子があることを、読者もご存知だと思うが、単振子は質量のない糸があって、先端に点状の質量がついている。これに対して物理振子は物体の1点をじかにピンで支えて揺らせるものである（図6）。

　両者は同じような振子のように思えるかもしれないが、面白いことに互いに逆の性質をもっている。単振子では、糸の長さLを大きくすると、よく知られているように、揺れの周期Tは

図7 18年後のピン下端

長くなる。これは周期の式を見ても、Lが分子に含まれているので、すぐわかる。一方、物理振子では、Lがあまり大きくない範囲ではLが分母にあるから、単振子とは逆に、ピンと重心の間の距離Lを小さくすると、周期が長くなり、ゆっくりと揺れるのである。

この揺るぎ石の場合は、ピンと石の重心の間の距離はわずか3cmである。もっと短くすると周期はさらに長くなるが、あまり短くすると復元力を失って揺れなくなってしまう。その辺も考慮しながら、先ほど述べたように、周期を13秒に決めたのである。

子供が揺らす巨石

図1は小さな女の子が石を動かしている様子である。

周期13秒は非常にゆっくりした揺れで、最初はほんの小さな動きだが、石の動きを見ながら石の揺れに合わせて押すという動作を繰り返しているうちに、だんだん動きが大きくなっていくのを体験できる。理屈はわからなくても、振動の周期や共振現象の実際を、遊びを通して幼児のうちに経験しておくことは、後に本格的に振動の勉強をする際に大いに役に立つのではないかと思う。

設置から18年経った2003年に、管理者側から一度オーバーホールを行って運動の安全性を確認したいという要請があったので、彫刻の取り外し、点検、再設置の指導・監理を行った。図7はその際に石の穴を下から見上げた写真である。ローラーの下端が少し錆色になっているが、ローラーもそれを受けるプレートもステンレススティールで、錆による浸食などはまったくない状態だったので、清掃後、元通りに設置した。揺るぎ石は、現在もエキスポセンターのひとつの人気遊具として、機能している。

スケール原理とその応用
ジャンボ鯉のぼりを泳がせる (1988)

　最後にもうひとつ、遊びの構造デザインの話をしよう。現在、埼玉県の加須市の春の年中行事になっているジャンボ鯉のぼりの遊泳が、どのような経緯でスタートしたかという話である。鯉のぼりなど、構造と関係ないと思われるかもしれないが、スケールによっては、立派に構造デザインの対象となるのである。

　鯉のぼりは日本の伝統的な民間行事で(図1)、長さ3〜5m程度の大きさの鯉のぼりがそよ風の中で泳ぐのは、至極当たり前の風景として、日本人なら誰でも知っている現象である。

　加須市は昔から鯉のぼりの産地である。「武州鯉」といわれ、木綿で鯉のぼりを作り続けてきた名産地である(図2)。ただ加須は、木綿にこだわり過ぎたため、ナイロンやテトロンなどの化学繊維に押されて売れ行きが悪くなった時期があった。

　加須市の青年会議所のメンバーは、そのような状況に危機感をもって、街おこしのためにという思いで長さ100mの木綿製のジャンボ鯉のぼりを、前後のことをあまり考えずに作ってしまった。1988年早春のことである。そのときの経緯が子供の絵本として出版されている(図3、『およげ おおきな こいのぼり』ひかりのくに社刊)。

破れたコイ

　市民のボランティアが協力して、100mの鯉のぼりを在来と同じ手法で作ったのだが、でき上がってみると、ただ置いておくのももったいないので、お披露目をしようということになった。よもや、こんな大きな鯉のぼりが泳ぐとは誰も考えなかったらしく、物干しのようにお腹にロープを通し、数台のクレーンでロープを引き上げて、みんなに見てもらおうとしたのである。ところが、持ち上げたと思った瞬間、たちまち鯉は破れてしまったのである(図4)。取材に来ていた多くの報道陣もガッカリして、みんな帰ってしまったという。

　しかし、そんな報道陣の中で、1社だけ諦めないで残っているテレビ局があった。NHKである。加須の青年会議所のメンバーは、鯉が破れてしまって意気消沈していたが、NHKのディレクターがお尻を叩く格好で、青年会議所のメンバーを動かし、まずは気を取り直して修理をしようということになったそうである。

　修理した鯉は、できれば普通の鯉のぼりのように泳がせたい。

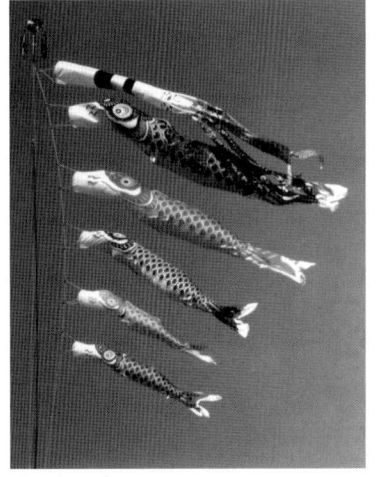

図1　鯉のぼり

図2　鯉のぼりの絵付け

図3 絵本『およげ おおきな こいのぼり』（ひかりのくに社刊）　図4 破れたコイ（同左）

しかし、どうしたら良いのかわからないという状況であった。

そこで彼らはまず、流体力学の先生の所に相談に行ったそうである。これはもっともな話で、鯉のぼりは風の中で流体力学の原理によって泳ぐのだろうから、流体力学に通暁した先生なら何とか助けてもらえるのではないかと考えたのであろう。ところが、その先生からは「うちでは再現性のない対象は扱わない」と、断られてしまったという。これもまた、もっともな話で、サイエンスというのは再現性がないものは対象にならない。再現性というのは、誰がやっても、いつ、どこでやっても同じ結果が出ることをいう。そして、そのような現象だけが科学の対象になるのである。したがって、風の吹きようで、ふらふら泳ぐ鯉のぼりなどは、再現性がないから駄目だといわれても仕方がないのである。

次に彼らは、難しい数学を使えば、何とか答えが出るのではないかと考えて、応用数学の先生のところに行ったところ、「この問題は数学に乗らない」と、またもや断られてしまったという。

科学と技術

たまたまその数学の先生が私の友人で、「彼に一度相談してみたらと言われた」と言って、青年会議所の主要メンバーと、NHKのディレクターが私の事務所に見えたのは、1988年3月のことであった。彼らの話を聞いたとき、私も最初は大変驚いたが、一方で、科学者たちに見放されたこの問題が、技術的にも不可能なことなのか、ぜひ吟味してみたいという気持ちが湧いてきた。

科学と技術とは違う。科学的に処理できない、あるいは科学的に把握できないことでも、エンジニアリングとして解決可能

問題の整理 (技術の立場から)	次元解析でわかったこと
大鯉は泳ぐか？必要風速は？　➡　次元解析 体内の風速は？　➡　断面積に反比例 体内の気圧は？　➡　ベルヌイの定理 膜の応力は？　➡　膜解析	1　大鯉は、小鯉と同じ風速で泳ぐ。 2　大鯉の皮膜には、小鯉の λ 倍の応力が生じる。 3　大鯉はゆっくり（λ 倍の時間を掛けて）泳ぐ。 λ：寸法比 普通の鯉（小鯉）の長さを 5m とすると、 $\lambda = 100\text{m}/5\text{m} = 20$

図5　問題の整理（技術の立場から）　　図6　次元解析でわかったこと

な問題はたくさんある。ジャンボ鯉のぼりも、あるいはその類の問題ではないか。技術の立場から整理をすると、この問題はどのようなことになるのか、考えてみることにした（図5）。

　まず一番知りたい問題は、いったい、巨大な鯉のぼりは泳ぐのか？である。そして、泳ぐとすると、どのくらいの風速で泳ぐのか？が、次に知りたいことである。

次元解析でわかったこと

　このようなことを考えるのに最も適した論理として、「次元解析」がある。先に述べたように、普通の大きさの鯉のぼりがそよ風の中で泳ぐことは、日本人なら誰でも知っている。小さな鯉のぼりとジャンボ鯉のぼりとどこが違うかというと、大きさ、言い換えれば寸法という「次元」だけが違うのである。片方は3mとか5mで、もう一方は100mというように、長さの次元が違うけれども形は両者まったく同じである。このように、一般に次元の異なる2つのシステムが同じ原理の下で挙動する場合に、両者の関係を明らかにしてくれるのが次元解析の手法である。

　次元解析の適用の詳細については、ここでは省略する（興味のある方は、川口衞「長さ100m、ジャンボ鯉のぼりを泳がせる」『日本風工学会誌』第66号、1996.1を参照されたい）が、結果について述べると（図6）、まずわかったことは、大きな鯉のぼりも小さな鯉のぼりも、同じ風速で泳ぎ始めるということである。これはとても重要な発見であった。

　次にわかったことは、大きな鯉のぼりが泳ぐとき、その皮膜には、小さな鯉のぼりの λ 倍の応力が生じるということである。λ は長さの比で、日常の鯉のぼりの長さを5m、ジャンボ鯉のぼりを100mとすると、長さ比 λ は20となる。つまり、同じ

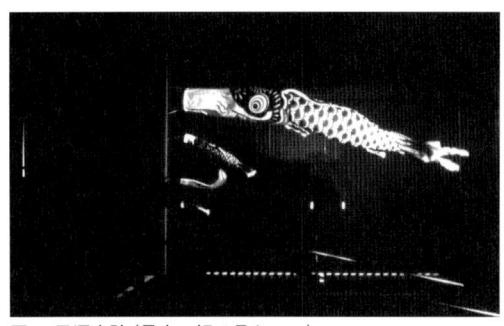

図7 風洞実験（最大の鯉は長さ10m）

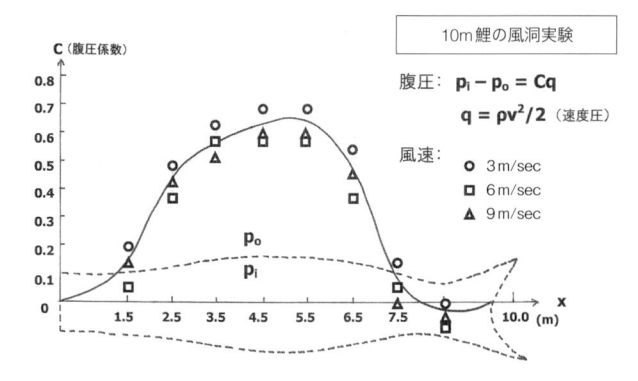

図8 鯉のぼりの腹圧の実測結果

風の中で泳いでいても、ジャンボ鯉のぼりの布には通常の鯉のぼりの20倍の力がかかることになる。そのような大きな力に対して、布が大丈夫かを検討する必要があることがわかった。

もうひとつわかったことは、大きな鯉のぼりは小さな鯉のぼりより、ゆっくり泳ぐということである。どのくらいゆっくりかというと、同じ動作にλ倍の時間をかけて泳ぐのである。

ここまでわかってくると、この問題はどうやらものになりそうである。後は、具体的な諸問題を個別に攻めていけば、解決するのではないかと思えるようになってきた。

お腹が膨らむ理由

ジャンボ鯉のぼりの構造設計上、最も重要と思われる鯉のお腹の皮膜にかかる力については、次のように考えた。

まず、お腹の中を流れる気流の速度を考える。外気流の速度を一定と考えると、お腹の中を流れる気流の速度も、入り口（口輪位置）と出口（尻尾部分）では外気流と同じ速度である。しかし、お腹の中では速度が変わる。鯉のお腹の断面は、入り口より大きいので、口輪部分より速度が小さくなる。一般に、お腹の中の気流の速度の大きさは、その部分の断面積に反比例する。この関係が成り立つには、空気の非圧縮性を仮定する必要があるが、風速がそよ風程度のとき、非圧縮性が成り立つことはよく知られているところである。

さて、そうすると、鯉のぼりのお腹の中の風速は、皮膜を隔てた外気流の速度より一般に小さいことがわかる。すると、ベルヌイの定理によって、空気の圧力は皮膜の内側のほうが外側よりも高くなり、皮膜は内側から外側に向かって押される。鯉のぼりが「新緑の風をお腹いっぱいに吸い込んで」泳ぐという文学的表現は、力学的にはこの現象を指している（「吹き流し」ではこの現象は起きない）。

このときの圧力差は計算で簡単に求めることができるが、確

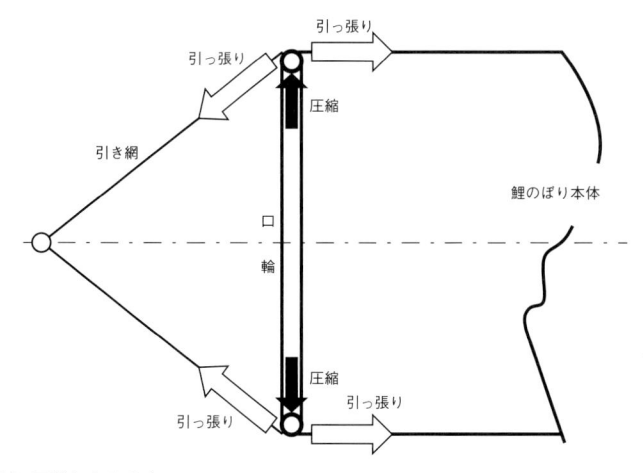

図9 口輪にかかる力

認のために、マツダの実験室の協力で風洞実験を行った（図7）。この実験における腹圧の実測結果を図8に示す。実験結果は、推定値とよく合っている。

お腹がパンクしないために

お腹の布にかかる力はこれでわかったので、そのような力がかかったときに布が大丈夫かは、実際にジャンボ鯉のぼりで使っている布を調べてみる必要がある。そこで鯉の皮膜の一部を切り取って、布の強度テストを行った。その結果、普通の鯉のぼりの20倍の力が布にかかっても、布本体の強度はまだ十分にある。しかし、縫い目は全面的に強度不足であるということがわかった。そこで、小川テント（当時）の篤志的協力により、工業用のポータブルミシンを加須市に持ち込んで、全接合部の縫い直しが行われた。

これで、鯉のぼり本体の基本的な問題は解けたが、そのほかにも重要な技術的問題がいくつかあった。

口輪の力学

問題のひとつは、口輪の設計である。鯉のぼりのお腹に風が入るには口輪が必要不可欠であるが、口輪には必ず大きな圧縮力が働く（図9）。口輪の面外方向には、鯉本体の皮膜と引き綱が安定した張力場を作っているから心配ないが、面内の座屈は慎重な検討が必要である。口輪は直径約10m、周長約30mのリング構造であるから、圧縮力に対して面内座屈を起こさないように作ろうとすると、重さ300キログラムくらいの鋼管になってしまう。これでは、本体の重さ650キログラムに対して、不釣り合いに重い口輪になり、鯉のぼりは実現不可能になる。

そこで、口輪のリングの面内に、車輪のスポークに相当する

図10 アルミ管による口輪

線材を12本のビニロン・ロープ（6mmϕ）で放射状に構成することにより座屈を防ぐことにした。その結果、50mmϕのアルミ合金管のリングで設計できることがわかった（図10）。これだと口輪の全重量は約30キログラム、運搬、保管の利便を考えてこれを8等分し、現場で簡単にボルト接合できるように設計した。

クレーンを使おう

　もうひとつの問題は、ポール（柱）である。通常の鯉のぼりは、ほとんど必ず地上にポールを立てて、その先端からぶら下がったロープに結び付けられて泳いでいる。このような先入観から、加須の青年会議所の人たちも、ジャンボ鯉のぼりを揚げるには、巨大なポールが必要だと思いこんでいたらしく、あるゼネコンに対してポール建設の見積もりを頼んだところ、5千万円という金額が出てきて眼を廻したそうである（彼らが持っていた総予算は約200万円であった）。

　1年に1回か2回しか揚げない鯉のぼりのために、本設のポールを建てるなどというのは、まったくもったいない話である。100mの鯉が泳ぐためには、地上約100mの高さに鯉の引っ張り力を支える支持点があればよいのであって、それが本設の柱である必要はない。私は、トラッククレーンを使うようにアドバイスした。これならオペレーター付きで、1日数十万円で済む。

　ジャンボ鯉のぼりの安全な遊泳条件としては、遊泳レベルでの平均風速10m以下という値を与えることにした。この状態で、十分安全を見て鯉のぼりの水平引張り力を算定してみると、たかだか20kN（2トン重）程度で、このくらいの横力に耐えることのできるクレーンはたくさんある。これで、ポールの問題も片付いた。

　さて、以上のようなプロセスを経て、いろいろな技術的問題が全て解決したので、1988年の4月下旬、修理を終えた鯉のぼりを泳がせてみようということになった。

図11　川原に展開された鯉

図12　口輪のとりつけ

図13　クレーンで引き上げると…

図14　普通の鯉のぼりと比較したジャンボ鯉のぼり

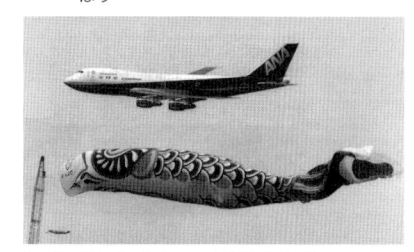

図15　ジャンボジェット機との比較

鯉が空に舞う

　当日は、加須市青年会議所のメンバーを中心とするボランティアの人々が、早朝からジャンボ鯉のぼりを利根川の川原に展開して、準備を始めた(図11)。

　当日は快晴だったが、あいにくの無風状態で、鯉に口輪を取り付けて(図12)風待ちの状態になった。図11に見られるように、川原に展開されたジャンボ鯉のぼりは、カレイか何かのように地面にピッタリと吸い付いて、容易には浮き上がらないような雰囲気であった。遊泳を待ちあぐねて鯉の周りを歩き回る見物客たちからは、「こんなにでかいのが泳ぐわけないよ」とか、「こんなにぺしゃんこの布が、風で膨らむはずないよ」というような声が聞こえてきた。青年会議所の気象班は熊谷測候所と連絡を取りながら、風向風速計のデータをにらんでいたが、風はそよとも吹かない。

　待つこと数時間、午後になってようやく川上から風速2〜3mの理想的な風が吹き始めた。待ち構えていたクレーンが静かに口輪を引き上げると(図13)、風が鯉のぼりの口に入り始め、

頭からお腹と、どんどん膨らんでゆく。風が尻尾に達したと思われたとき、ジャンボ鯉のぼりはふわりと離陸した。このとき、作業班からも観客からも、大きな歓声と拍手が沸き上がった。

　図14は水平飛行中のジャンボ鯉のぼりの近景である。すぐ下に見える、めだかのようなのは、体長8mの大型鯉のぼりである。

春の年中行事に
　図15は、ジャンボ鯉のぼりとジャンボジェット旅客機との大きさの比較である。ジャンボジェットB747は全長約70mであるから、比較するとこんな感じになる。

　以上述べたジャンボ鯉のぼりの失敗から遊泳成功までの経緯の概要は、NHKアーカイブズに45分番組として収録・公開されており、誰でも見ることができる。

　なお、ジャンボ鯉のぼりの遊泳は、1988年の成功以来、加須市の春の年中行事として定着し、毎年5月初旬（通常は5月3日）に行われている（図16）。

　また、加須のジャンボ鯉のぼりは、2006年にはドイツのカイザースラウテルンに出張遊泳を行い、現地でのFIFAワールドカップの盛り上げと日独親善に、大きく貢献した。

図16 利根川の川原に舞い上がったジャンボ鯉のぼり（加須市の年中行事のひとつになっている。例年5月3日）

あとがき

　以上、私がこれまでに携わった構造デザインの仕事について、関連する構造原理、設計思想、実現手法を中心に述べてみた。

　本書の校正作業が終盤に入った頃、新国立競技場の設計見直し問題が新聞、テレビなどで報じられるようになった。この問題は競技場建設そのものの今後の展開もさることながら、建築家が世界規模の関心の中で社会の信望を失った、という意味できわめて重大な出来事であると思う。一般の人たちは、一流の建築家が提案を行う場合は、当然、自らが設計した建物のスケールや、それに伴う実現上の問題点を十分に把握し、対応の手段を整えた上で提案をしていると期待しており、この難しい期待に応えうる能力を建築家が備えているということが、建築家という職業に対する人々の尊敬と、社会的地位の高さに結びついている（いた？）のではないだろうか？

　本書中の作品で、今回と類似の例を取り出せば、代々木競技場、万博お祭り広場大屋根、シンガポール・インドア・スタジアム、サンジョルディ・パレスなどがある。これらの例で私たちは、自分たちが提案している建物の構造特性の把握はもちろん、それらがどのように造られるべきか、施工中にどのような問題が生じ得るか、に関しての予見・把握と対策の考案に最大限の努力をし、これらを現地協力建築家、技術者、施工者、製作者等が明確に理解できるよう、多くの説明努力を行うことによって、設計者としての責務を遂行してきた。

　設計者が建物の造り方を含めた建設行為全般についての確固とした見通しを持つことは、当該建物の実現に係る工期、工事費について、施工業者間で健全、公正な競争原理が機能するためにも、必要、不可欠であると考える。今回の出来事は、建築

家が備えるべき資質について、改めて大きな問題を投げかけているように思う。

本書がこの種の問題を考える上で何らかの参考になれば、望外の幸いである。

本書の出版は、多くの方々の努力に負うところが大きい。特に、本書のさきがけというべき同名の冊子5巻組みの執筆のきっかけになった、法政大学建築学科同窓会のセミナーを毎回主催して下さった故永瀬克己法政大学教授に、深謝申し上げる。またその際、講演のテープ起こしを矢継ぎ早に行って、怠惰な私が筆をとらざるを得ない状態に追い込んでくれた、国立近現代建築資料館職員の桐原武志氏、さらにセミナーの企画から冊子および本書の出版まで、一貫してイニシアティブをとってこられた、南風舎の小川格氏、および編集、校正のプロセスで、用語の統一から図版の鮮明度まで緻密な心配りをいただいた同社の南口千穂さんに、心から御礼申し上げる。

最後に、本書の企画から出版に至るまで、質の高い本の実現をめざして努力を惜しまれなかった鹿島出版会の川嶋勝氏に、深い敬意を表したい。

　　　　　2015年8月　東京富士見の事務所にて
　　　　　　　　　　　　　　　　　川口　衞

参考文献　(著者名のないものは、川口衞単著　(共)、(coauth.) は共著を示す)

書　籍

第1章
『スペース・ストラクチャーの設計と実例』、鹿島出版会、1971.8（共）
『大スパン構造』〈建築構造設計シリーズ〉5、丸善、1974.1（共）
『吊構造』、コロナ社、1975.10（共）
『建築概論』〈新建築学体系〉(1)、彰国社、1982.6（共）
John Chilton, *SPACE GRID STRUCTURES*, Architectural Press, Oxford, 2000
『空間構造の耐震設計と設計例』、日本建築学会、2001.1（共）
『20世紀の災害と建築防災の技術』、技報堂出版、2002.8（共）
槇文彦、神谷宏治『丹下健三を語る』、鹿島出版会、2013.7
豊川斎赫『丹下健三とKENZO TANGE』、オーム社、2013.7

第2章
坪井善勝『曲面構造―シェルの理論とその応用』、丸善、1965
斉藤裕『フェリックス・キャンデラの世界』、TOTO出版、1995.3
John Chilton, *Heinz Isler*, Thomas Telford Publishing, 2000

第3章
『スペース・ストラクチャーの設計と実例』、鹿島出版会、1971.8（共）
Frei Otto, ed., *TENSILE STRUCTURES*, MIT Press, 1973
Thomas Herzog, *PNEUMATIC STRUCTURES*, Crosby Lockwood Staples, London, 1977
Der Umgekehrte Weg, «Frei Otto zum 65. Geburtstag», Rudolf Müller GmbH, Köln, 1990（coauth.）

第4章
『阿吽』、サンドーム福井編集委員会、1995（共）

第5章
上田篤編『五重塔はなぜ倒れないか』〈新潮選集〉、新潮社、1996.2

第6章
『日本文化のかたち百科』、丸善、2008.12（共）
陈志华『弦支穹頂結構』、科学出版社、北京、2010

全般
P. L. ネルヴィ『建築の美と技術』（横尾義貫他訳）、コロナ社、1967.3
C. ジーゲル『現代建築の構造と表現』（川口衞他訳）、彰国社、1967.3
『建築構造のしくみ』、彰国社、1990.2（共）
「エドゥアルド・トロハの構造デザイン」、相模書房、2002.9
SEVEN STRUCTURAL ENGINEERS, MoMA, New York, 2008（coauth.）

MAMORU KAWAGUCHI, ingeniero d'estructuras, Universitat Politècnica de València, 2009

『力学・素材・構造デザイン』、建築技術、2012.1（共）

鈴木博之『現代の名匠』、建築画報社、2014.2

『建築構造のしくみ』（改訂第2版）、彰国社、2014.5（共）

雑誌掲載論文
第1章

"DESIGN PROBLEMS OF A SUSPENSION ROOF STRUCTURE"、『東大生研報告』101、1965 (coauth.)

「サスペンション構造の展望」『国際建築』、1966.1

「サスペンション構造における諸問題」『カラム』18、1966.3

"The analysis and design of a suspension roof Structure", *International Conference on Space Structures 1966*, Department of Civil Engineering, University of Surrey, 1966.9 (coauth.)

"The Space Frame for The Symbol Zone of Expo'70", *IASS Pacific Symposium on Tension Structures and Space Frames*, Tokyo, Kyoto, 1971.10 (coauth.)

"On Nonlinearity of Prestressed Suspension Roofs", *IASS Symposium 1971*, Tokyo-Kyoto, 1971.10 (coauth.)

「スペースフレームにおけるいくつかの問題点」『カラム』47、1973.4

「ハープ形式の斜張構造 海に浮かぶ船を思わす西日本総合展示場」『日経アーキテクチュア』、1977.4

「西日本総合展示場の構造 斜張構造について」『建築文化』、1977.11

「西日本総合展示場 西日本総合展示場の構造設計」『新建築』、1977.11

「斜張形式の吊屋根構造の設計と施工」『建築技術』、1978.2

「斜張形式の吊屋根の構造設計」『カラム』68、1978.3（共）

"Tension Structures and Their Form", *IASS Bulletin*, No.70, Madrid, 1979.8 (coauth.)

"A Space Structure with Energy Saving", *International Congress on Energy Efficient Enclosures for Buildings*, Thessaloniki, 1983.4 (coauth.)

"Design Criteria of A Cable-Stayed Spatial Roof Structures", *Int. Colloq. on Space Structures for Sports Buildings*, Beijing, 1987.10 (coauth.)

"A Review of Recent Development of Steel Space Structures in Japan", *Int. Colloq. on Space Structures for Sports Buildings*, Beijing, 1987.10 (coauth.)

"A Review on Innovative Spatial Structures in Japan", *Int. Symp. on "Innovative Application of Shell and Spatial Forms" Bangalore*, India, 1988.11 (coauth.)

"Trends in Development of Steel Space Structures in Japan", *ASCE 7th Congress on structures*, San Francisco, U.S.A, 1989.5 (coauth.)

"Space Structures with Changing Geometries", *IASS Congress*, Madrid, 1989.9 (coauth.)

「構造パースペクティブ 西日本総合展示場」『建築雑誌』、1989.11

"Design Problems of Long Span Spatial Structures", *J. of Earthquake, Wind and Ocean Engineering*, vol.13, No.2, 1991.4. (coauth.)

"Space Structures in Japan", *Fourth Int. Conf. On Space Strs,* Univ. of Surrey, U.K., 1993.9

"An Application of Inverse Problem Techniques to Spatial Structures", *Proc. IASS-ASC Int. Symp.*, Atlanta, 1994.4 (coauth.)

「鉄のデザイン―その魅力と可能性―」『建築と社会』、1997.2

"Engineering Aspects of Space Frames", *Proc. IASS Colloq. On Present and Future of Technology of Spatial Structures*, Madrid, 1997.4 (coauth.)

「国立競技場と坪井善勝」『つどいの空間』、1997

"Discussion and Suggestion on Space Grid Structures", *40th Anniversary Congress of the Int. Assoc. for Shell & Spatial Structures,* CEDEX, Madrid, 1999.9 (coauth.)

「スペースストラクチュアの変遷と新世紀への展望」『JSSC』38、2000.10

「東京オリンピック・大阪万国博覧会の構造指針と安全技術」『20世紀の災害と建築防災の技術』、2000（共）

「国立代々木競技場 建築と構造デザインの高度な融合」『JSSC』58、2005.10

「大阪万博 お祭り広場」『建築雑誌』、2006.4

「日本万国博覧会 お祭り広場大屋根」『JSSC』61、2006.7

「空間と構造・技術」『鉄構技術』、2007.6

「深圳文化中心 構造設計上のポイント」『新建築』、2008.4

「国立代々木競技場の構造解析」『建築技術』、2008.6

「国立代々木競技場」『コンクリート工学』、2008.9

「Expo'70 お祭り広場大屋根」『鉄構技術』、2009.10

"Steel: The Leading Player for Enhanced Large-span Hybrid Structures", *Steel Construction*, 34, 2011.11

「旭川駅 高架駅舎の構造設計」『GA JAPAN』114、2012.1-2

第2章

"On Earthquake Resistant Design of Flat Slabs and Concrete Shell Structures", *World Congress on Shell Structures*, San Francisco, 1962 (coauth.)

「シェル構造に未来はあるか 上：揺籃期から成長期までの動向」、『日経アーキテクチュア』、1980.11-10

「シェル構造に未来はあるか 下：成熟期以降、新しい模索の時代へ」、『日経アーキテクチュア』、1980.11-24

"Design Problems of a Prestressed Concrete Sinusoidal Cylindrical Shell", *Third Summer Colloq. on Shell and Spatial Strs.* Taegu, Korea, 1990.8 (coauth.)

"Design of Prestressed Concrete Sinusoidal Shells with Irregular Boundaries", *5th Int. Conf. on Concrete*, Praha, 1990.9 (coauth.)

第3章

「富士パビリオンの構造設計と施工」『カラム』33、1969.10（共）

「ニューマチック構造」『建築雑誌』、1971.4

"Engineering Problems of Pneumatic Structures", *IASS Pacific Symposium on Tension Structures and Space Frames*, Tokyo, Kyoto, 1971.10 (coauth.)

"Metal-Membrane Tension Structures", *IASS World Congress on Shell and Spatial Structures*, Madrid, 1975.9 (coauth.)

"The Shallowest Possible Pneumatic Forms", *IASS Bulletin*, No.68, Madrid, 1977.4 (coauth.)

「一重膜空気構造」『日経アーテキテクチュア』、1979.3

"Nets and Membranes in Japan", *IASS Working Group on Tensions Structures*, Stuttgart, 1981.3 (coauth.)

「膜構造の建築」『approach』、1982 summer（共）

"A Study on Analysis of Membrane Structures", *International Symposium on Shell and Spatial Structures*, Rio de Janeiro, 1983.9 (coauth.)

「蘭・第12回世界会議 向ヶ丘遊園展示場」『建築雑誌（作品選集）』、1990.3（共）

"On A Few Topics of Membrane Structures", *IASS-CSCE Int. Congress on Innovative Large Span Strs*, Toronto, 1992.7 (coauth.)

「鉄のデザイン―その魅力と可能性―」『建築と社会』、1997.2

"Design Problems of Film and Textile Membranes in Their Application to Building Structures", *The Collections of the Theses for 2000 China International wovens/Techtextiles Non Conference*, Beijing, 2000.5

"On A Cable-Stiffened Single Layer Dome", *The 6th Asian Pacific Conference on Shell and Spatial Structures,* Seoul, Korea, 2000.10 (coauth.)

「膜構造建築」『日経アーキテクチュア』、2000.11（共）

"Steel: The Leading Player for Enhanced Large-span Hybrid Structures", *Steel Construction* 34, 2011.11

第4章

「大空間建築の構造と工法」『建築雑誌』、1986.5

「パンタドーム構法 2―シンガポール国立屋内スタジアム」『建築と社会』、1989.9

「サンジョルディ・パレス サンジョルディ・パレスとパンタドーム構法」『新建築』、1990.11

"Applications of Pantadome System to Various Long-Span Roof Structures", *Proc. IABSE Symp. On Places of Assembly and Long-Span Building Structures*, Birmingham, 1994.9

「サンドーム福井の構造設計と施工 (1) 〜 (4)」『鉄構技術』、1995.2-5

"Design and Analysis of Sun-Dome Fukui", *Proc. IASS Sympo*, 1995.6 (coauth.)

「サンドーム福井 構造」『日経アーキテクチュア』、1995.7

「サンドーム福井 正しくつくること」『新建築』、1995.8

"Sports Arena, Kadoma, Japan", *J. IABSE*, vol.6, No.3, 1996.3.

"Construction of Kadoma Sports Centerby Pantadome System", *Proc. Int. Symp. on Conceptual Design of Structures*, Stuttgart, 1996.10 (coauth.)

「ドームの合理的な作り方」『つどいの空間』、1997

"Realization Aspects of Pantadome System", *International Symposium on Design And Reconstruction Of Steel Structures*, 1997.11 (coauth.)

"Ein Pantadome für die Convention Hall Nara", *Bauwelt*, vol.89, No.4, 1998.1.

"Sun-Dome Fukui", *Nagano Winter Olympic Games Memorial Int. Seminar*, 1998.3 (coauth.)

"Principle and New Applications of Pantadome System", *Int. Symp. On Design and Reconstruction of Steel Structures*, Bratislava, 1998.5

"New Applications of Pantadome System", *Int. congress ICSS-98*, Moscow, 1998.6

第5章

「姶良総合運動公園体育館 構造計画」『日経アーキテクチュア』、2005.10

「日向市駅舎の構造設計」『鉄道建築ニュースARAN』、2007.11（共）

「日向市駅舎 構造」『日経アーキテクチュア』、2008.5

「日向市駅舎 変断面湾曲集成材を用いたハイブリッド構造」『新建築』、2008.5

「高知駅 屈曲するアーチにハイブリッド構造」『日経アーキテクチュア』、2009.9

「高知駅 木と鋼によるヴォールト状の大架構」『建築技術』、2010.3（共）

「高知駅／ハイブリッド構造」『建築技術』、2010.6（共）
"Structural design on the Hyugashi station building" *Steel Construction* 32, 2011.3
"Steel: The Leading Player for Enhanced Large-span Hybrid Structures", *Steel Construction* 34, 2011.11
「木構造の先駆者」『木住協セミナー講演集』、2012.8（共）

第6章

「大阪屋本社社屋・配送センター」『日経アーキテクチュア』、1983.6
"On A Structural System 'Suspen Dome'", *Public Assembly Structures*, Istanbul, 1993.5 (coauth.)
A "Monolithic" Granite Bridge in Beppu, Japan", *News Letter*, No.5, IASS Structural Morphology Group, Delft 1994.4
"Structural Tests on the "Suspen-Dome" System", *Proc. IASS-ASCE Int. Symp.*, Atlanta, 1994.4
「イナコスの橋」『日経アーキテクチュア』、1994.9
「橋づくりへの思い」『日経コンストラクション』、1995.8
「イナコスの橋 橋のデザインと構造技術」『造景』、1996.2
"Granite Pedestrian Bridge, Beppu, Japan", *J. IABSE*, vol.6, No.3, 1996.3. (coauth.)
「イナコスの橋」『新建築』、1996.3
「イナコスの橋」『建築雑誌』、1996.3
「Inachus Bridge」『橋梁年鑑』、1996.12
"Optimum Shapes of a cable dome structure", *Engineering Structures*, vol.21, No.8, 1999.3. (coauth.)
「千葉幕張総合高校の構造設計 千葉幕張総合高校の構造設計」『新建築』、1996.6
「一枚岩の橋／別府イナコスの橋」『建築技術』、1998.12
"Design, Test and Realization of "Suspen-Dome" system", *40th Anniversary Congress of the Int. Assoc. for Shell & Spatial Structures,* CEDEX, Madrid, 1999.9 (coauth.)
"On a Rational Space Structural System SUSPEN–DOME", *1th. Int. Conf. On Structural Engineering*, Kunming, China, 1999.10 (coauth.)
"Study on A Foldaway Retractable Roof System", *IASS-MSU Int. Symp. On Bridge Large Spans-From Antiquity to the Present*, Istanbul, Turkey, 2000.5 (coauth.)
"Characteristics of A Space Structure Seismically Isolated by Rocking Pendulums", *IASS-IACM Fourth Int. Colloq. on Computation of Shell Spatial Structures*, Chania, Greece, 2000.6 (coauth.)
「免震構造の可能性を探る」『新建築』、2000.9
"Seismic Isolation Systems and Traditional Structures", *2nd International Congress on Studies in Ancient Structures,* Istanbul, Turkey, 2001.6
「セラミックパークMINO 新しい免震手法「並進振り子」」『新建築』、2002.11
「構造家の思考法：川口衞」『GA JAPAN』59、2002.11-12
「慈海橋」『JA』55、2004. Autumn
"Steel: The Leading Player for Enhanced Large-span Hybrid Structures", *Steel Construction*, 34, 2011.11

写真クレジット

伊東浩　口絵（姶良総合運動公園体育館）
大分県　p.189図1
大橋富夫　p.56図1
神谷宏治　口絵（日本万国博覧会　お祭り広場大屋根）, p.72図12
川澄明男　p.56図1
新建築社写真部　p.145図5, 図6, 図7, p.146図12
妹島和世建築設計事務所　p.154図8
添野建一　p.186図8
鳥村鋼一　p.197図2
内藤廣建築設計事務所　口絵（日向市駅）, p.159図2
なら100年会館　p.129図1
二川幸夫　p.11図1
宮本隆司　p.130図5
村井修　p.56図3
Bildarchiv Deutsches Museum, München　p.143図2
Blaser W., Zürich, CH　p.143図3
Dalhousie University HPより http://www.dal.ca/　p.91図1
（上記以外の写真は川口衞構造設計事務所提供）

川口　衞 (かわぐち まもる)

法政大学名誉教授
川口衞構造設計事務所代表

〈学・職歴〉
1955年　福井大学工学部建築学科卒業
1957年　東京大学大学院数物系研究科修了
1966年　工学博士（東京大学）
1960-2003年　法政大学工学部建築学科勤務

〈主な研究テーマ〉
構造設計法、シェル構造、テンション構造、スペースフレーム、免震構造など

〈主な構造設計および開発〉
主な構造設計としては、日本万国博覧会お祭り広場大屋根、同博富士グループ館、バルセロナ・オリンピック・スポーツパレス、シンガポール・インドア・スタジアム、サンドーム福井、なみはやドーム、グルジア国会議事堂ドーム、ゲノム・タワー、イナコスの橋、天津市永楽橋など
主な開発成果としては、パンタドーム構法、ハイブリッド吊り屋根構造、サスペンドームなど

〈学会および社会における活動〉
1981-82年　日本建築学会監事
1987-88年　同学会学術理事
2000-06年　国際シェル・空間構造学会（IASS）会長

1984年ガウディのグエル別邸「竜の門」にて

〈主な受賞〉
1970年　科学技術庁長官賞（管圧式空気構造技術の開発）
1970年　日本建築学会賞（日本万国博特別賞：日本万国博覧会お祭り広場大屋根の構造設計と施工技術）
1983年　日本建築学会賞（大空間構造に関する一連の研究と業績）
1990年　QUATERNARIO '90賞、VENEZIA (PALAU SANT JORDI)
1991年　松井源吾賞（サン・ジョルデイ・パレスの構造設計）
1993年　国際シェル・空間構造学会（IASS）坪井賞
1993年　SPECIAL PIONEER'S AWARD（英国サリー大学）
1995年　土木学会賞（イナコスの橋）
1995年　国際構造工学会（IABSE）賞（世界の大空間構造・設計思想への貢献）
1996年　日本建築学会作品選奨（イナコスの橋）
1997年　日本建築学会賞（地域に密着したサンドーム福井の建設）
1997年　名誉工学博士（シュツットガルト大学）
1998年　名誉工学博士（スロバキア工科大学）
2001年　IASS（国際シェル・空間構造学会）トロハメダル
2003年　日本建築構造技術者協会賞（作品賞：セラミックパークMINO）
2004年　土木学会景観・デザイン賞（イナコスの橋）
2008年　日本免震構造協会賞（特別賞：セラミックパークMINO）
2008年　ブルネル賞（日向市駅）
2013年　国際コンサルタント・エンジニア連盟 100周年記念大賞（代々木競技場）
2014年　土木学会景観・デザイン賞（日向市駅）
2015年　日本建築学会大賞（シェル・空間構造の設計法の確立と構造に基づく建築デザインに関する貢献）

（2015年9月現在）

構造と感性
構造デザインの原理と手法

2015年9月25日　第1刷発行
2017年2月10日　第2刷

著者	川口 衞
発行者	坪内文生
発行所	鹿島出版会
	〒104-0028　東京都中央区八重洲2-5-14
	電話03-6202-5200　振替00160-2-180883
編集制作	南風舎
装丁	渡邉 翔
印刷	三美印刷
製本	牧製本

©Mamoru KAWAGUCHI 2015, Printed in Japan
ISBN 978-4-306-04629-0　C3052

落丁・乱丁本はお取り替えいたします。
本書の無断複製（コピー）は著作権法上での例外を除き禁じられています。また、代行業者等に依頼してスキャンやデジタル化することは、たとえ個人や家庭内の利用を目的とする場合でも著作権法違反です。

本書の内容に関するご意見・ご感想は下記までお寄せ下さい。
URL: http://www.kajima-publishing.co.jp/
e-mail: info@kajima-publishing.co.jp